Sprachbildung im Sachunterricht der Grundschule

FörMig Material

Herausgegeben von

İnci Dirim, Ingrid Gogolin, Drorit Lengyel, Ute Michel,
Ursula Neumann, Hans H. Reich, Hans-Joachim Roth
und Knut Schwippert

Band 4

Waxmann 2013
Münster / New York / München / Berlin

Thomas Quehl und Ulrike Trapp

Sprachbildung im Sachunterricht der Grundschule

Mit dem Scaffolding-Konzept unterwegs zur Bildungssprache

Waxmann 2013
Münster / New York / München / Berlin

Bibliografische Informationen der Deutschen Nationalbibliothek
Die Deutsche Nationalbibliothek verzeichnet diese Publikation in der Deutschen Nationalbibliografie; detaillierte bibliografische Daten sind im Internet über http://dnb.d-nb.de abrufbar.

ISSN 1866-6620
ISBN 978-3-8309-2894-2

www.waxmann.com
info@waxmann.com

Umschlaggestaltung: Pleßmann Design, Ascheberg
Satz: Stoddart Satz- und Layoutservice, Münster
Druck: Burlage, Freckenhorst

Gedruckt auf alterungsbeständigem Papier, säurefrei gemäß ISO 9706

MIX
Papier aus verantwortungsvollen Quellen
FSC® C016439

Printed in Germany

Vorwort

Die Schriftenreihe „FörMig Material" wurde 2008 mit dem Anspruch ins Leben gerufen, Material unmittelbar für die Anwendung in der Bildungspraxis bereit zu stellen. Der vorliegende Band „Sprachbildung im Sachunterricht in der Grundschule" erfüllt diesen Anspruch in herausragender Weise: Thomas Quehl und Ulrike Trapp stellen das von der australischen Erziehungswissenschaftlerin Pauline Gibbons entwickelte Scaffolding-Konzept vor, dessen Ziel es ist, sprachliches und inhaltliches Lernen zu verbinden und den didaktischen Herausforderungen, die sich hierbei ergeben, zu begegnen. Mit praktischen Beispielen aus dem Unterricht unterlegt und im beiliegenden Film „Eine Pfütze am Himmel heißt nicht Pfütze" veranschaulicht, erläutern die Autorin und der Autor die theoretischen Hintergründe, die in diesem Konzept zu einer Perspektive vereint werden, genauso wie die praktische Umsetzung im Unterricht. Damit leisten sie einen wichtigen Beitrag zum Transfer, also zur Verbreitung und Implementierung der im Rahmen des Modellprogramms FörMig erprobten Ansätze, über den sich nicht zuletzt praktisch arbeitenden Pädagoginnen und Pädagogen freuen können. Besonders wertvoll ist die Verdeutlichung der Umsetzung anhand des Filmes und dessen Transkription in der Anlage. Beides – Film und Transkript – bilden eine Einheit, die hervorragend für Fortbildungszwecke genutzt werden kann.

Es ist dem Engagement von Thomas Quehl und Ulrike Trapp zu verdanken, dass dieser Brückenschlag zwischen Theorie und Praxis gelungen ist; ihnen sei an dieser Stelle herzlich gedankt.

Hamburg, im März 2013
Drorit Lengyel
für die Herausgeber der Reihe

Inhalt

1. Zur Einführung

In der Schule wird gesprochen – auf dem Schulweg, im Klassenzimmer, auf dem Pausenhof und im Lehrerzimmer, laut, leise, miteinander und durcheinander. Häufig reden wir drauflos, in anderen Situationen suchen wir unsere Worte zögerlich oder haben uns zuvor Stichworte notiert, um überzeugender sprechen zu können. Sprache ist in den Bildungsinstitutionen allgegenwärtig, um die Handlungsfähigkeit der jeweils Sprechenden zu erweitern – beim Absprechen der Regeln für das Pausenspiel wie beim Sprechen über das Kinderbuch, beim Reden über das Sachunterrichtsexperiment wie bei der Diskussion in der Lehrerkonferenz, im Studienseminar, in der beruflichen Bildung oder der Hochschule. Der Inhalt unserer Worte, unsere Beziehung zu den anderen Beteiligten und was wir mit unseren Worten eigentlich erreichen wollen, bestimmen fortlaufend – mal bewusster, mal unbewusster –, *wie* wir sprechen, d.h. welche Worte und welche grammatisch-syntaktischen Strukturen wir verwenden.

In allen Unterrichtsfächern ist Sprache das Medium des Lernens und zugleich ein Ziel, das sich im Laufe der Schulzeit vorwärtsbewegt. Dieser Zusammenhang ist einerseits selbstverständlich und sicht- oder hörbar; keine Lehrerin würde in einer 2. Klasse einen Text über die Bedeutung von Sauerstoff für die Verbrennung lesen oder in einer 3. Klasse zwei Gedichte vergleichend analysieren lassen. Andererseits ist das Ineinandergreifen von Sprach- und Sachlernen historisch in der Institution Schule unsichtbar gemacht worden, die sowohl von einer quasi natürlich erfolgenden Sprachentwicklung ihrer Schülerinnen und Schüler als auch von der Einsprachigkeit der Schülerschaft ausging.[1] Die gegenwärtig stattfindende Diskussion um den Zusammenhang zwischen fachlich anspruchsvoller werdenden Lerninhalten und einer für ihre Aneignung erforderliche Entwicklung der sprachlichen Kompetenzen lässt diesen Zusammenhang wieder sichtbar werden.

Nicht zuletzt infolge der internationalen Schulleistungsvergleichsstudien PISA, IGLU und TIMSS, deren Ergebnisse öffentlichkeitswirksam und fortgesetzt auf die Benachteiligung von Kindern und Jugendlichen mit Migrationshintergrund in der deutschen Schule hinwiesen, fand auch hierzulande die Auseinandersetzung mit der Frage, inwieweit die sprachlichen Praxen der Schule am Zustandekommen unterschiedlicher Schulerfolge beteiligt sein können und welche Rolle der Sprache im Unterrichtsgeschehen zukommt, erneut bildungspolitische und didaktische Aufmerksamkeit.[2]

Das Prinzip der Durchgängigen Sprachbildung und die Vermittlung der Bildungssprache sind seit dem Modellprogramm „Förderung von Kindern und Jugendlichen mit Migrationshintergrund-FörMig" grundlegender Bestandteil der Diskussion um mehr Chancengerechtigkeit im Bildungssystem. An

---

1 Siehe zu dieser historischen Entwicklung in der deutschen Schule Gogolin 1994/2008, S. 41ff.

2 Die schon einmal im Kontext der Frage nach schichtspezifischer Benachteiligung erfolgte Beschäftigung mit den Sprachformen der Schule konnte sich in den 1970er-Jahren in Deutschland nicht etablieren und fand keine didaktische Umsetzung oder Weiterentwicklung (vgl. Gogolin 2006, S. 82f.).

dem Programm beteiligten sich in den Jahren 2004 bis 2009 pädagogische Einrichtungen in zehn Bundesländern (vgl. Gogolin u.a. 2011a)[3] und gingen bezogen auf die Schule unter anderem der Frage nach, wie die Sprachbildung in den verschiedenen Unterrichtsfächern gestaltet werden müsste, um die Vermittlung der Bildungssprache bei jenen Schülerinnen und Schülern zu gewährleisten, bei denen sie nicht als automatisch im Elternhaus erfolgend vorausgesetzt werden kann. Dies gilt keineswegs ausschließlich, aber eben auch für viele Kinder und Jugendliche, die zwei- oder mehrsprachig aufwachsen und – wie es im gängigen Sprachgebrauch ausgedrückt wird – einen Migrationshintergrund haben (siehe Gogolin/Lange 2011 sowie Gogolin u.a. 2011b).[4]

In diesem Heft möchten wir in die sprach- und lerntheoretischen Zusammenhänge des Scaffolding-Konzepts als einer umfassenden didaktischen Möglichkeit der Verbindung fachlichen und sprachlichen Lernens einführen. Entsprechend erläutert der Text den didaktischen Hintergrund des beigefügten 16-minütigen Films „Eine Pfütze am Himmel heißt nicht Pfütze!" Sprachbildung im Sachunterricht der Grundschule. Während der Text unabhängig von der DVD genutzt werden kann, ist umgekehrt eine Verwendung des Films beispielsweise in Fortbildungen sicher nur dann sinnvoll, wenn Fortbildende zuvor die Gelegenheit haben, sich mit dem Konzept des Scaffolding vertraut zu machen. Denn bei der Zusammenstellung der Filmsequenzen wurde bewusst auf Erläuterungen verzichtet, um zur unmittelbaren Beobachtung der sprachlichen Äußerungen, der Interaktionen und des Lernens der Kinder einzuladen.

Im Folgenden sollen eingangs die theoretischen Bezugspunkte genannt werden, auf die sich das Konzept der Bildungsprache bezieht. Vor diesem Hintergrund werden dann die linguistischen, lerntheoretischen und zweitsprachdidaktischen Begründungszusammenhänge skizziert, die dem Unterrichtssetting ‚Scaffolding' (‚Gerüste bauen') der australischen Forscher/-innengruppe um Pauline Gibbons zur Sprachbildung zweisprachiger Schülerinnen und Schüler im Fachunterricht zugrunde liegen. Um die in das Konzept einfließenden Aspekte nachvollziehbar zu machen und zur weiteren theoretischen Beschäftigung zu ermuntern, haben wir maßgebliche Aussagen in ausführlicheren Zitatpassagen wiedergegeben.

In den vergangenen Jahren wurde diese Perspektive auch in Deutschland rezipiert und unterrichtspraktisch umgesetzt (z.B. Roth 2007; Kniffka/Neuer 2008; Krämer 2009; Quehl 2009). Der im Film ausschnittsweise gezeigte Unterricht in einer 3. Klasse orientiert sich an diesem Rahmen und soll illustrieren, in welcher Weise der Ansatz des Scaffolding in der Zweitsprachendidaktik einen wichtigen Beitrag zu einem bildungssprachförderlichen Unterricht in der Grundschule darstellt.

3 Siehe auch http://www.foermig.uni-hamburg.de

4 Dichotomisierende Beschreibungen, die ausschließlich zwischen ‚Kindern deutscher Herkunftssprache' und ‚Kindern nicht-deutscher Herkunftssprache' unterscheiden, werden der Komplexität des sprachlichen Kompetenzerwerbs nicht gerecht (vgl. Lengyel 2010, S. 599). Damit kommt der Auseinandersetzung mit dem Faktor Bildungssprache nicht nur eine didaktische und bildungspolitische Bedeutung zu, sondern sie ist auch relevant für die Frage, wie grundsätzlich und nicht-diskriminierend über die Sprache(n) in der Einwanderungsgesellschaft gesprochen werden kann (siehe hierzu ausführlich Dirim/Mecheril 2010).

Entstehungszusammenhang des Films
Der Film entstand zum Zwecke der Lehrer/innenfortbildung auf Initiative der Hauptstelle der Regionalen Arbeitsstellen zur Förderung von Kindern und Jugendlichen aus Zuwandererfamilien Nordrhein-Westfalen. Er zeigt Ausschnitte einer Unterrichtssequenz über den Wasserkreislauf aus einer Sachunterrichtseinheit zum Wetter in der 3. Klasse, die nach den Herbstferien und damit im ersten Drittel des Schuljahres stattfand. Die Kinder hatten in der 2. Klasse begonnen, mit den hier gezeigten Unterrichtsformen zu arbeiten. Die Gemeinschaftsgrundschule Breite Straße, in der die Aufnahmen entstanden, ist eine zweizügige Grundschule und liegt im Norden Duisburgs in einem traditionellen, von Einwanderung geprägten Arbeiterstadtteil, der, so der offizielle Sprachgebrach der Stadt, als ‚Zuwandererstadtteil' bezeichnet wird. Bereits die Statistiken von 2007 und 2008 zeigten, dass knapp die Hälfte aller Duisburger Kinder im Vorschulalter aus Familien mit einer Migrationsgeschichte kommt (Stadt Duisburg 2010, S. 103). Die Arbeitslosenquote im Stadtteil beträgt ca. 10%, der Anteil von Familien, die eine Unterstützung nach dem Sozialgesetzbuch II erhalten, liegt bei etwa 21% (ebd., S. 136ff.).

Insgesamt dient neben der deutschen Sprache auch die türkische Sprache als Verkehrssprache in der Nachbarschaft. Hinsichtlich der Erstsprachen der Schülerinnen und Schüler ist der Schuleinzugsbereich aufgrund der großen Gruppe türkischsprachiger Familien verhältnismäßig homogen; Arabisch, Berberisch, Kurdisch, Albanisch, Polnisch oder Bosnisch wird nur von einer kleinen Zahl von Familien gesprochen und die Anzahl von Kindern aus binationalen Ehen ist gering. Wie in Nordrhein-Westfalen üblich, wird in der Schule Unterricht in Türkisch erteilt; Kinder mit anderen Erstsprachen können ein Unterrichtsangebot wahrnehmen, das vom Schulamt regional organisiert wird. Ergänzend sei erwähnt, dass zahlreiche Kinder Arabisch im religiösen Kontext lernen und die im Film zu sehende Klasse dem ersten Jahrgang von Schülerinnen und Schülern in Nordrhein-Westfalen angehört, der Englisch ab der 1. Klasse gelernt hat. Die Schule ist eine offene Ganztagsschule und von der hier gezeigten Klasse nehmen etwa zwei Drittel der Kinder daran teil.

In Bezug auf die hier interessierende Fragestellung der Sprachbildung für zweisprachig aufwachsende Kinder erscheint es wichtig, sich die Vielfalt der ‚sprachlichen Verhältnisse' zu vergegenwärtigen, in denen diese Kinder aufwachsen. So haben etwa 90% der Schülerinnen und Schüler in der hier gezeigten Klasse, Deutsch als Zweitsprache (15 Kinder sprechen Türkisch und je ein Kind Berberisch und Albanisch als Erstsprache), doch wachsen sie unter unterschiedlichen Bedingungen in ihre Zweitsprachigkeit hinein. Ob beide Eltern in Deutschland aufgewachsen und zur Schule gegangen sind oder ob ein Elternteil im Zuge der Eheschließung eingewandert ist, ob das jeweilige Kind große Geschwister hat und ob es eher selbstbewusst oder eher zurückhaltend an neue Situationen herangeht – all dies sind Faktoren, die die außerschulische Zweitsprachentwicklung der Kinder mit beeinflussen. Die Kinder, die sich in der Filmsequenz auf dem Weg zur Bildungssprache befinden, spiegeln diese Vielfalt wider. Die Zahl der Schülerinnen und Schüler in der Klasse, der Anteil derer mit Deutsch als Zweitsprache und die Klassenzusammensetzung im Hinblick auf Jungen und Mädchen sind jedoch eher zufällig. Denn in anderen Klassen derselben Grundschule beträgt die Klassengröße 25, der Anteil der Kinder mit Deutsch als Zweitsprache liegt bei ca. 75% und das Verhältnis zwischen Mädchen und Jungen ist ausgewogen.

Der auf der beigefügten DVD gezeigte Unterricht fand in der zweiten Woche der Sachunterrichtseinheit zum Thema Wetter statt. In der vorangegangenen Woche hatten die Kinder sich mit dem Wetteraspekt Wind beschäftigt und den Versuch des sog. Vulkans im Wasserglas durchgeführt, bei dem sie beobachten konnten, dass heißes Wasser aufsteigt, während kaltes nach unten sinkt. Im Kontext der Beschäftigung mit dem Wind waren die Techniken des großflächigen Zeichnens auf Flipchart-Papier und das Vornehmen von Eintragungen in ihr Forschertagebuch von den Kindern angewandt worden. Um der Filmaufnahme nicht vorzugreifen, wurde entschieden, die Kinder zuvor noch keine Texte zur Verdunstung oder zum Wasserkreislauf lesen zu lassen. Jede der Kleingruppen hatte zu Beginn der Woche je einen von drei verschiedenen Versuchen zur Verdunstung durchgeführt.[5]

Die Stadt Duisburg fördert die Sprachbildung in ihren Kindertagesstätten und Schulen auf vielfältige Weise (vgl. Regionalverband Ruhr 2012, S. 91).[6] Auch die Grundschule Breite Straße ist so in ihrer Arbeit unterstützt worden, z.B. durch Fortbildungen der Regionalen Arbeitsstelle zur Förderung von Kindern und Jugendlichen aus Zuwandererfamilien (RAA) und durch Angebote der Theaterpädagogik und der Leseförderung. Von 2005 bis 2009 war die Schule an dem Modellprogramm „Förderung von Kindern und Jugendlichen mit Migrationshintergrund-FörMig“ beteiligt. Insofern sind zahlreiche Impulse in die ‚Sprachbildung im Sachunterricht der Grundschule‘ eingeflossen. Für ihre Unterstützung bedanken möchten wir uns herzlich bei Ingrid Gogolin, Imke Lange, Hanne Brandt, Ute Michel und Drorit Lengyel von FörMig in Hamburg, bei Christiane Bainski für die Ermöglichung der Filmaufnahme durch die RAA-NRW, bei Ute Scheffler und Wolfgang Paulssen (RAA Duisburg bzw. Gelsenkirchen), bei Waltraut Mertens, der Schulleiterin, und bei Silja Ahlemeyer für die Filmerstellung. Sprachbildung in Duisburg wäre ohne die klare Unterstützung aus dem Schulamt nicht möglich; Brigitta Kleffken und Sabine Ahlborn-Gockel sei dafür herzlich gedankt. Vor allem aber geht ein besonders großer Dank an die Kinder, die hier sprechen und Einblicke in ihre Lernwege geben.

5 Da Verdunstung nicht unmittelbar zu beobachten ist und das Sprechen über solche Experimente daher nicht direkt im Anschluss an ihre Durchführung erfolgen kann, wurde für die Aufnahme folgende Vorgehensweise gewählt: Die Kinder führten am Montag ihre Versuche durch und sahen sich die Ergebnisse am Mittwoch ohne Beteiligung bzw. sprachliches Eingreifen des Lehrers an, bevor am Donnerstag das hier gezeigte Unterrichtsgespräch über die Versuche und die Beobachtungen der Kinder stattfand. Da nur zwei Tage für die Aufnahme zur Verfügung standen, führten zwei Kinder ihren Verdunstungsversuch für die Filmaufnahme noch einmal durch. Der zweite Teil der Aufnahme zum Wasserkreislauf erfolgte am darauffolgenden Tag.

6 Siehe auch http:www.duisburg.de/sprachfoerderung sowie z.B. Ahlborn-Gockel u.a. 2012.

2. Bildungssprache als Herausforderung für Schülerinnen, Schüler und Schule

In der aktuellen erziehungswissenschaftlichen Diskussion[7] wird die Bezeichnung ‚Bildungssprache' von ihrem umgangssprachlichen Gebrauch gelöst, in dem sie Sprache und Aussprache der ‚Gebildeten' im Gegensatz zur Mundart bezeichnet und dabei eine Auf- bzw. Abwertung derer, die diese Sprachvarianten benutzen, impliziert. Im Kontext des Modellprogramms FÖRMIG ging man aber auch über die Auffassung hinaus, die mit ‚Bildungssprache' jene Sprache meint, in der Wissen in den Bildungseinrichtungen vermittelt wird – also in Deutschland meistens Deutsch (vgl. GOGOLIN/LANGE 2011, S. 107f.). Unter Rückgriff auf ein Verständnis von Bildungssprache, wie es von Jürgen Habermas (1977) entwickelt wurde, trägt der aktuell verwendete Begriff vielmehr dem Umstand Rechnung, dass für schulischen Erfolg nicht die Beherrschung alltagssprachlicher Varianten, sondern jener Sprachkompetenzen ausschlaggebend ist, die eine fortlaufende Aneignung von Bildung ermöglichen. Folgende Ausführungen von Jürgen Habermas machen deutlich, dass für die Konzeption von Bildungssprache sowohl funktionale Gesichtspunkte als auch Aspekte gesellschaftlicher Partizipation bedeutsam sind:

> „In der Öffentlichkeit verständigt sich ein Publikum über Angelegenheiten allgemeinen Interesses. Dabei bedient es sich weitgehend der Bildungssprache. Die Bildungssprache ist die Sprache, die überwiegend in den Massenmedien, in Fernsehen, Rundfunk, Tages- und Wochenzeitungen benutzt wird. Sie unterscheidet sich von der Umgangssprache durch die Disziplin des schriftlichen Ausdrucks und durch einen differenzierteren, Fachliches einbeziehenden Wortschatz; andererseits unterscheidet sie sich von Fachsprachen dadurch, daß sie grundsätzlich für alle offensteht, die sich mit den Mitteln der allgemeinen Schulbildung ein Orientierungswissen verschaffen können" (HABERMAS 1977, S. 39; Hervorh. im Orig.).

Damit ist auch auf den institutionellen Aspekt hingewiesen, wenn ein Zusammenhang zwischen dem Erwerb der Bildungssprache und der Schulbildung hergestellt wird (vgl. LENGYEL 2010, S. 595f.). Die Institution Schule ist nicht der einzige, wohl aber der für *alle* zugängliche Ort, an dem bildungssprachliche Kompetenzen erworben werden können – und für jene Kinder und Jugendlichen, die solche Kompetenzen nicht im Zuge der familiären Sozialisation erwerben können, ist sie eben der einzige Ort. Die ‚Herausforderung Bildungssprache' besteht somit als eine zweifache: Für Schülerinnen und Schüler ist es erforderlich, sich die sprachlichen Fähigkeiten *anzueignen*, die das weitere Lernen und das fortlaufende Erschlie-

7 Für eine Zusammenfassung siehe LENGYEL 2010 und GOGOLIN/LANGE 2011. Gleichzeitig werden auch andere Bezeichnungen verwendet: So sprechen VOLLMER/THÜRMANN (2010) von ‚Schulsprache' und CHLOSTA/SCHÄFER (2010) unterscheiden zwischen Alltags-, Unterrichts- und Fachsprache, wobei sie Letztere vor allem Schulbuchtexten zuordnen. GOGOLIN/LANGE weisen auf Überschneidungen von Bildungs-, Schul- und Fachsprache hin. Dabei ist Schulsprache als ein Ausschnitt von Bildungssprache zu sehen, während es sich bei Fachsprache um eine Ausprägung von Sprache zur effizienten und genauen Verständigung in einem fachlichen Bereich handelt (vgl. 2011, S. 112).

ßen neuen Wissens möglich machen, für Lehrerinnen und Lehrer liegt die Herausforderung entsprechend darin, didaktische Wege zu finden, diese sprachlichen Kompetenzen zu *vermitteln*.[8] Diese Herausforderung stellt sich für alle Unterrichtsfächer, doch kommt dem Sachunterricht der Grundschule insofern eine besonders elementare Bedeutung zu, „da in diesem der Grundstein für die (fach-)sprachliche Entwicklung in acht Fächern der Sekundarstufe I ... gelegt wird, d.h. für alle naturwissenschaftlichen und gesellschaftswissenschaftlichen Themenbereiche" (Benholz/Rau 2011, S. 1).[9]

Ingrid Gogolin und Imke Lange verweisen auf die Arbeiten des britisch-australischen Linguisten *M.A.K. Halliday*, des britischen Soziologen *Basil Bernstein* und des kanadischen Bilingualismusforschers *Jim Cummins*, die ebenfalls Einfluss auf das aktuelle Verständnis von Bildungssprache haben (2011, S. 110f.). Gemeinsam ist diesen Perspektiven, dass sie unterscheiden zwischen im Alltag gebräuchlichen, kontextgebundenen Formen von Sprache und jenen kontextunabhängigen Sprachformen, die in erster Linie schriftlich verwandt werden, aber eben auch in mündlicher Form den schulischen Unterricht prägen. Während Halliday dies auf linguistischer Ebene im Rahmen der von ihm entwickelten *Functional Grammar* (Halliday/Matthiessen 2004) herausarbeitete, kam Bernstein zu dieser Unterscheidung bei seinen Untersuchungen zum Zusammenhang von schichtenspezifischer Sozialisation und den Chancen auf schulischen Erfolg im Hinblick auf einsprachig aufwachsende Kinder. Cummins schließlich verknüpfte dies mit der Frage von Migration und Bildung, d.h. des Schulerfolgs der Schülerinnen und Schüler, für die die Unterrichtssprache ihre Zweitsprache ist. Diese Perspektiven sollen im Folgenden kurz skizziert werden.

2.1 Bedeutungen im Kontext herstellen: die Perspektive von M.A.K. Halliday

Im hier interessierenden Zusammenhang sind mindestens vier Eckpunkte der von M.A.K. Halliday vorgenommenen Beschreibung von Sprache wichtig: die soziale Funktion von Sprache, die drei Kontextvariablen einer sprachlichen Situation, die Unterscheidung zwischen gesprochener und geschriebener Sprache sowie der Begriff des Registers.

Bei seiner grundsätzlichen Beschreibung von Sprache geht Halliday davon aus, dass Sprache und ihre grammatischen Strukturen nicht als regelgesteuerte Einheiten und Kombinationen, sondern im Gebrauch und in der Interaktion mit anderen Sprechern im Prozess eines gemeinsamen Herstellens und Austauschens von *Bedeutungen* erworben werden:

---

8 Allerdings ist ein solcher Hinweis auf die *didaktische* Umsetzung durch Lehrerinnen und Lehrer nicht ohne den institutionellen Rahmen zu verstehen. Darüber hinaus müssen sich die Bemühungen um den Aufbau der Bildungssprache über die gesamte Bildungsbiographie der Kinder und Jugendlichen erstrecken (vgl. Gogolin/Lange 2011, S. 118).

9 Siehe Benholz/Rau 2011 für eine Übersicht über die unterschiedlichen Möglichkeiten zur Sprachförderung/-bildung im Sachunterricht sowie Ahrenholz 2010 für die detallierte Analyse einer Sachunterrichtsstunde.

„... wir vertreten eine funktionale Auffassung von Sprache in dem Sinne, dass wir daran interessiert sind, was Sprache tun kann – oder genauer: daran, was der Sprechende, sei es ein Kind oder ein Erwachsender, mit ihr tun kann; und in dem Sinne, dass wir versuchen das Wesen der Sprache, ihre interne Organisation und ihre Strukturen im Hinblick auf die Funktionen zu erklären, zu deren Erfüllung sie sich entwickelte“ (Halliday 1978, S. 16).

Eine sprachliche Äußerung *(text)* – unabhängig davon, ob sie mündlich oder schriftlich erfolgt – soll eine Funktion erfüllen und ist als Produkt und als Prozess zu verstehen: die gesprochene oder geschriebene Äußerung ist ein Produkt, das aufgezeichnet, untersucht und im Hinblick auf seine Konstruktion systematisch dargestellt werden kann. Gleichzeitig „ist sie prozesshaft im Sinne eines fortgesetzten Prozesses der Auswahl semantischer Mittel, einer Bewegung durch das Netz der Bedeutungsmöglichkeiten *(meaning potenial)*, wo jede ausgewählte Kombination das Umfeld für eine weitere Kombination konstituiert“ (Halliday/Hasan 1989, S. 10).

Nach der sozialen Funktion von Sprache ist damit auf den zweiten Aspekt verwiesen, der hinsichtlich der Bildungssprache und für den Scaffolding-Ansatz relevant ist: In welcher Weise die semantische Auswahl getroffen wird, um eine Bedeutung zu realisieren, hängt vom Kontext der Situation ab, in der gesprochen oder geschrieben wird und in der somit Bedeutungen ausgetauscht werden. Halliday hat einen konzeptionellen Rahmen vorgelegt, mit dem sich der soziale Kontext, in dem eine Äußerung jeweils erfolgt, erfassen lässt:

„1. Das *Field of Discourse* bezieht sich auf das, was geschieht, auf den Charakter der sozialen Handlung, die stattfindet: Um was handelt es sich, womit die Teilnehmer beschäftigt sind und worin die Sprache eine wesentliche Komponente darstellt?
2. Der *Tenor of Discourse* bezieht sich auf die Teilnehmenden, auf ihre Art, ihren Status und ihre Rolle: Welche Arten von Rollenbeziehungen bestehen zwischen den Teilnehmenden, inklusive der unterschiedlichen dauerhaften oder vorübergehenden Beziehungen und sowohl hinsichtlich der im Dialog angenommenen Sprechrollen als auch bezüglich des gesamten Netzes von sozial bedeutsamen Beziehungen, in welche die Teilnehmenden eingebunden sind?
3. Der *Mode of Discourse* bezieht sich auf die Rolle, die die Sprache spielt; auf das, was die Sprache in der Situation für die Teilnehmer leisten soll: auf die Organisation der Zeichen des Textes, auf den Status, der dem Text zukommt, und auf seine Funktion im jeweiligen Kontext, einschließlich des Kanals (gesprochen, geschrieben oder eine Kombination aus beidem) sowie auch auf den rhetorischen Modus: Was erreicht der Text im Hinblick auf Kategorien wie Überzeugen, Darlegen, Vermitteln und dergleichen?“ (Halliday/Hasan 1989, S. 12)

Beim Sprechen oder Schreiben wählt man also entsprechend der jeweiligen Situation – und damit entsprechend der drei Kontextvariablen *Field*, *Tenor* und *Mode* – die lexikalischen und grammatischen Elemente aus, die dem Kontext angemessen erscheinen – oder genauer: die man im Laufe der Sozialisation als dem Kontext angemessen erfahren und gelernt hat. Dies geschieht in einem erheblichen Maße als Routine und gleichsam unbewusst. Trotzdem wird sich jede/r an Situationen erinnern, in denen sie/er sich „im Ton vergriffen" oder eine Irritation gespürt hat, in denen eine Äußerung vielleicht zu umgangssprachlich oder im Gegenteil zu „abgehoben" erschien, oder auch an eine Situation, in der der soziale Kontext so ungewohnt war, dass man nicht recht wusste, was man sagen sollte. Im Alltag zieht der/die Sprechende bzw. Zuhörende (oder Schreibende bzw. Lesende) aufgrund dieser Erfahrung, dass die Gestaltung der Äußerung (oder des Textes) und der Kontext wechselseitig aufeinander bezogen sind, Schlussfolgerungen sowohl hinsichtlich des situativen Kontextes als auch im Hinblick auf die Äußerungen, die dazu passen. Das Konzept der Kontextmerkmale ermöglicht es nachzuvollziehen, was die am jeweiligen Kontext Beteiligten selbst tun (vgl. HALLIDAY/HASAN 1989, S. 34ff.). Bei der Konzeption des Scaffolding-Ansatzes zieht Pauline Gibbons aus dieser Analyse der Wechselbeziehung zwischen Äußerung und situativem Kontext konkrete didaktische Konsequenzen für die Verbindung fachlichen und sprachlichen Lernens. Darauf soll im dritten Abschnitt näher eingegangen werden.

Hinsichtlich der Bildungssprache – und in der Beschreibung des *Mode* bereits erwähnt – ist an dieser Stelle ein weiterer Aspekt von Bedeutung: der Unterschied zwischen *gesprochener* und *geschriebener* Sprache. Mündliche Äußerungen sind dadurch gekennzeichnet, dass die Beteiligten sich in einer Gesprächssituation abwechseln, dass ‚spontane Elemente' wie falsche, dann korrigierte Satzanfänge, unvollendete Sätze oder Verzögerungen zu finden sind und ein Alltagswortschatz verwandt wird. Schriftliche Äußerungen hingegen sind als Monolog organisiert, vom situativen Kontext unabhängig und in ihnen wird ein ‚anspruchsvolleres' Vokabular benutzt (vgl. GIBBONS 2006b, S. 33). Der Unterschied lässt sich bezüglich der Verwendung von Wörtern und Grammatik vor allem auch als ein Unterschied in der Dichte, mit der die Information gegeben wird, verstehen. In einem geschriebenen Text ist der Anteil der Inhaltswörter (Nomen, Vollverben, Adjektive) im Verhältnis zu den Funktionswörtern (Pronomen, Konjunktionen, Präpositionen etc.) wesentlich höher als in einer gesprochenen Äußerung (HALLIDAY 1989, S. 61ff.). Auf Satzebene sind im Mündlichen der deutschen Sprache die Sätze eher parataktisch (durch Nebenordnung) organisiert, während bei schriftlichen Texten eine hypotaktische Organisation der Sätze vorherrscht (d.h. Satzteile und Sätze sind einander untergeordnet).

Im hier interessierenden Zusammenhang der Bildungssprache ist die Aufmerksamkeit aber weniger auf die Art des sprachlichen Kanals, also die einfach zu beantwortende Frage, ob die jeweilige Äußerung mündlich oder schriftlich erfolgt – zu richten, sondern auf die der Äußerung zugrunde liegende *Konzeption*. Denn in real gesprochener Sprache verwenden wir durchaus Elemente, die der obigen Beschreibung nach eher dem Schriftlichen zuzuordnen wären, z.B. benutzen wir Nebensätze oder je nach Thema viele Inhaltswörter. Umgekehrt werden in geschriebener Sprache Elemente des Mündlichen verwandt, beispielsweise einige bewusst kurz gehaltene

Sätze, mit denen die Leserinnen und Leser angesprochen werden sollen. Es finden sich somit in gesprochenen Sätzen Elemente von Schriftlichkeit wie umgekehrt in geschriebenen Texten auch Elemente, die man eher den Merkmalen des Mündlichen zurechnen kann. Statt Äußerungen bzw. Texte zwei entgegengesetzten Polen ‚Mündlichkeit versus Schriftlichkeit' zuzuordnen, ist es zutreffender, von einem Kontinuum auszugehen und reale Sprache jeweils an unterschiedlichen Punkten auf diesem *mode continuum* zu verorten (vgl. GIBBONS 2006b, S. 32ff.). Im deutschsprachigen Raum spricht man von *konzeptioneller Mündlichkeit* und *konzeptioneller Schriftlichkeit* (siehe zusammenfassend GÜNTHER 1997 und KNIFFKA/SIEBERT-OTT 2007, S. 18ff.). Mit einer ‚Sprache der Nähe' und ‚Sprache der Distanz' (KOCH/OESTERREICHER 1986) wurde prägnant zum Ausdruck gebracht, dass der Grad, in dem ein gesprochener oder geschriebener Text eher konzeptionell mündlich oder konzeptionell schriftlich ist, entscheidend von dessen zeitlicher und räumlicher Entfernung zu der Situation abhängt, von der darin die Rede ist. Denn im Sinne des Konzepts der Kontextvariablen wirkt sich dieser unterschiedliche Grad von Distanz zum Geschehen auf die Auswahl der sprachlichen Mittel und damit die Zahl der verwandten Inhaltswörter sowie die Komplexität der Sätze aus. Umgekehrt zeigt das *mode continuum* also, „wie sich bestimmte sprachliche Merkmale auf vorhersagbare Weise verändern, wenn Sprache zunehmend kontextreduziert gebraucht wird und sich den geschriebenen Formen annähert" (GIBBONS 2006a, S. 271). Das folgende kurze Beispiel (vgl. GIBBONS 2002, S. 3f.) verdeutlicht diesen Zusammenhang:

[1] Ein Kind sagt beim Experiment in der Kleingruppe und zeigt dabei auf die Stecknadeln:
„Guck, der bewegt sie. Die da sind nicht hängen geblieben."

[2] Dasselbe Kind berichtet der Lehrerin:
„Wir haben herausgefunden, die Stecknadeln bleiben an dem Magneten hängen."

[3] Das Kind schreibt in einer Versuchsbeschreibung:
„Unser Experiment zeigt, dass Magnete einige Metalle anziehen."

[4] Aus einem Kinderlexikon:
„Magnetische Anziehung tritt nur zwischen eisenhaltigen Metallen auf."

- In Text 1 benutzt das Kind zahlreiche auf die Situation verweisende Wörter. Dieser von allen Beteiligten unmittelbar geteilte Kontext macht es überflüssig, Gegenstände genauer zu benennen. Viele *Bedeutungen* müssen nicht sprachlich hergestellt oder näher erläutert werden, sondern ergeben sich daraus, dass die Kinder mit den Gegenständen hantieren oder darauf zeigen.
- Dies ändert sich in Text 2, wenn die Sprache kontextreduzierter wird, weil als Verständigungsgrundlage der Beteiligten keine gemeinsame Situation mehr vorausgesetzt werden kann. Die Bedeutungen, die in Text 1 durch die Pronomen *der, sie* und *die* hergestellt wurden, müssen nun ausführlicher ausgedrückt werden: die Stecknadeln und der Magnet werden in Text 2 explizit benannt und machen den Text verständlicher. Um den Rahmen des Geschehens zu beschreiben – die Zuhörerin

also gewissermaßen zu orientieren –, greift das Kind auf das sprachliche Mittel *Wir haben herausgefunden* zurück, das die Wiedergabe einleitet und eine Nebensatzkonstruktion erforderlich macht. Die Nähe zum durchgeführten Experiment ist aber noch so groß, dass die Verwendung des Pronomens *wir* möglich und den Beteiligten in ihrer Bedeutung klar ist.

- Text 3 ist auf dem Kontinuum einen Schritt weiter in Richtung Schriftlichkeit anzusiedeln: Als einleitender Satzteil, der das Geschehen rekonstruiert, wird nun das Fachwort *Experiment* verwandt und dabei in einer für schriftliche Fachtexte charakteristischen Weise als Subjekt des Satzes zum ‚Akteur', während die am Versuch teilnehmenden Kinder als Handelnde lediglich im Possessivpronomen *Unser* kenntlich gemacht sind. Gleichzeitig wird in Text 3 deutlich, dass hier im Unterricht zuvor eine fachliche Auseinandersetzung stattgefunden haben muss, bevor die Schülerin das Fachvokabular *Metalle* und *anziehen* verwendet. Mit der von ihr formulierten Verallgemeinerung ist eine noch größere Distanz zum ursprünglichen Experiment hergestellt worden. Das Beispiel zeigt aber auch, wie eng bei einer solchen Verallgemeinerung die Verbindung von fachlichem Konzept und seiner sprachlichen Umsetzung ist. Die sprachlichen Mittel, die hier für die Abstraktion eingesetzt werden, sind das Fortlassen des Pluralartikels *(Magnete)* und die Verwendung eines Oberbegriffs bei gleichzeitiger Quantifizierung bzw. Einschränkung *(einige Metalle)*.
- Der angeführte Text 4 aus einem Kinderlexikon weist noch einmal eine größere Dichte an Inhaltswörtern auf. Charakteristisch für Fachtexte ist hier, dass der gesamte in den Texten 1 bis 3 beschriebene Vorgang nun sprachlich durch eine Nominalisierung umgesetzt ist. Die dabei erfolgten Umformungen des Nomens in ein Adjektiv *(magnetisch)* und des Verbs in ein ‚agierendes' Substantiv *(Anziehung)* bedeuten eine weitere Komplexität; sogar in einem Beispiel, bei dem die Satzkonstruktion selbst im Vergleich zu den Texten 2 und 3 nicht komplexer geworden ist (vgl. auch Gibbons 2002, S. 4 und 2006a, S. 272).

Bildungssprache ist nicht an ein Medium gebunden, sondern mit ihrer konzeptionellen Schriftlichkeit im Laufe der Schulzeit auch für die mündlichen Unterrichtsphasen zunehmend charakteristisch. Sie wird von den Schülerinnen und Schülern in Unterrichtsgesprächen, in Lehrwerken und Prüfungen erwartet (vgl. Gogolin/Lange 2011, S. 111). Sucht man nach didaktischen Wegen, Schülerinnen und Schüler an die Bildungssprache heranzuführen, so lässt sich mit dem *mode continuum* theoretisch fassen, warum es sinnvoll ist, sich mit verschiedenen sprachlichen Formen entlang des Kontinuums zu beschäftigen. Die dem Begriff des *mode continuum* innewohnende Vorstellung einer fortlaufenden Entwicklung ist darüber hinaus für die Debatte in der mehrsprachigen Gesellschaft hilfreich:

> „Ein Modell von Sprache-im-Kontext stellt die ‚Defizit'-Perspektive, die möglicherweise hinsichtlich der englischen Sprachentwicklung der Zweitsprachlerner vertreten wird, infrage, weil es Sprachentwicklung als einen Lernprozess betrachtet, bei dem eine wachsende Reihe von Registern und Genres beherrscht wird, statt Entwicklung in den relativen Begriffen von ‚mehr' oder ‚weniger' Sprache zu verstehen" (Hammond/Gibbons 2005, S. 10).

Angesprochen wird hier das Konzept des Registers, das sich bei M.A.K. Halliday und Ruqaiya Hasan an das Konzept der Wechselbeziehung zwischen Text und Situation bzw. der Kontextvariablen anschließt. Ein Register wird beschrieben als

> „... ein semantisches Konzept. Es kann definiert werden als eine Konfiguration von Bedeutungen, die typischerweise mit einer bestimmten situationsbezogenen Konfiguration von *Field, Tenor* und *Mode* assoziiert werden. Da es sich aber um eine Konfiguration von Bedeutungen handelt, muss ein Register selbstverständlich auch die Ausdrücke, die lexikogrammatischen und phonologischen Merkmale einschließen, die diese Bedeutungen typischerweise begleiten oder *realisieren*" (HALLIDAY/HASAN 1989, S. 38f., Hervorh. im Orig.).

Während auch Grundschulkinder lernen, beim Verfassen eines Textes zunehmend im Sinne der Kategorie Genre[10] je nach Zweck des Textes verschiedene sprachliche Praktiken und Konventionenen zu berücksichtigen, ist das Register für die Vermittlung der Bildungssprache von grundsätzlicherer Bedeutung. Im Sinne der Ausführungen von Hammond/Gibbons ließe sich sagen, dass es mit den Konzepten des Registers und des *mode continuum* möglich wird, die Entwicklung der Bildungssprache als *Ziel* zu verstehen, aber gleichzeitig auch als einen *Lernprozess*. Denn wie das Beispiel des Magnetversuchs zeigt, können auf dem Kontinuum gewissermaßen ‚Stationen' ausgemacht werden, an denen der jeweilige Kontext bestimmte sprachliche Konfigurationen[11] hervorbringt, um die erforderlichen Bedeutungen zu bilden. Diese ‚Stationen' können als sprachliche Register verstanden werden, die die Schülerinnen und Schüler auf ihrem Weg von einer kontextabhängigen zu einer zunehmend kontextentbundenen Sprache durchlaufen. Wie im dritten Abschnitt beschrieben wird, ist beim Scaffolding-Ansatz dieser Bezug auf Register und das *mode continuum* unterrichtspraktisch zentral, weil die sprachlichen Aktivitäten der Schülerinnen und Schüler entlang dieser Stationen organisiert und dabei die Übergänge bewusst gestaltet werden.

2.2 Sprache am Schnittpunkt von Familie und Schule: die Perspektive von Basil Bernstein

Die im Rahmen seiner Arbeiten zur schichtspezifischen Sprachsozialisation von Kindern und Jugendlichen entstandenen Konzepte von Basil Bernstein fließen unter mindestens zwei Gesichtspunkten in die Beschäftigung mit der Bildungssprache ein. Erstens thematisierte der Soziologe ab den 1960er-Jahren die sprachlichen Formen, mit denen Kinder aufwachsen,

10 Aufgrund des Fokus auf den Sachunterricht der Grundschule wird hier auf den Begriff des ‚Genre' nicht näher eingegangen. Siehe für eine Beschreibung des Genre in seiner Verbindung zur Textstruktur HALLIDAY/HASAN 1989, S. 68ff. und für einen Ansatz des Scaffolding hinsichtlich des Verfassens unterschiedlicher Textsorten GIBBONS 2009, S. 114ff.

11 Konfigurationen beziehen sich hier, im bei der Beschreibung des Registers verwandten Sinne, sowohl auf eine bestimmte Anzahl von semantischen, bedeutungsbezogenen Merkmalen als auch auf Gruppen syntaktisch verbundener Wörter.

und arbeitete heraus, dass sich die alltäglichen Sprachformen, die Kinder in ihren familiären Kontexten kennenlernen, hinsichtlich ihrer Komplexität und des Maßes, in dem darin Bedeutungen explizit gemacht werden, unterscheiden (BERNSTEIN 1971, S. 28ff.).[12] Daher weisen die sprachlichen Formen, die den Kindern bei Schuleintritt vertraut sind, in unterschiedlichem Maße Merkmale kontextgebundener und kontextunabhängiger Sprache auf, so dass die Schülerinnen und Schüler aufgrund ihrer sprachlichen Sozialisation unterschiedliche Voraussetzungen für einen erfolgreichen Schulbesuch mitbringen. Zweitens richtete Bernstein in Erweiterung dieser Frageperspektive seinen Fokus auf die Schnittstelle zwischen Familie und Schule (ebd., S. 34ff.). Seine Beschreibungen sprachlicher Sozialisation wurden häufig als eine Bewertung unterschiedlicher sprachlicher Formen missverstanden oder verkürzt rezipiert (vgl. BERNSTEIN 1971, S. 18f.; SCHÜTTE 2009, S. 39ff.). Sie sind für die sprachliche Bildung in der mehrsprachigen Gesellschaft jedoch relevant, weil sie die grundsätzliche Frage einer Passung der ‚sprachlichen Verhältnisse' zwischen den Familien der Schülerinnen und Schüler sowie der Institution Schule thematisieren. Denn wie sich bei der Beschäftigung mit Bildungssprache auch an anderen Stellen zeigt, erlangt diese Fragestellung nicht erst für die Schule in der Einwanderungsgesellschaft Bedeutung. Die Frage nach einer Entkoppelung von unterschiedlicher sozialer Schicht, sprachlichen Bedingungen und Schulerfolg wäre vielmehr auch in einer – wenngleich mittlerweile fiktiven – einsprachigen Gesellschaft wichtig.

Entsprechend eines *funktionalen* Verständnisses von Sprache und der Auseinandersetzung mit dem schichtspezifischen *Kontext*, in dem ein Kind aufwächst, geht es aus Bernsteins Perspektive keinesfalls um eine, gar negative, Bewertung unterschiedlicher Sprachsozialisationen. Denn in vergleichbarer Weise wie es im alltäglichen Kommunikationskontext häufig keinen Anlass gibt, die offensichtlichen Bedeutungen, die man gerade mit jemandem teilt, sprachlich explizit auszudrücken, erfordert der Alltag nicht unbedingt ein sprachbewusstes Handeln. Abgesehen von den eigenen sprachlichen Routinen, ergibt sich der Kontext für solches sprachbewusstes Handeln seitens der Eltern im Alltag weniger aus der Situation, in der sie mit ihrem Kind sprechen, als aus dem Bewusstsein der sozialen Gruppe, zu der sie gehören. So ließe sich sagen, dass erst unter Einbezug der zukünftigen Bildungsambitionen der Eltern, ihrer eigenen (erfolgreichen) Bildungserfahrungen und ihrer Schriftsprachpraktiken ein solches ‚sprachbewusstes' Handeln zustande kommt. In den Worten Bernsteins:

> „Eins der Ziele der Mittelschichtsfamilie ist es, aus dem Kind einen Menschen zu machen, der an gewissen Werten orientiert ist, aber unter ihnen individuell differenziert. Das Kind wird in eine Umgebung hineingeboren, in der man es als Individuum mit seinen eigenen Rechten sieht und in der man auf das Kind eingeht, d.h. es hat einen spezifischen sozialen Status. Dieser frühe Prozeß der Individuation wird erreicht durch zwei wichtige Faktoren: die übergenau-ängstliche Beobachtung des Kindes von seiten der Eltern, so daß bereits die allerfeinsten Entwicklungsstufen und das Entstehen neu-

12 Siehe in deutscher Sprache auch BERNSTEIN 1972, S. 67ff.

> er Verhaltensmuster Objekt der Aufmerksamkeit und Stellungnahme sind; hinzu kommen Anerkennung und Kommunikation in einer Sprachstruktur, in der persönliche Qualifikationen bedeutungsvoll gebraucht werden und die das Kind wiederum als Reaktion zu gebrauchen lernt. Die Beziehung des Kindes zu seiner Umgebung ist so, daß Bereich und Ausdruck differenzierter verbaler Antworten vom Beginn seines Lebens an durch die Sozialstruktur gefördert werden. Ein ‚Engels'-Kreis wird aufgebaut und ständig wieder verstärkt, denn die Mutter wird schon die frühesten individuellen Äußerungen des Kindes ausarbeiten und eingehend behandeln. Daraus folgt, daß die Fähigkeit des Kindes, Objekte in seiner Umwelt zu unterscheiden und Genaueres über sie anzugeben, umso größer ist, je größer die Differenzierung seiner Erfahrungswelt ist" (Bernstein 1972, S. 72f.).

Die Untersuchungen von Basil Bernstein ermöglichten es, die Begründungen für unterschiedlichen Schulerfolg von verengten Konzepten wie ‚Intelligenz' abzulösen. Aktuell erinnern sie auch daran, dass die Institution Schule immer schon vor der Herausforderung stand, den sprachlichen Voraussetzungen ihrer Schülerinnen und Schüler gerecht werden zu müssen. Auch wenn sich die Sozialisationsbedingungen von Kindern seit den damaligen Forschungsarbeiten hinsichtlich mancher Aspekte verändert haben, die Sprache der Medien als Einflussfaktor ebenso hinzugekommen ist wie für eine wachsende Zahl von Kindern und Jugendlichen die Realität ihres zweisprachigen Aufwachsens, so wurde hier bereits unter schichtspezifischer Fragestellung die Notwendigkeit deutlich, dass die Institution Schule ihre sprachliche Gestaltung reflektiert. Dabei können im Anschluss an Bernstein folgende Fragen als Orientierung dienen: Wie gelingt die Passung zwischen Elternhaus und Schule? Wie *explizit* erfolgt die Vermittlung jenes Wissens, das in den Abläufen des Klassenzimmers von den Kindern und Jugendlichen erwartet wird, wenn sie zu Bildungserfolgen in der Schule kommen sollen? Oder gibt es Bereiche wie die Sprache, die eher *implizit* vorausgesetzt werden?

Mit der Unterscheidung zwischen ‚horizontalem Diskurs' und ‚vertikalem Diskurs' schloss Bernstein (1999) an seine Untersuchungen zur Sprache an und setzte sich noch einmal grundsätzlicher mit Organsiation und Realisierung von Wissen und Wissensvermittlung in der Gesellschaft auseinander: Der ‚horizontale Diskurs' bezieht sich auf ein alltägliches Wissen, auf ein Common-sense-Wissen, das in der Familie oder der engeren Gemeinschaft erworben wird und als solches „mündlich, lokal, kontextabhängig und spezifisch, stillschweigend" (ebd., S. 159) organisiert ist. Im ‚vertikalen Diskurs' werden dagegen andere Formen von Wissen umgesetzt. Sie werden in Bildungsinstitutionen oder am Arbeitsplatz erworben, existieren in einer zusammenhängenden, expliziten und systematischen Art und Weise und ihr Zugang, ihre Vermittlung und ihre Evaluation sind festen Regeln unterworfen (ebd., S. 159ff.). Aus soziologischer Sicht geht es also bei der Beschäftigung mit der Bildungssprache um die Regelung des Zugangs zu gesellschaftlicher Partizipation und um die Verteilung von Wissen in der Gesellschaft.

2.3 BICS & CALP: die Perspektive von Jim Cummins

Unter den Bezeichnungen *basic interpersonal communicative skills* (BICS) und *cognitive academic language proficiency* (CALP) wurde von Jim Cummins Ende der 1970er-Jahre eine konzeptionelle Unterscheidung in die internationale Diskussion um die Bildungssituation zweisprachig aufwachsender Schülerinnen und Schüler eingeführt, die gängige Vorstellungen einer eindimensionalen bzw. einheitlichen Sprachfertigkeit infrage stellte. Damit trug Cummins dem Umstand Rechnung, dass Zweitsprachlerner eine verhältnismäßig kurze Zeit benötigen, um die für die Bewältigung der Alltagskommunikation erforderlichen Sprachkenntnisse (BICS) zu erwerben, jedoch wesentlich länger, um sich die für den Schulerfolg notwendigen sprachlichen Fähigkeiten (CALP) anzueignen[13] (zusammenfassend Cummins 2008).

> „CALP oder *academic language proficiency* entwickelt sich durch soziale Interaktion von Geburt an, aber erst nach den ersten Schuljahren anders als BICS und spiegelt dann in erster Linie jene Sprache wider, welche die Kinder in der Schule erwerben und über die sie tatsächlich verfügen müssen, um diese erfolgreich zu durchlaufen. Die Bezeichnung CALP bezieht sich daher in spezifischer Weise auf den sozialen Kontext der Schule – daher der Begriff *„academic"*. *Academic language proficiency* kann somit definiert werden als ‚das Ausmaß, zu dem ein Einzelner Zugang zu den mündlichen und schriftlichen bildungssprachlichen Registern der Schule hat' (Cummins 2000, S. 67)" (ebd. 2008, S. 72).

Für die Entwicklung didaktischer Perspektiven zur Vermittlung von Fach- und Bildungssprache ist von Belang, dass es sich bei der Unterscheidung von BICS und CALP nicht um eine Konzeption handelt, die sich auf die *sprachlichen* Erfordernisse des Unterrichts allein beschränkt. Vielmehr geht es unter der Perspektive erfolgreichen Lernens zweisprachig aufwachsender Kinder und Jugendlicher um eine Verbindung von sprachlichem und fachlichem Lernen. Cummins (vgl. 2000, S. 60f.) bezieht die fachliche Seite mit ein, wenn er auf entsprechende Anschlussstellen bei Lev Vygotskij und Jerome Bruner verweist – zwei Wissenschaftler, die auch für den Scaffolding-Ansatz in der Zweitsprachendidaktik zentral sind.[14]

In Vygotskijs Unterscheidung zwischen ‚spontanen' und ‚wissenschaftlichen' Begriffen wurde u.a. herausgearbeitet, dass

> „sich wissenschaftliche Begriffe, die sich im Unterrichtsprozess herausbilden, von spontanen Begriffen durch eine andere Beziehung zur Erfahrung des Kindes, eine andere Beziehung zum Gegenstand der Begriffe und durch andere Wege unterscheiden, die sie vom Augen-

13 Für den englischsprachigen Raum liegen Forschungsergebnisse vor, die zeigen, dass zweisprachige Schülerinnen und Schüler eine Zeit von mindestens fünf Jahren und häufig wesentlich länger benötigen, um zu den bildungssprachlichen Leistungen ihrer gleichaltrigen einsprachigen Mitschüler/innen aufzuschließen (siehe für eine Übersicht auch den ins Deutsche übertragenen Text Cummins 2006, S. 40ff.).

14 Für weitere Bezüge der BICS-CALP-Unterscheidung siehe Cummins 2000, S. 62ff.

> blick ihrer Entstehung bis zu ihrer endgültigen Vollendung durchlaufen" (VYGOTSKIJ 2002, S. 270).

Spontane Begriffe basieren auf den Auseinandersetzungen des Kindes mit seinen Alltagserfahrungen und sind als solche eng in die jeweiligen Kontexte eingebunden. Im Gegensatz dazu werden wissenschaftliche Begriffe in strukturierten und zum Aufbau dieser Begriffe speziell gestalteten Unterrichtsaktivitäten vermittelt. Während spontane Begriffe unsystematisch sind, sind die wissenschaftlichen systematisch und logisch organisiert. Es ist diese *Struktur*, die zur Bezeichnung ‚wissenschaftliche Begriffe' führt. Solche müssen sich dabei nicht unbedingt auf (natur)wissenschaftliche Inhalte beziehen, sondern können ebenso historisches, linguistisches oder praktisches Wissen repräsentieren (vgl. KOZULIN 1998, S. 48), „aber ihre Organisation ist ‚wissenschaftlich' in dem Sinne, dass sie eine formale, logische und dekontextualisierte Struktur haben" (ebd.).

Hinsichtlich der didaktisch zu gestaltenden Verbindung von fachlichem und sprachlichem Lernen sind im CALP-Kontext weitere Aspekte relevant: Wortbedeutungen und ‚wissenschaftliche' Begriffe – im zuvor von Vygotskij beschriebenen Sinne – sind als untrennbar von einander zu verstehen und sie entwickeln und vertiefen sich gemeinsam mit der intellektuellen Entwicklung. Dabei werden sie in zunehmendem Maße in ein System bzw. ein Netzwerk eingebunden, das sie sowohl in semantischer als auch logischer Hinsicht miteinander verknüpft (vgl. CUMMINS 2000, S. 60f.).[15]

Darüber hinaus sind die beiden Arten von Begriffen nicht isoliert zu sehen, sondern beeinflussen sich innerhalb eines einheitlichen Begriffsbildungsprozesses fortlaufend gegenseitig (vgl. VYGOTSKIJ 2002, S. 267f.). Entsprechend führt CUMMINS (2000, S. 61) in Bezug auf die Schule eine Interpretation von Vygotskijs ‚Zone der nächsten Entwicklung' – also jenes Bereichs, in dem das Lernen der Schülerinnen und Schüler organisiert sein sollte (vgl. S. 30ff.) – an, die diese beschreibt als „eine Zone, in der vom Lehrer eingeführte wissenschaftliche Begriffe mit den bei den Kindern bereits vorhandenen spontanen Begriffen interagieren" (KOZULIN 1998, S. 49).

Als weiteren Anknüpfungspunkt für die Unterscheidung zwischen der Sprache der Alltagskommunikation und der Sprache schulischer Bildung und den unterschiedlichen Funktionen, die sie erfüllen, weist Cummins auf die Differenzierung zwischen *‚communicative competence'* und *‚analytic competence'* von Bruner hin:

> „... kommunikative Kompetenz beinhaltet das Erreichen (...) ‚konkreter Operationen' (...), in denen Sprache als eine Form für Ausdruck und Repräsentation der Struktur konkreter Gedanken über Dinge und Personen dient. Die Dimension, in der Sprache eine Grundla-

15 Der Zusammenhang einer beweglichen Verknüpfung der Wortbedeutungen untereinander wird aus Sicht der systemisch-funktionalen Linguistik folgendermaßen beschrieben: „Wörter werden nicht wie in einem Wörterbuch, sondern wie in einem Thesaurus, einem Bedeutungswörterbuch gelernt, wobei jedes in dem sich zunehmend erweiternden topologischen Raum plaziert wird, in Bezug zu den ‚anderen', mit denen es taxonomisch in Beziehung steht" (HALLIDAY 1993, S. 99). Die Bedeutungen fügen sich also nach und nach in ein System ein.

> ge für die Erfindung neuer Formen des Denkens bereitstellt, geht sowohl über eine angeborene sprachliche Fähigkeit als auch über eine sozial unterstützte kommunikative Kompetenz hinaus. Wir bezeichnen sie als analytische Kompetenz, die sich vor allem (...) dadurch auszeichnet, dass sie ausgedehnte Denkprozesse beinhaltet, die sich ausschließlich auf sprachliche Repräsentation und Aussagestrukturen beziehen, begleitet von Denk- und Problemlösungsstrategien, die nicht für die unmittelbare Erfahrung mit Gegenständen und Ereignissen geeignet sind, sondern für Ensembles von Aussagen" (BRUNER 1975, S. 72).

Sprache wird so zu einem Werkzeug des Denkens und Problemlösens. Der Schulunterricht erfordert seitens der Schülerinnen und Schüler in dem Maße eine analytische Kompetenz als Teil schulischer Kommunikation, in dem das Schulwissen vom unmittelbar gegebenen Kontext abgelöst wird (vgl. CUMMINS 2000, S. 61).

Durch diese Bezüge kann Cummins' Konzeptionalisierung von BICS und CALP erste Anhaltspunkte für eine didaktische Gestaltung der Verknüpfung von sprachlichem und inhaltlichem Lernen im Sach- und Fachunterricht liefern: *Wie verstehen wir die Verbindung von sprachlichem und fachlichem Lernen, die unserem Unterricht bewusst oder unbewusst zugrunde liegt? Wie ist unterrichtspraktisch der ‚Raum' zu organisieren, in dem die kontextgebundenen Alltagsbegriffe der Kinder und Jugendlichen mit den fachlichen, wissenschaftlichen und abstrakteren Begriffen in Beziehung treten können? Und wie kann dabei berücksichtigt werden, dass nicht nur die Unterrichtsinhalte zunehmend kontextreduzierter werden, sondern eben auch die Sprache, mit der die dazugehörigen Bedeutungen hergestellt werden?* Sprachbildung im Sachunterricht unter der Scaffolding-Perspektive setzt hier an, indem die Lehrerinnen und Lehrer diesen Raum *bewusst* planen und auch für die Kinder *bewusst* gestalten.

2.4 Bausteine der Bildungssprache

Die Beschreibung des sprachlichen Registers Bildungssprache ist für die englische Sprache vorgenommen worden (siehe SCHLEPPEGRELL 2004). Für die deutsche Sprache befindet sie sich noch in der Entwicklung (vgl. LENGYEL 2010, S. 596ff.), doch liegen erste Anhaltspunkte vor: Über den jeweiligen Fachwortschatz und die entsprechenden Kollokationen[16] hinaus sind das vor allem jene sprachlichen Mittel, die in einem Text, sei er gesprochen oder geschrieben, eine Kohärenz herstellen. Dazu gehören die sogenannten Funktionswörter wie Pronomen, Partikeln, Konjunktionen und Präpositionen, also Elemente, die ihre Inhalte und Bedeutungen nicht wie Nomen oder Verben auf den ersten Blick zeigen, sondern ihre Bedeutungen in Verbindung mit anderen Wörtern, d.h. im System der Grammatik herstellen. GOGOLIN und ROTH (vgl. 2007, S. 40ff.) haben im Zuge ihrer

16 Unter Kollokationen versteht man miteinander kombinierte Wörter, die häufig gemeinsam auftreten. Im Kontext von Fachsprachen handelt es sich oft um Kombinationen, bei denen zumindest ein Wort ursprünglich der Alltagssprache zuzurechnen ist, z.B. ‚die Temperatur *bestimmen*', ‚eine Gleichung *aufstellen*'.

Forschung zu bilingualen Grundschulklassen in Hamburg weitere Elemente empirisch ermittelt, die auf dem Weg zur Bildungssprache zunehmend verwendet werden: Substantivierungen, Komposita, unpersönliche Ausdrücke, das Passiv, der Konjunktiv sowie Attribute und Konstruktionen mit ‚lassen'.

Neben den in den letzten Jahren in der DaZ-didaktischen Diskussion thematisierten ‚Stolpersteinen der deutschen Sprache' (siehe für eine grundlegende Darstellung für die Grundschule mit vielen Unterrichtsanregungen Rösch 2003) kommen hier also zahlreiche Aspekte hinzu, die nach PISA und IGLU in den vergangenen Jahren vor allem als Hürden beim Lesen von Texten thematisiert wurden. Es ließe sich sagen, dass Sach- und Fachtexte auf dem Kontinuum zwischen Mündlichkeit und Schriftlichkeit den Pol darstellen, an dem Fach- und Bildungssprache am sichtbarsten werden und gewissermaßen in ihrer ‚schriftlichsten Form' vorliegen. Aber auch in anderen Textformen wie Referat, Protokoll oder Erörterung werden von den Schülern zunehmend bildungssprachliche Elemente oder die Einhaltung von stilistischen Konventionen, d.h. beispielsweise Sachlichkeit und logische Gliederung – und damit eben auch eine umfangreichere Verwendung bildungssprachlicher Elemente – erwartet. Darüber hinaus weist Bildungssprache weitere Merkmale auf. Auf der lexikalisch-semantischen Ebene sind dies u.a.: differenzierende und abstrahierende Ausdrücke (aus einem alltagssprachlichen ‚hinaufbringen' wird ‚nach oben transportieren'); Präfixverben, vor allem auch mit untrennbarem Präfix oder Reflexivpronomen wie ‚erhitzen' und ‚sich beziehen' sowie normierte Fachbegriffe. Auf der Ebene der Syntax: komplexere Satzgefüge wie Konditional- und Relativsätze; unpersönliche Konstruktionen mit ‚man' oder unter Verwendung des Passivs und längere Attribute (z.B. ‚die nach oben offene Richter-Skala') (vgl. Gogolin/Lange 2011, S. 115f.; siehe auch für die Sekundarstufe I Benholz/Iordanidou 2004 und Rösch 2005, S. 81ff. sowie für den Berufsschulbereich Ohm u.a. 2007).

Sprachbildung im Sachunterricht unter der Scaffolding-Perspektive strebt an, mit den Kindern am Übergang der Alltags- zur Bildungssprache zu arbeiten. Es erfolgt seitens der Lehrerinnen und Lehrer sowie Schülerinnen und Schüler eine bewusste Auseinandersetzung mit jener *konzeptionellen Schriftlichkeit*, die für solche Texte charakteristisch, aber in der Mündlichkeit des alltäglichen Unterrichts weniger sichtbar oder auch gänzlich verborgen ist. Zu diesem Zweck wird der zeitliche Raum, der dem Mündlichen zugestanden wird, erweitert. Sachtexte können dabei mit ihrem Wortmaterial, mit den Nomen, Komposita und Substantivierungen, aber gerade auch mit Verben und Kollokationen eine wichtige Ressource für die Planung des Sach- und Fachunterrichts darstellen.

3. Elemente des Scaffolding in der Zweitsprachendidaktik

Die Metapher des ‚Scaffolding' – ein Begriff, der ursprünglich auf Wood, Bruner und Ross zurückgeht (WOOD u.a. 1976) – wurde von Pauline Gibbons und ihren Kolleginnen für den Kontext des Unterrichts von Schülerinnen und Schülern mit Englisch als Zweitsprache aufgegriffen und im Zuge ihrer Unterrichtsforschung zu einem Ansatz der Zweitsprachendidaktik entwickelt, bei dem fachliches und sprachliches Lernen fortlaufend verbunden werden (siehe GIBBONS 2002, 2006a u. b, 2010; HAMMOND/GIBBONS 2005; MICHELL/SHARPE 2005). In der deutschen Rezeption dieses Ansatzes ergibt sich die Reichweite der Scaffolding-Perspektive unter anderem daraus, dass ihre Grundüberlegungen und die darin eingegangenen linguistischen und lerntheoretischen Konzeptionen auf *mehrere Ebenen* des schulischen Lernens und Lehrens bezogen werden können:[17]

- übergeordnet auf den Anspruch, dass die Institution Schule es sich zur Aufgabe macht, die für den Bildungserfolg erforderlichen Sprachkompetenzen *explizit* zu vermitteln – die Ebene, die in Deutschland aktuell in die Konzeption der ‚Durchgängigen Sprachbildung' einfließt (siehe z.B. GIBBONS 2002; HEINTZE 2009 u. 2010; GOGOLIN u.a. 2011b; GOGOLIN/LANGE 2011);
- auf eine systematische Planung der Fachunterrichts im Hinblick auf die sprachlichen Mittel, die das fachliche Lernen erfordert (z.B. SOMANI/MOBBS 1997; GIBBONS 2002; QUEHL/SCHEFFLER 2008; KNIFFKA/NEUER 2008; KRÄMER 2009; TAJMEL 2009a u. b; siehe für einen Überblick auch KNIFFKA 2010);
- auf die Gestaltung eines mehrstufigen Unterrichtsarrangements, bei dem der Übergang von der Alltags- zur Fach- und Bildungssprache von den beteiligten Schülerinnen, Schülern und Lehrkräften *bewusst* gestaltet und vollzogen wird (z.B. GIBBONS 2006a; KRÄMER 2009; QUEHL 2009 u. 2010);
- und schließlich auf die sprachlichen Interaktionen im Unterricht, bei denen die Schüler/innen lernstandsaktuell in ihrem sprachlichen Handeln Unterstützung erfahren, um zu Äußerungen zu gelangen, zu denen sie alleine zu diesem Zeitpunkt noch nicht in der Lage wären (z.B. GIBBONS 2006a u. b; ROTH 2007; QUEHL 2009 u. 2010).

Erst durch ein Ineinandergreifen dieser Ebenen wird die erforderliche Verbindlichkeit hergestellt, um sich als *Institution* Schule der Herausforderung Bildungssprache zu stellen. Zu diesen institutionellen Aspekten gehören u.a. neben der Aus- und Weiterbildung die Schulentwicklungsarbeit innerhalb einer Schule, die Kooperation an den Übergängen zwischen den pädagogischen Institutionen oder auch die Frage, welche Planungserleichte-

17 Diese Aufgliederung erscheint uns hilfreich für die gegenwärtige hiesige unterrichtspraktische Diskussion. Im Kontext der australischen Unterrichtsforschung wurden die Ebenen unter den Bezeichnungen *‚designed-in' macro-scaffolding* und *‚interactional contingent micro-scaffolding'* teilweise anders zusammengefasst bzw. auch weiter aufgeschlüsselt (vgl. HAMMOND/GIBBONS 2005, S. 12ff.).

rungen in Form von Materialien o.ä. die Lehrerinnen und Lehrer in ihrer Arbeit unterstützen könnten.

Nicht zuletzt aufgrund dieser unterschiedlichen Ebenen ist es für Planung und Durchführung eines Unterrichts unter der Perspektive des Scaffolding sinnvoll, sich genauer mit den *Elementen* zu beschäftigen, auf die sich Pauline Gibbons bei ihrem Ansatz bezieht. Auf diese Weise kann vermieden werden, dass der Begriff inflationär für jede Art der ‚Hilfe' im Bereich Zweitsprachlernen angewandt wird.[18] Darüber hinaus macht eine Übersicht über die theoretischen Zusammenhänge des Scaffolding-Ansatzes deutlich, dass es sich bei dieser Konzeption sowohl um eine *Perspektive* auf die Verknüpfung fachlichen und sprachlichen Lernens als auch eine *Methode* zu ihrer Umsetzung handelt. Vor dem Hintergrund der hier zusammenkommenden Elemente kann gegebenenfalls auch über das vom Scaffolding-Ansatz vorgelegte Unterrichtsarrangement hinaus mit mehr Flexibilität nach Anknüpfungspunkten an andere Unterrichtsszenarien gefragt werden. Aus diesem Grunde möchten wir gern zu einer weiteren Beschäftigung mit den Grundüberlegungen der Scaffolding-Konzeption ermuntern.

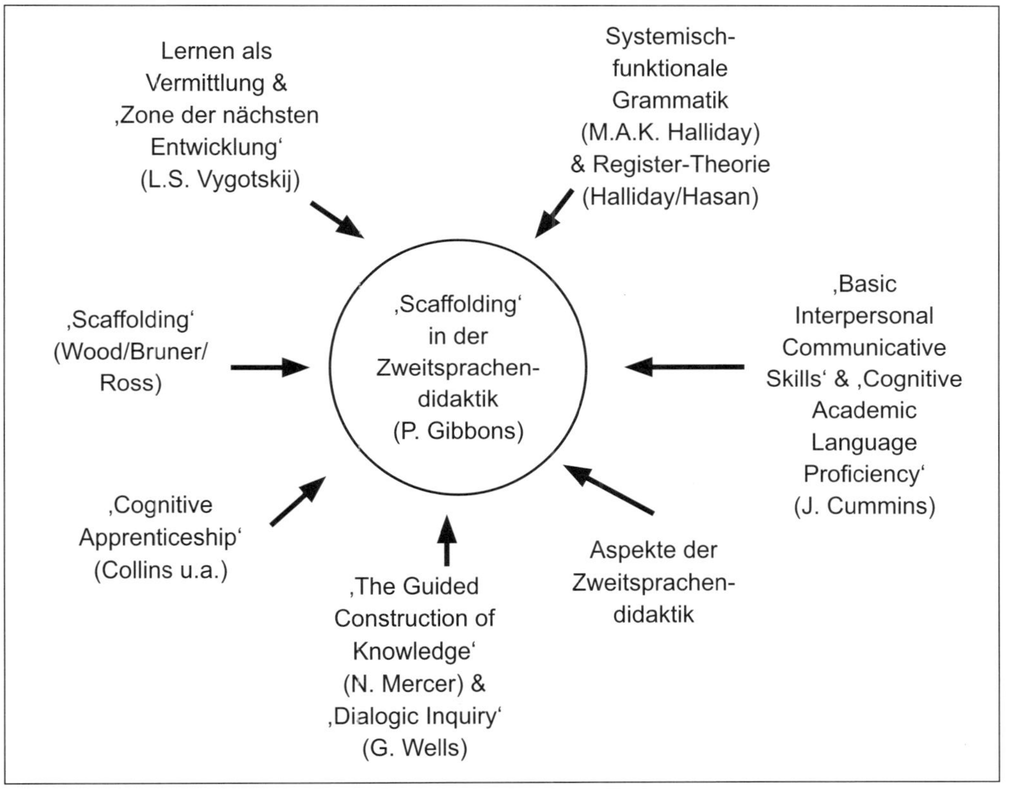

Abb. 1: Wesentliche Bezüge des ‚Scaffolding' zur Verbindung sprachlichen und fachlichen Lernens

Eine Übersicht über die Begründungszusammenhänge des Scaffolding-Ansatzes von Gibbons (Abb. 1) zeigt, dass der psychologischen Theorie eines in der sozialen Interaktion erfolgenden Lernens (Vygotskij) die linguistische Theorie einer in der sozialen Interaktion vermittelten Sprache

18 Verschiedene Autoren haben vor der begrifflichen Unschärfe gewarnt, die das ‚Scaffolding' in der allgemeinen didaktischen Diskussion mitunter begleitet haben (vgl. z.B. HAMMOND/GIBBONS 2005, S. 25; MERCER/LITTLETON 2007, S. 18).

(Halliday) zur Seite gestellt wird. Dabei fügt der Scaffolding-Ansatz diese Perspektiven nicht additiv zusammen, sondern greift darauf zurück, dass jeweils sowohl in der psychologischen Theorie Vygotskijs als auch in der linguistischen Theorie von M.A.K. Halliday die enge Verbindung von Sprache und Denken und ihre Vermittlung in der Interaktion thematisiert werden. Der Psychologe konzeptionalisiert die soziale Interaktion als den Ausgangspunkt der ‚höheren psychischen Funktionen' und zeichnet dabei auch die Verinnerlichung der äußeren Sprache in die ‚innere Sprache' des Denkens nach (vgl. VYGOTSKIJ 2002). Die Konstruktion von Wissen und Verstehen wird damit zu einer dem Wesen nach sozialen Aktivität, bei der die in einer Kultur vorhandenen Bedeutungen dem Kind in Form kultureller Werkzeuge zur Verfügung gestellt werden.

> „Die Ressourcen der Gesellschaft, die Bedeutungen herstellen, werden dem Kind allmählich durch seine Teilnahme am kulturellen Leben der Community zugänglich gemacht, wenn es Kulturgegenstände, Technologien und Rituale in Begleitung Anderer nutzt. Kognitive Entwicklung kann so als eine Art Lehrzeit gesehen werden, die das Kind unter Anleitung eines Erwachsenen absolviert, wodurch diese ‚kulturellen Werkzeuge' fester Bestandteil seiner eigenen mentalen Ressourcen werden: ein Prozess der Internalizierung des erworbenen Wissens. Der Begriff des kulturellen Werkzeugs bezieht sich nicht nur auf physikalische Werkzeuge und Kulturgegenstände, sondern ist auch auszuweiten auf die innerhalb einer Gesellschaft hervorgebrachten symbolischen Werkzeuge; ein mathematischer Algorithmus, der einem das Kopfrechnen ermöglicht, stellt ebenso ein kulturelles Werkzeug dar, wie ein Taschenrechner" (MERCER/LITTLETON 2007, S. 13).[19]

So kann die Sprache selbst bzw. die für ein bestimmtes Vorhaben genutzte Sprache als das wichtigste kulturelle Werkzeug verstanden werden (ebd.). Über die grundsätzliche Verknüpfung von Sprache und Denken hinaus sind hier zwei Eckpunkte für die Verbindung fachlichen und sprachlichen Lernens relevant: Erstens kann ein (Schul-)Fach als eine Kultur aufgefasst werden, in deren Bedeutungen man die Schülerinnen und Schüler sukzessive einführt – und Sprache ist das wichtige Werkzeug, mit dem dies geschieht. Zweitens werden die Bedeutungen in einem gemeinsamen Prozess hergestellt, d.h. Lernen findet im Dialog statt. Vergegenwärtigen wir uns vor diesem Hintergrund die Perspektive der systemisch-funktionalen Grammatik, derzufolge die/der Sprechende in der Interaktion mit Anderen ihre/seine sprachlichen Äußerungen in Abhängigkeit vom jeweilgen Kontext auswählt, so werden die Überschneidungen beider Perspektiven deutlich. Auch für Halliday ist „Sprache die wesentliche Voraussetzung um zu wissen, der Prozess, durch den Erfahrung zu Wissen wird" (HALLIDAY 1993, S. 94). Gordon Wells formuliert in seiner vergleichenden Analyse beider Wissenschaftler:

---

19 Aus Platzgründen wird hier auf die – in das Übersichtsschema der Vollständigkeit halber aufgenommene – Konzeption der ‚Cognitive Apprenticeship' (COLLINS u.a. 1989) nicht weiter eingegangen. Siehe zu ihren Parallelen zum Scaffolding in der Zweitsprachendidaktik ROTH 2006.

> „Eine der zentralen Aussagen, die in einer auf Sprache basierenden Theorie des Lernens sowohl von Vygotskij als auch von Halliday vorgebracht werden, besteht darin, dass genau dieselben Gespräche, die dem Kind das Sprachlernen ermöglichen, auch die Gelegenheit bieten, *durch* Sprache zu lernen" (WELLS 1999, S. 51, Hervorh. im Org.).

Damit wird das Unterrichtsgespräch zu dem Ort, wo fachliche Begriffe bzw. Konzepte und sprachliche Äußerungen hergestellt und fortlaufend aufeinander bezogen werden müssen. Unabhängig vom Unterricht mit Zweitsprachlernern führten diese Überlegungen im englischen Sprachraum zu einer ausgeprägten Unterrichtsforschung, die sich mit einer Stärkung der Mündlichkeit im Fachunterricht bzw. der Sprache als grundlegendem Mittel des *gemeinsamen* Denkens in der Schule beschäftigte (z.B. MERCER 1995; WELLS 1999; MERCER/LITTLETON 2007).[20]

Wie bereits bei der Skizzierung des Zusammenspiels von spontanen Alltagsbegriffen und wissenschaftlichen Begriffen angesprochen, ist es also keine spezielle Situation, wenn im Unterricht sprachliches und fachliches Lernen aufeinandertreffen oder eine spezielle interkulturelle Situation, wenn das *sprachliche* Lernen der Zweitsprachlerner und das *fachliche* Lernen in dem in ihrer Zweitsprache Deutsch erfolgenden Unterricht zusammenkommen.[21] Die Anwesenheit von Schülern, die Deutsch als Zweitsprache haben, scheint aber die Sensibilität der Didaktik für diese grundsätzliche Verschränkung von Sprache und Lernen neu geschärft zu haben.

Die Analyse einer Sachunterrichtsstunde zum Thema ‚Thermometer' in einer 3. Klasse (AHRENHOLZ 2010) zeigte anschaulich, wie eng fachliches und sprachliches Lernen verbunden sind. Zwar stellt es für *alle* Kinder eine Herausforderung dar, sich neue fach- und bildungssprachliche Begriffe und Elemente anzueignen, doch sind Unterschiede festzustellen zwischen den einsprachigen Kindern und denjenigen, die Deutsch als Zweitsprache haben:

> „... die sprachliche Darstellung, die Möglichkeiten des Erklärens und Beschreibens und die aktive Verwendung des neuen Wortmaterials scheitern immer wieder, obwohl die Kinder es versuchen. Gleichzeitig wird deutlich, dass auch die monolingual deutschen Kinder mit der Integration der neuen bildungssprachlichen Begriffe Schwierigkeiten haben und immer wieder ihre alltagssprachlichen Konstruktionen verwenden. Aber sie bringen mehr allgemeinsprachliches Wissen ein und können eher komplexere Zusammenhänge darstellen (ebd., S. 31f.).

Den Zweitsprachlernern fiel es schwerer, sich Fachverben anzueignen, solche reflexiven Verben oder Präfixverben syntaktisch einzufügen und komplexere sprachliche Einheiten zu bilden (ebd., S. 26ff.).

---

20 MERCER (1995) mit dem programmatischen Titel ‚*The Guided Construction of Knowledge. Talk amongst teachers and learners*' gibt eine grundlegende Einführung in diesen Bereich der Unterrichtsforschung. Im Deutschen wird in diesem Zusammenhang auch von Ko-Konstruktion gesprochen (siehe für eine Übersicht FÜRSTENAU 2009).

21 Siehe für eine allgemeine Übersicht über die sprachliche Gestaltung des Sachunterrichts und Formen seines Unterrichtsgesprächs z.B. HEINZEL 2003 und KAISER 2004.

Bereits im Hinblick auf den Unterricht mit einsprachig aufwachsenden Kindern und Jugendlichen hatte Martin Wagenschein zu Beginn der 1970er-Jahre einen genetischen Weg der Sprache im Sachunterricht in drei Phasen skizziert. Ausgangspunkt ist dabei das Beschreiben entdeckter Phänomene in der Umgangssprache; das Sprechen von Gedanken nicht als bewusstes Formulieren, sondern als „Ausdruck des Suchens". „Das stockende – und dann auch wieder sich überstürzende – Sprechen ist das dem Denken gemäße" (WAGENSCHEIN 1971, S. 130f., zit. in SOOSTMEYER 2002, S. 24). In einer zweiten Phase werden Experimente und Einsichten so „differenziert wie möglich und so exakt wie nötig" (THIEL 1972, zit. in ebd.) beschrieben. In der dritten Phase kann die Fachsprache hinzukommen, die aus freien Stücken *erworben* werden soll und mit der die Ergebnisse der vorherigen Phase formalisiert und präzisiert werden. Gleichzeitig wird aber auch hervorgehoben, dass Rückübersetzungen zum Konkreten zu üben sind (vgl. SOOSTMEYER 2002, S. 24). Das Konzept des Scaffolding nach Gibbons weist Parallelen auf zu dieser Phaseneinteilung von Wagenschein, mit der er einen Weg für die sprachliche Gestaltung des Sachunterrichts beschrieb (siehe auch GRIESSHABER 2010, S. 47ff.).

Unter der Fragestellung, wie sich Fachsprache und Bildungssprache zueinander verhalten, ist hier der Hinweis von Gordon Wells auf einen Unterschied in den Arbeiten Vygotskijs und Hallidays wichtig: Bei seiner Unterscheidung zwischen spontanen und wissenschaftlichen Begriffen ist für Vygotskij das *Wort* die Bezugseinheit, innerhalb derer Bedeutungen hergestellt werden. Demgegenüber werden aus der Perspektive Hallidays Bedeutungen im *System der Grammatik* geschaffen (vgl. WELLS 1999, S. 28ff.).

Ging es bei der traditionellen didaktischen Diskussion des Sachunterrichts um eine Verbindung von Umgangssprache und Fachsprache, so kommt – wie das zuvor angeführte Beispiel der Äußerungen im Versuch mit dem Magneten illustrierte – bei der Berücksichtigung der bildungssprachlichen Dimension der Blick auf die sprachlichen Mittel hinzu, mit denen diese zunehmend komplexer werdende Fachsprache realisiert wird. Eine bildungssprachsensible Perspektive hat also nicht nur zu fragen, wie Alltags- und Fachsprache im Unterricht auf der inhaltlichen Ebene miteinander verknüpft werden können. Sie muss gleichermaßen berücksichtigen, in welcher Weise jene fachsprachlichen Elemente, deren Aneignung man vom kompetenten Lerner erwartet, die umgebenden, jeweils auszuwählenden sprachlichen Elemente, in die die Schüler/innen die *fach*sprachlichen Elemente ‚einbauen' müssen, verändern.

3.1 Die ‚Zone der nächsten Entwicklung' und das ‚Scaffolding'

Der Scaffolding-Ansatz in der Zweitsprachendidaktik kann als Perspektive, aber auch als Methode verstanden werden und bezieht sich entsprechend in jeweils doppelter Weise auf die Arbeiten von Jerome Bruner, Lev Vygotskij, M.A.K. Halliday und ihren Kolleginnen und Kollegen. Im Sinne einer *Perspektive* dienen ihre Darstellungen des Zusammenhangs von Denken und Sprache dem Ansatz als grundlegender Rahmen für die didaktischen Bemühungen, fachliche Inhalte und Bildungssprache in der Schule zu vermitteln. Im Sinne einer *Methode* greift der Ansatz auf Vygotskijs Konzept der ‚Zone der nächsten Entwicklung' und Bruners Konzept des ‚Scaffolding' zurück und setzt sie in Beziehung zur Registertheorie der systemisch-funktionalen Grammatik.

In seinen Arbeiten zur Begriffsentwicklung führte Vygotskij das Konzept der ‚Zone der nächsten Entwicklung' ein, um den Zusammenhang zwischen dem aktuellen Entwicklungsstand des Kindes und seinem durch Lehrprozesse vermittelten Lernen zu beschreiben. Er erläutert damit einen „spezifischen sozial-interaktiven Kontext. In diesem Kontext werden Funktionen interpsychisch erzeugt, bevor sie intrapsychisch werden und dem Kind mental zur Verfügung stehen. Es werden neue und schwierige (sprachliche) Tätigkeiten von einem kompetenten Partner angeregt und gemeinsam mit dem Kind bewältigt" (LENGYEL 2009, S. 76). Vygotskij führt aus:

> „Dieser Unterschied im geistigen Alter oder aktuellen Entwicklungsniveau, das durch selbstständig gelöste Aufgaben bestimmt wird, und dem Niveau, das das Kind beim Lösen von Aufgaben zwar nicht selbstständig, aber in Zusammenarbeit erreicht, bestimmt die Zone der nächsten Entwicklung" (VYGOTSKIJ 2002, S. 327) und
> „... was das Kind heute in der Zusammenarbeit leisten kann, wird es morgen selbstständig können. Es erscheint deshalb wahrscheinlich, dass Unterricht und Entwicklung in der Schule sich zueinander verhalten wie die Zone der nächsten Entwicklung zum Niveau der aktuellen Entwicklung. Nur *der* Unterricht im Kindesalter ist gut, der der Entwicklung vorauseilt und sie nach sich zieht. Man kann das Kind jedoch nur in dem unterrichten, was es zu lernen fähig ist. Unterricht ist dort möglich, wo eine Möglichkeit der Nachahmung besteht ... Die Möglichkeiten des Unterrichts werden vor allem durch die Zone der nächsten Entwicklung bestimmt" (ebd., S. 331, Hervorh. im Orig.).

Lernen ist damit ein Prozess, der gleichzeitig im aktuellen Lernstand seinen Ausgangspunkt finden und in die Zukunft gerichtet sein muss. Ein solches Grundverständnis gehört zum Unterrichtsalltag und zahlreiche Bemühungen zur Individualisierung von Lernprozessen sind von diesem Anspruch geprägt. Trotzdem stellt das Spannungsverhältnis zwischen den unterschiedlichen Lernausgangslagen der Schülerinnen und Schüler sowie der institutionellen (Unterrichts-)Organisation eine erhebliche Herausforderung für Lehrerinnen und Lehrer dar – nicht zuletzt, wenn es um sprachliches Lernen, die Gestaltung von Unterrichtsgesprächen und eine Verzahnung sprachlichen und inhaltlichen Lernens geht.

Da der Scaffolding-Ansatz nach Gibbons Anregungen gibt, den Schnittpunkt dieser Aspekte zu gestalten, soll kurz auf die Interaktionsdynamik der Zone der nächsten Entwicklung eingegangen werden. Denn sie ist weniger als ein vor dem aktuellen Entwicklungsstand liegender monolither, nächster Block, sondern als eine in sich bewegliche Lernzone zu verstehen. Die Dynamik ergibt sich dabei aus der Ausgangslage des Lernenden:

> „Die größere oder geringere Möglichkeit des Kindes, von dem, was es selbstständig kann, zu dem überzugehen, was es in Zusammenarbeit kann, erweist sich als das sensibelste Symptom, um die Entwicklungsdynamik und den Lernerfolg eines Kindes zu kennzeichnen. Diese Möglichkeit des Kindes ist mit seiner Zone der nächsten Entwicklung identisch" (Vygotskij 2002, S. 329).

Darüber hinaus wurde auf den Charakter der Interaktion zwischen Lehrenden und Lernenden hingewiesen:

> „Aus dem Begriff Scaffolding ließe sich ein einseitiger Prozess ableiten, bei dem der ‚Gerüstbauer' das Gerüst alleine konstruiert und dem Lernenden zur Nutzung vorlegt. Newman u.a. (1989) vertraten die Auffassung, dass die Zone der nächsten Entwicklung eher durch Aushandeln zwischen dem kompetenteren Partner und dem Lernenden geschaffen wird als dadurch, dass das Gerüst als eine Art Klettergerüst aus Fertigteilen vorgesetzt wird" (Daniels 2001, S. 59).

Anschaulich wird hier daran erinnert, dass trotz ihrer vielleicht zuweilen etwas technisch klingenden Begrifflichkeiten die Zone der nächsten Entwicklung und das Scaffolding nicht nur Konzepte sind, die Lernen als einen in der Interaktion erfolgenden Prozess verstehen, sondern die eben auch im pädagogischen Miteinander realisiert werden müssen – sie sind auf einer Makroebene zu planen und auf den Mikroebenen der unterrichtlichen Interaktion immer wieder umzusetzen.

Ursprünglich von einem Team um Jerome Bruner eingeführt (Wood u.a. 1976), sollte das Bild des ‚Scaffolding' verdeutlichen, wie Lernende in der Interaktion mit einem wissenden Anderen Problemlösungen finden, zu denen sie selbstständig noch nicht in der Lage sind. Im gelungenen Fall stellt die lehrende Person ein vorübergehendes ‚Gerüst' bereit, das den Lernenden den Weg zum Lösen der Aufgabe zeigt. Zentrale Aspekte dieser Perspektive sind, dass die Eigenaktivität der Lernenden nicht eingeschränkt und das Gerüst sukzessive zurückgenommen wird (vgl. Fürstenau 2009, S. 70). Wendet man dieses Prinzip auf den Bereich von Fach- und Bildungssprache an, so müssten die Kinder also sprachliche Mittel zur Verfügung gestellt bekommen, sie müssten Gelegenheiten erhalten, diese anzuwenden und dabei in einer Art und Weise unterstützt werden, die es den Schülerinnen ermöglicht, diese sprachlichen Mittel zunehmend selbstständiger zu benutzen. Eine solche Unterstützung durch eine/n Tutor/in – also in einer privaten Lehr-Lern-Situation

> „beinhaltet eine Art von „Scaffolding"-Prozess, der es dem Kind oder Anfänger möglich macht, ein Problem zu lösen, eine Aufgabe auszuführen oder ein Ziel zu erreichen, die ohne Unterstützung außerhalb seiner Möglichkeiten liegen würden. Dieses Scaffolding besteht im Wesentlichen darin, dass der Erwachsene jene Elemente der Aufgabe ‚kontrolliert', die anfänglich jenseits der Fähigkeiten des Lernenden liegen, und es ihm somit erlaubt, sich nur auf jene Elemente zu

> konzentrieren und jene Elemente auszuführen, die innerhalb seiner Möglichkeiten liegen. Auf diese Weise gelangt die Aufgabe zu einem erfolgreichen Abschluss. Wir gehen davon aus, dass dieser Prozess für den Lernenden potenziell wesentlich mehr leisten kann als dies bei einer Aufgabendurchführung mit [gewöhnlicher] Unterstützung der Fall wäre. Er könnte schließlich zu einer Kompetenzentwicklung seitens des Lernenden führen, deren Tempo seine ohne Unterstützung erfolgten Bemühungen bei weitem übertreffen würde" (WOOD u.a. 1976, S. 90).

Bei der näheren Beschreibung des Scaffolding-Prozesses unterscheiden David Wood, Jerome Bruner und Gail Ross (vgl. WOOD u.a. 1976, S. 98) weitere ‚Scaffolding-Funktionen', die für seine Anwendung gerade auch im Rahmen sprachlicher Äußerungen im Unterricht besonders relevant sind, da sie auf die fortlaufende Interaktion beim Scaffolding und auf die Notwendigkeit, Unterstützung und Herausforderung flexibel und sensibel zu handhaben, hinweisen:

Die Lehrkraft gibt bei der Durchführung der Aufgabe eine Richtung vor, indem sie die Zahl möglicher Lösungswege reduziert. Darüber hinaus erhält sie die Richtung aber auch dadurch aufrecht, dass sie Situationen schafft, in denen es den Lernenden lohnend erscheint, einen nächsten Schritt zu *riskieren*. Indem die Lehrkraft zudem auf die Merkmale hinweist, die für die Durchführung der Aufgabe besonders wichtig sind, erhält das Kind Informationen über die Diskrepanz zwischen seinem eigenen Handeln und dem für die Lösung der Aufgabe erforderlichen Handeln. So wird es nicht nur zur Aufgabe der Lehrenden, in der Situation diese Diskrepanzen zu interpretieren, sondern gilt gleichzeitig, das große Risiko einer zu starken Abhängigkeit von der Lehrperson zu vermeiden (vgl. ebd.). Wie bereits zuvor bei der Skizzierung der Zone der nächsten Entwicklung angesprochen, wird auch hier der ‚bewegliche' Prozess von Lernen und Lehren deutlich – eingebunden in eine fortlaufende Interaktion mit dem Ziel einer zunehmend unabhängigeren Aufgabenbewältigung und eines insgesamt unabhängigeren Lernens seitens des Kindes.[22]

Der Begriff des Scaffolding wurde ursprünglich im Rahmen eines Experimentes mit 3- bis 5-Jährigen entwickelt, bei dem die Kinder die anspruchsvolle Aufgabe lösen sollten, in bestimmter Weise aus gegebenen Teilen eine Pyramide zusammenzufügen. Wenn Pauline Gibbons diesen Begriff nun auf das Lernen und die Vermittlung der Fach- und Bildungssprache im Unterricht anwendet, so impliziert dies, dass es sich beim Umgang mit Sprache im Sach- und Fachunterricht um ein Problem-Lösen handelt. Obwohl offensichtlich, so ist dieser Umstand deshalb als bedeutsam hervorzuheben, weil in der weitaus weniger differenziert geführten allgemeinen Debatte um die „Sprache der Migrantenschüler" der Zusammenhang zwischen Sprache und Inhalt häufig einseitig auf die sprachliche Seite reduziert und Sprache dabei als quasi „selbstredend" und sich automatisch entwickelnd aufgefasst wird. Die Frage nach der Fach- und Bildungssprache

22 Siehe für eine ausführliche Darstellung des Scaffolding in schulischer Interaktion SALONEN/VAURAS 2006, insbesondere auch zum Problem mangelnder Passung bei Scaffolding-Prozessen im Unterricht, S. 210ff.

erkennt hingegen an, dass es sich eben in *zweifacher* Weise um das Problem-Lösen einer anspruchsvollen Aufgabe handelt: Sowohl in sprachlicher als auch in inhaltlicher Hinsicht müssen Aufgaben gelöst und Konzepte erfasst werden, d.h. das Erfassen und das Ausdrücken, das Verstehen und das Versprachlichen des Verstehens sind nicht zu trennen, wie Vygotskijs oben skizzierte Darstellungen zu den spontanen und wissenschaftlichen Begriffen zeigten.

Gleichzeitig muss eine Anwendung des Scaffolding-Konzepts im Unterrichtskontext ebenso wie eine Berücksichtigung des Konzepts der Zone der nächsten Entwicklung aber auch dem Umstand Rechnung tragen, dass Schule und Unterricht im Gegensatz zur Tutor-Situation, auf die die Metapher ‚Scaffolding' ursprünglich bezogen wurde, ein Lernen in der Gruppensituation ‚Schulklasse' bedeutet (vgl. MERCER/LITTLETON 2007, S. 18ff.). Der ‚Raum', in dem sprachliches und fachliches Lernen zu verbinden sind, ist eben der *kollektive* Raum des Klassenzimmers. Vor diesem Hintergrund ließe sich der Scaffolding-Ansatz nach Pauline Gibbons in der hier vorgestellten Form als ein Unterrichtsarrangement beschreiben, das den Kindern den – auch zeitlichen – Raum gibt, das ‚Problem Bildungssprache zu lösen'. Zu diesem Zweck werden drei Phasen organisiert, in der Sprache in verschiedener Weise verwandt wird und darüber hinaus die Sprechanteile der Schüler/innen und der Lehrkraft unterschiedlich gewichtet sind. Um dies effektiv tun zu können, wird in Form eines Planungsrahmens eine Planung der sprachlichen Elemente, die für das fachliche Lernen erforderlich sind, vorgeschaltet.

3.2 Grundlage des Scaffolding: der Planungsrahmen

Je nach Curriculumsvorgaben, Kooperationen im Jahrgangs-, Fachgruppen- oder Klassenteam und den zeitlichen Rahmenbedingungen planen Lehrerinnen und Lehrer ihren Unterricht und greifen dabei für eine überschaubare Planung auf Planungshilfen zurück. Zur Unterrichtsplanung im Bereich Deutsch als Zweitsprache und zur Verbindung fachlichen und sprachlichen Lernens sind in den vergangenen Jahren Vorschläge für solche Planungsfelder gemacht worden (siehe z.B. KEHBEL u.a. 2003; ENGIN u.a. 2004; BARTNITZKY 2005; GÖNCÜOGLU u.a. 2006; QUEHL/SCHEFFLER 2008; KRÄMER 2009; TAJMEL 2009b; TREETZEN 2009).

Thema	Aktivitäten	Sprach-funktionen	Sprach-strukturen	Vokabular
↑	↑	↑	↑	↑
Diese **Thema**	... beinhaltet diese **Aktivitäten**	Diese Aktivitäten verlangen diese **Sprach-funktionen** ...	... nach dieser **Struktur** ...	... unter Verwendung dieses **Vokabulars**

Aus TAJMEL 2009b, S. 151 nach SOMANI/MOBBS 1997

Abb. 2: Planungsrahmen

Der von Pauline GIBBONS (1993, S. 18ff.) vorgeschlagene und von Tanja TAJMEL (2009b, S. 150f., nach SOMANI/MOBBS 1997) für den deutschsprachigen Unterricht adaptierte Planungsrahmen (Abb. 2) ist geeignet die zuvor aus Sicht der systemisch-funktionalen Linguistik beschriebenen Zusammenhänge auf effektive Weise zu berücksichtigen. Die Lehrerinnen und Lehrer können so vorab die sprachlichen Anforderungen klären, die das jeweilige Thema an die Schülerinnen und Schüler stellt, wenn sie innerhalb einer Unterrichtseinheit oder -stunde[23] erfolgreich mitarbeiten und lernen sollen. Dabei sind bewusste Entscheidungen über die sprachlichen Ziele zu treffen, d.h. darüber, welche sprachlichen Mittel die Kinder im Laufe des Unterrichts kennenlernen und anzuwenden in der Lage sein sollten (vgl. GIBBONS 1993, S. 18ff.). Es werden bei der Verwendung des Rahmens also bewusste, begründete Entscheidungen über lexikalische und syntaktische Mittel, über wichtige Sprachstrukturen und entsprechende Aspekte der Grammatik getroffen: Welche sprachlichen Mittel sind für das Thema so bedeutsam, dass sie eingeführt werden müssen? Welche sprachlichen Mittel kennen die Schülerinnen und Schüler vielleicht bereits aus vorangegangenem Unterricht? Auf welche Redemittel sind die Kinder explizit oder wiederholt hinzuweisen? Wann sollte eine Formulierung, die ein Kind einbringt, hervorgehoben, vielleicht weitergeführt werden? Doch auch: Welche Wörter, welche Sprachstrukturen sind vielleicht in Form von Wortkarten oder Satzmustern zu visualisieren und bereitzuhalten? Welche Perspektiven ergeben sich für eine Differenzierung, d.h. welche sprachlichen Elemente werden einerseits bei einer Differenzierung zum Leichten sozusagen den ‚Kern' darstellen, im Sinne eines Minimums, das Kinder erwerben sollten, und welche Begriffe sind im Sinne einer Differenzierung zum sprachlich Schweren mitzubedenken? In diesem Sinne kann im Planungsrahmen das Repertoire zuammengetragen werden, das im Unterricht für die individuell unterschiedliche Zone der nächsten Entwicklung ge-

23 Die veröffentlichten Planungsrahmen wurden auf verschiedene Fachthemen in unterschiedlichen Jahrgangsstufen angewandt: GIBBONS (1993, S. 18ff.) benutzt den Rahmen für Geometrie in der Vorschule und Klasse 1, SOMANI/MOBBS (1997) zeigen Beispiele aus dem Sachunterricht in der Schuleingangsphase sowie dem Geschichtsunterricht in der Sekundarstufe und TAJMEL (z.B. 2009b, S. 150ff.) greift darauf im Physikunterricht der Sekundarstufe zurück. Dabei wird gleichzeitig deutlich, dass die Planungsaspekte bzw. Spalten des Rahmens auf unterschiedlichen Stufen der ‚Planungshierarchie' von Unterrichtseinheit über Unterthema bis zur einzelnen Schulstunde zur Anwendung kommen können.

nutzt werden kann. Die Kinder bringen unterschiedliche sprachliche Voraussetzungen mit und eignen sich – auch aufgrund der engen Kopplung fachlicher und sprachlicher Aspekte – nicht alle im gleichen Tempo neue sprachliche Elemente an. Daher liegt die Bedeutung des Planungsrahmens unter anderem darin, dass er eine Orientierung für begründete Entscheidungen nicht nur vorab, sondern auch *während* des Unterrichts ermöglicht.

Wie im Abschnitt zu den Kontextvariablen einer sprachlichen Äußerung nach Halliday beschrieben, sind wir es als Erwachsene gewohnt, (in unserer Erstsprache oder in den Sprachen, in denen wir uns sicher fühlen) auch in fachlichen Zusammenhängen, je nachdem wie vertraut sie uns sind, sprachlich verhältnismäßig beweglich zu agieren und auf unterschiedliche Weise sehr ähnliche inhaltliche Bedeutungen herzustellen. Um aber in einem bildungssprachförderlichen Unterricht bewusst zu handeln, müssen die Lehrerinnen und Lehrer sowohl in Abstimmung mit den sprachlichen Ausgangssituationen der Schülerinnen und Schüler als auch den Erfordernissen des inhaltlich-fachlichen Kontexts formulieren bzw. darüber entscheiden, welche sprachlichen Elemente verwendet und vermittelt werden sollen. Es geht ja keineswegs um das Lehren feststehender Formulierungen, welche die Kinder quasi kopieren sollen, sondern im Sinne der systemisch-funktionalen Grammatik wie auch eines interaktiv verstandenen Scaffolding-Prozesses um das *gemeinsame Konstruieren* von Bedeutungen. Daher werden die Lehrerinnen und Lehrer ihre sprachlichen Entscheidungen auch während des Unterrichts um so flexibler treffen können, wenn sie sich zuvor eine Orientierung über die Wahlmöglichkeiten verschafft haben – verstanden nicht als ihre individuellen Wahlmöglichkeiten, sondern als die Wahlmöglichkeiten im Rahmen der Unterrichtseinheit in der jeweiligen Klassenkonstellation.

3.3 Die Struktur des Planungsrahmens

Für eine Unterrichtseinheit zum Thema Wasserkreislauf in Klasse 3, wie sie in den Filmausschnitten in *„Eine Pfütze am Himmel heißt nicht Pfütze!“* gezeigt wird, würde sich beispielsweise folgender Planungsrahmen ergeben. Dabei ist selbstverständlich auch zu berücksichtigen, in welchem Schuljahr der Unterricht jeweils stattfindet.[24]

---

24 Bei der Planung bzw. Präsentation des Fachvokabulars sollten die allgemeinen Regeln zur Wortschatzarbeit berücksichtigt werden: Substantive werden mit Artikel und ihrer Pluralform eingeführt/visualisiert (wo dies sinnvoll ist; im vorliegenden Rahmen war dies inhaltlich nur bei *das Wasserteilchen/die Wasserteilchen* gerechtfertigt); Adjektive werden als Attribut zum Substativ und ggf. exemplarisch in verschiedenen Formen genannt (*der kurze Regenschauer, ein kurzer Regenschauer*); vor allem trennbare und reflexive Verben sollten in flektierter Form aufgeführt und verwendet werden (vgl. Benholz/Rau 2011, S. 3f.).

Thema	Aktivitäten	Sprachhandlungen Mitteilungsbereiche	Sprachstrukturen	Vokabular
der Unterrichtsreihe, -einheit oder -stunde	• Aktivitäten, die fachliches und sprachliches Handeln im Unterricht verbinden • Verbindung zwischen dem Thema und den Sprachhandlungen	• Welche Sprachhandlungen sollen die Schüler/innen umsetzen? • In welchen Mitteilungsbereichen müssen sie dabei über sprachliche Mittel verfügen? • Verbindung zu kognitiven Aktivitäten	• Welche Sprachstrukturen benötigen die Schüler/innen, um die Sprachhandlungen und Mitteilungsbereiche umzusetzen und so das Thema angemessen zu bearbeiten? • Welche sprachlichen Alternativen gibt es?	• Welches fachsprachliche Vokabular brauchen die Schüler/innen, um angemessen über das Thema zu lernen?
Wasser kreislauf	**Experimentieren:** Die Schüler/innen geben z.B. gleichviel Wasser auf einen Teller und in ein schmales Glas und beobachten, was passiert. **Beschreiben:** Die Schüler/innen beschreiben mündlich ihre Versuche und Beobachtungen. **Schreiben:** Die Schüler/innen beschreiben ihre Versuche und Beobachtungen in ihrem Forschertagebuch. **Vortragen:** Die Schüler/innen erklären den Wasserkreislauf anhand eines Lernplakats.	**Vermutungen äußern** **Beobachtungen beschreiben** **Nachfragen** **Begründen** **Bedingungen / Abläufe beschreiben** **Identifizieren**	• Wir denken, dass... • Wir vermuten, dass... • Wir haben beobachtet dass... • Woraus bestehen Wolken? • Was passiert, wenn... • Es regnet, weil... • Es geht kein Wasser verloren, weil... • Als Erstes... • Wenn die Sonne scheint... • Wenn das Wasser aufsteigt... • Wenn das Wasser verdunstet... • Wenn die Tropfen schwerer werden... • Wenn es regnet... • Wenn die kleinen Wasserteilchen sich abkühlen, entstehen Tröpfchen. **(Konjunktionalsätze)** • bei schönem Wetter • bei Regen • bei der Verdunstung **(Präpositionalangaben)** • die winzigen Wasserteilchen • die unsichtbaren Teilchen	• die Verdunstung **(Nominalisierung)** • die Sonnenwärme • der Wasserdampf • das Wasserteilchen Mehrzahl: die Wasserteilchen • die Wasseroberfläche • das Grundwasser • der Wasserkreislauf **(Komposita)** • verdunsten • entstehen • bilden • gelangen **(untrennbare Verben)** • steigt ... auf • besteht aus **(trennbare Verben)** • befindet sich • verwandelt sich in • bildet sich • kühlt sich ab • sammelt sich **(reflexive Verben)**

Abb. 3: Planungsrahmen für die Unterrichtseinheit ‚Wasserkreislauf'

Auch wenn der Fachwortschatz der ‚sichtbarste' Ausdruck der „sprachlichen Erwartungen" (Somani/Mobbs 1997, S. 3) eines sach- oder fachunterrichtlichen Themas zu sein scheint, plädieren Narmin Somani und Michael Mobbs unter Berücksichtigung der systemisch-funktionalen Grammatik und eigener Unterrichtserfahrungen mit dem Planungsrahmen – und damit Gibbons folgend – praxisnah für eine andere Reihenfolge:

> „... indem wir den Strukturen eine Priorität einräumen, erkennen wir an, dass in der realen Sprache Wörter zu bedeutungstragenden Äußerungen beitragen, die wiederum Funktionen erfüllen.
> Funktionen sind für den Rahmen von zentraler Bedeutung. Es wäre einfach, die Spalte auszulassen und zu sagen: ‚Dies ist die Art von Dingen, die die Schüler innerhalb dieses Unterrichtsthemas sagen müssen, folglich sind dies die wichtigen Sprachstrukturen'. Damit würde man jedoch die fächerübergreifende Dimension von Sprache vernachlässigen. Indem wir uns selbst darin üben, die allgemeine und weitreichende Terminologie der Funktionen zu verwenden, statt die sehr spezielle und begrenzte Sammlung der ‚Art von Dingen, die die Schüler sagen müssen', sind wir besser darauf vorbereitet, zur Sprachentwicklung der Schüler in allen Fächern beizutragen (wie auch zum Bewusstsein aller Lehrkräfte für die ‚Sprache in allen Fächern'). Darüber hinaus erinnert uns die Begrifflichkeit der Funktionen an die kognitiven Fähigkeiten, die gleichzeitig zur Anwendung kommen" (Somani/Mobbs 1997, S. 3f.).

Entsprechend wird in der zweiten Spalte der ‚Aktivitäten' die Verbindung zwischen dem jeweiligen Thema und den Sprachfunktionen bzw. Sprachhandlungen hergestellt. Wir verwenden hier (Abb. 3) den Begriff ‚Sprachhandlungen' anstelle von ‚Sprachfunktionen' um eine Anschlussfähigkeit an die aktuelle deutsche Diskussion herzustellen (vgl. z.B. Vollmer/Thürmann 2010; Tajmel 2011 u. 2013).[25] Es ist also zu fragen, welche Aktivitäten das Thema erfordert bzw. von den Schülern durchgeführt werden sollen. Im vorliegenden Beispiel umfassen diese Aktivitäten das *Experimentieren*, das *Beschreiben* der Versuche und der eigenen Beobachtungen und das *Vortragen* bzw. *Erklären* eines zu erstellenden Lernplakats.

In der Erläuterungszeile des Planungrahmens haben wir zum Ausdruck bringen wollen, dass die Aktivitäten fachliches und sprachliches Handeln in dem Sinne verbinden, dass sie die Sprachhandlungen erfordern *und* ermöglichen. In die Durchführung der Aktivitäten sind gleichzeitig auch die für das Thema wichtigen *kognitiven* Aktivitäten eingebettet. Es ließe sich sagen, dass es in dem Maße, in dem die Kinder durch die Unterrichtsaktivitäten zu diesen für das fachliche Lernen erforderlichen kognitiven Aktivitäten angeregt werden, für sie bedeutsam wird, die Sprachhandlungen rezeptiv und produktiv auszuführen. Entsprechend geht der Rahmen nach Auffassung von Somani und Mobbs über die Klärung und Planung

25 Anstelle des Begriffes ‚Sprachhandlung' wird zuweilen auch ‚Operator' verwandt. Der Begriff bezeichnet Sprachhandlungen, die bei den Aufgabenstellungen in der Schule bedeutsam sind und die sich in Form von handlungssignalisierenden und -initiierenden Verben daher auch in Bildungsstandards und Lehrplänen finden. Sie stellen wichtige, konkrete Hinweise für die Unterrichtsplanung dar, z.B. Beschreiben, Begründen, Erklären, Zusammenfassen (vgl. Gogolin u.a. 2011b, S. 28; Tajmel 2013, S. 202ff.)

der sprachlichen Mittel des jeweiligen Unterrichts hinaus und ermöglicht eine grundsätzliche Auseinandersetzung mit der Unterrichtssprache im Hinblick auf die kognitiven Prozesse, die in einer Unterrichtseinheit zum Tragen kommen. In diesem Zusammenhang schlagen die beiden Autoren eine Verbindung zum Konzept des ‚Wissensrahmens' *(Knowledge Framework)* von Bernard Mohan vor (vgl. SOMANI/MOBBS 1997, S. 4). Demzufolge können die Aufgaben eines gegebenen Unterrichtsthemas im Hinblick auf bestimmte, darin enthaltene kognitive Aspekte oder Wissensstrukturen betrachtet werden. Solche Aspekte sind das Klassifizieren, das Erkennen im Thema vorhandener Prinzipien, das Beurteilen, das Beschreiben und das Herstellen von Abläufen sowie der Umgang mit Wahlmöglichkeiten, z.B. verschiedenen Entwicklungsrichtungen oder auch Hypothesen (vgl. MOHAN 1986, S. 25ff.). Beim Thema Wasserkreislauf beinhaltet die Aktivität ‚Beschreiben' beispielsweise die kognitive Aktivität ‚Klassifizieren': Die Kinder müssen erkennen, dass es sich beim Wasserdampf um *winzige Wasserteilchen* oder *unsichtbare Teilchen* handelt. Auch das ‚Vortragen' impliziert eine kognitive Aktivität: Die Kinder müssen ‚ein Prinzip erkennen', um darstellen zu können, dass beim Wasserkreislauf mehrere Umwandlungen erfolgen (*verwandelt sich in*), denen ein Ursache-Wirkung-Prinzip zugrunde liegt (*Wenn die Sonne scheint ...; Wenn die kleinen Wasserteilchen sich abkühlen ...*).

Übergeordnete kognitive Aspekte lassen sich häufig nicht nur *einer* Sprachhandlung zuordnen; innerhalb eines Themas können sie vielmehr in unterschiedliche Unterrichtsaktivitäten und Sprachhandlungen einfließen. Beim Thema Wasserkreislauf gilt dies z.B. für das ‚Klassifizieren'. Beim Berichten über ihre Versuche klassifizieren die Schülerinnen und Schüler die Gegenstände, mit denen sie die Versuche durchgeführt haben, im Hinblick auf ihre Eigenschaften und Größe. Sie müssen aber auch den Wasserdampf in der zuvor beschriebenen Weise klassifizieren. Hinsichtlich des kognitiven Aspekts ‚Beschreiben und Herstellen von Abläufen' beschreiben die Kinder solche Abfolgen beim Berichten über die Experimente und später bei der Darstellung des Wasserkreislaufs auf ihrem Lernplakat und erklären dabei die Abläufe ebenso wie die Bedingungen (*Wenn das Wasser aufsteigt ...; Wenn die kleinen Wasserteilchen sich abkühlen, entstehen Tröpfchen*). Die Schülerinnen und Schüler können die dabei erworbenen sprachlichen Kompetenzen dann später auch themen- und fächerübergreifend anwenden.[26]

Im Hinblick auf eine fächerübergreifende und spiralcurriculare Planungsperspektive werden hier Parallelen zum Konzept der Mitteilungsbereiche (für eine ausführliche Übersicht RÖSCH 2003, S. 50ff.)[27] sichtbar. Analog der Perspektive der Sprachhandlungen wird unter der Fragestellung „*Womit kann man was ausdrücken?*" nicht eine bestimmte Situation bzw. ein bestimmtes Thema in den Mittelpunkt gerückt, sondern Ziel ist es, „mit den Lernenden die sprachlichen Mittel zu erarbeiten, die notwendig sind, um

26 Es würde den Rahmen dieses Heftes überschreiten, die Zusammenhänge von Sprachhandlungen und kognitiven Handlungen ausführlich darzustellen. Siehe dazu und zu dem in diesem Zusammenhang von den Autoren verwandten Konzept der Diskursfunktionen VOLLMER/THÜRMANN 2010, S. 115ff.

27 Anfänglich für den Unterricht mit Erwachsenen entwickelt (BARKOWSKI u.a. 1980, S. 111ff.), wurde das Konzept der Mitteilungsbereiche für das Vorschulalter adaptiert (MÜLLER/RÖSCH 1985, S. 54ff.) und für die Primarstufe (RÖSCH 2003, S. 50ff.) und Sekundarstufe (RÖSCH 2005, S. 32ff.) dargestellt.

die Kluft zwischen Mitteilungsbedürfnis und Mitteilungsvermögen in der Zweitsprache zu schließen“ (ebd., S. 50). In ähnlicher Weise wie die britischen Lehrkräfte in ihrer Arbeit mit dem Planungsrahmen auf die kognitiven Aktivitäten und die damit verbundenen Sprachfunktionen/-handlungen Bezug nehmen, erscheint uns die Perspektive der Mitteilungsbereiche sehr produktiv, weil sie als ein roter Faden für die mittelfristige Planung genutzt werden kann (vgl. QUEHL/SCHEFFLER 2008, S. 71ff.). Die allgemeinen Mitteilungsbereiche wie Identifizieren, Begründungen, Zwecke/Ziele/Absichten oder Bedingungen/Voraussetzungen/Abläufe (nach RÖSCH 2003, S. 51) und die sachunterrichtsspezifischen Mitteilungsbereiche wie Vergleichen/Gegenüberstellen, Kategorisierungen/Oberbegriffe und Zusammenhänge/Verbindungen und Verallgemeinerungen herstellen (nach BRENT LANGUAGE SERVICE 1999, S. 41; siehe auch QUEHL/SCHEFFLER 2008, S. 73) bieten der Lehrkraft eine wichtige Orientierung bei der Unterrichtsvorbereitung.

Im Hinblick auf ihre Verwendung zur Unterrichtsplanung überschneiden sich nach unserer Auffassung Sprachhandlungen und Mitteilungsbereiche im Wesentlichen und im hier vorgestellten Planungsrahmen benutzen wir daher beide Begriffe. Bei der Arbeit mit dem Rahmen kann es jedoch in pragmatischer Hinsicht wichtig sein, sich die unterschiedlichen Akzentuierungen der Kategorien ‚Sprachhandlung‘ und ‚Mitteilungsbereich‘ zu verdeutlichen. Nach unserem Verständnis akzentuiert ‚Sprachhandlung‘ die *Funktion,* die die Sprache erfüllt; hier also beispielsweise das *Beschreiben* von Beobachtungen und Abläufen oder das *Begründen.* Beim Planungsrahmen ermöglicht es die Kategorie der Sprachhandlung somit zu fragen, welche Funktion der Sprache in den Unterrichtsaktivitäten zukommt. Im Anschluss daran werden die Sprachstrukturen ausgewählt, die diese Funktionen im jeweiligen inhaltlichen Kontext umsetzen.

Bei der Planungsarbeit kann es sich allerdings als erschwerend erweisen, dass die Sprachfunktionen/-handlungen und die zu ihrer Umsetzung erforderlichen sprachlichen Mittel unter Umständen sehr unterschiedlicher Reichweite und Komplexität sind.[28] Beispielsweise können ‚Beschreiben‘ oder ‚Erklären‘ eine Vielzahl von sprachlichen Strukturen zur Umsetzung erfordern und sich daher als sehr allgemein für die konkrete Planung dieser Sprachstrukturen erweisen. Wir halten es deshalb für sinnvoll das Konzept der Mitteilungsbereiche (RÖSCH 2003, S. 50ff.) hinzuzunehmen. Es ist in der von Heidi Rösch vorgelegten Form für die Planungsarbeit der Lehrkräfte sehr hilfreich, weil der Fokus auf die sprachlichen Mittel und ihre grammatischen Charakteristika gerichtet wird, mit denen der jeweilige Mitteilungsbereich umgesetzt werden kann – ohne auf die zuvor von Somani und Mobbs zu Recht kritisierte Verkürzung zu verfallen, nur danach zu fragen, ‚was die Schülerinnen und Schüler sagen müssen‘.

Auch mit dem Konzept ‚Mitteilungsbereich‘ wird die Verbindung hergestellt zwischen den Aktivitäten und den für das erfolgreiche Lernen erforderlichen Sprachstrukturen. Um beispielsweise den Vorgang der Ver-

28 VOLLMER/THÜRMANN weisen bei ihren Ausführungen zur Schulsprache des Fachunterrichts darauf hin, dass zwischen Mikro- und Makrofunktionen unterschieden werden müsse (2010, S. 115ff.).

dunstung im Unterrichtsgespräch darzustellen, wie im Film *„Eine Pfütze am Himmel heißt nicht Pfütze!“* zu sehen, muss man sich über diesen Vorgang *inhaltlich* verständigen, aber dafür auch in der Lage sein, allgemein Vorgänge *sprachlich* zu realisieren. Dies kann durchaus auf verschiedenen Niveaus geschehen. Im Lernbereich Sprache lernen die Kinder, in selbst verfassten Texten den Beginn der Sätze unterschiedlich zu gestalten und das beim mündlichen Erzählen häufig vorherrschende *‚dann‘* im Schriftlichen durch andere Satzanfänge zu ersetzen. Ähnlich erfahren sie, dass der Wasserkreislauf zwar mit einfachen aufeinanderfolgenden *‚dann‘*-Sätzen dargestellt werden kann, dass es jedoch für eine inhaltlich genauere Beschreibung günstig ist, Nebensätze zu verwenden, die mit *‚wenn‘* beginnen. Das inhaltliche Konzept des Wasserkreislaufs ermöglicht auf diese Weise die Anwendung und Übung der syntaktischen Struktur solcher Nebensätze (*Wenn das Wasser verdunstet...; Wenn die kleinen Wasserteilchen sich abkühlen, entstehen Tröpfchen; Wenn die Tropfen schwerer werden...*). An dieser Stelle kann im weiteren Verlauf des Unterrichts auch eine Differenzierung und Individualisierung in Form zusätzlicher und vertiefender Übungen erfolgen.

Richtet man bei der Unterrichtsplanung die Aufmerksamkeit auf die Mitteilungsbereiche und -kompetenzen, so wird an dieser Stelle ebenfalls deutlich, dass die entsprechenden sprachlichen Mittel in einem inhaltlichen Zusammenhang erarbeitet und dann auf andere Themen oder auch Fächer übertragen werden können. Es kann hier also zu ‚Synergieeffekten‘ sprachlichen Lernens kommen und es ließe sich sagen, dass gerade auch solche Synergieeffekte für bildungssprachliches Lernen wichtig sind.[29]

Für die Arbeit mit der Planungskategorie ‚Mitteilungsbereich‘ ist darüber hinaus relevant, dass die verschiedenen Mitteilungsbereiche mit jeweils verschiedenen sprachlichen Mitteln und damit auch mit grammatischen Mitteln unterschiedlicher Komplexität umgesetzt werden können (vgl. RÖSCH 2003, S. 52). So kann das Identifizieren mit Nomen, Komposita, Adjektiven oder auch Relativsätzen realisiert werden. Im Zusammenhang mit dem Wasserkreislauf wären das beispielsweise *‚die Tropfen‘*, *‚die Regentropfen‘*, *‚die Wasserteilchen‘*, *‚die winzigen Wasserteilchen‘* oder *‚die Tropfen, die zu schwer werden, ...‘*. Oder im Bereich des Begründens können Kinder ihre Sätze mit *‚weil‘* und *‚denn‘* bilden, aber ebenso *‚deswegen‘* verwenden – sprachliche Mittel, die jeweils andere syntaktische Strukturen erfordern. Im Rahmen einer sachunterrichtlichen Einheit erhalten die Schülerinnen und Schüler also Angebote, die sie entsprechend ihrer jeweils aktuellen sprachlichen Kompetenzen nutzen können. Da die Kinder die Mitteilungsbereiche unterschiedlich komplex umsetzen, besteht die Möglichkeit, auch voneinander zu lernen. Die Perspektive der Sprachhandlungen und Mitteilungsbereiche gibt den Lehrkräften entsprechend ein Beobachtungsinstrument zur Einschätzung der sprachlichen Mittel an die Hand, über die die Kinder in dem jeweiligen Bereich bereits verfügen. Entsprechend ergeben sich Ausgangspunkte für weiteres Lernen und für die Bestimmung der jeweiligen Zone der nächsten Entwicklung.

29 Zudem erscheint der Hinweis auf solche ‚sprachlichen Querverbindungen‘ zwischen verschiedenen Unterrichtsinhalten wichtig im Hinblick auf Diskussionen darüber, wie viel Zeit der Sach- und Fachunterricht auf sprachliches Lernen verwenden „dürfe“.

3.4 Umsetzung des Scaffolding: ein Unterrichtsarragement in drei Stufen

Das Scaffolding-Konzept wurde in der hier vorgestellten Form im Zuge ihrer mehrjährigen Unterrichtsforschung an australischen Schulen von Pauline Gibbons und ihren Kolleginnen entwickelt. In den vorliegenden Veröffentlichungen aus einem Zeitraum von über zehn Jahren wird Unterricht sowohl aus der (in Australien sechsjährigen) Grundschule als auch aus dem Sekundarbereich analysiert (Gibbons 1998/dt. 2002, 2003, 2006a, 2006b, 2009, 2010; Hammond/Gibbons 2005, Michell/Sharpe 2005). Aufgrund des Altersspektrums der Schülerinnen und Schüler und auch aufgrund der Breite der Fächer kommt es dabei zu unterschiedlichen Akzentuierungen hinsichtlich der Phaseneinteilung des Unterrichts und im Hinblick auf den Einbezug von Texterstellung und Lesetexten. Entsprechend finden sich in der deutschsprachigen Rezeption ebenfalls unterschiedliche Akzentuierungen und die Anzahl der zu durchlaufenen Unterrichtsphasen variiert (siehe Kniffka/Neuer 2008; Krämer 2009; Kniffka 2010; Lengyel 2010).

Anliegen des folgenden Abschnitts ist es, die Konzeption des Scaffolding für den Grundschulsachunterricht zu beschreiben, wie sie in den Filmausschnitten zum Tragen kommt.[30] Im Sinne eines ‚doppelten' Blicks auf Methode und Perspektive liegt mit der Phaseneinteilung ein konkretes methodisch-didaktisches Konzept vor. Gleichzeitig ist eine solche Sequenzierung aber auch als durchlässig zu verstehen und es kann nach Anknüpfungspunkten in anderen Unterrichtsformen gefragt werden. Die Frage der Perspektive erscheint außerdem deshalb von Bedeutung, weil es beim Blick auf die anschließend dargestellte, zentrale Stufen- oder Phaseneinteilung des Scaffolding zu keiner sozusagen technischen Verkürzung kommen sollte. So weist Pauline Gibbons darauf hin, dass neben den bereits aufgeführten Begründungszusammenhängen weitere Überlegungen aus der Forschung zum Zweitspracherwerb in das Konzept eingeflossen sind:

- Grundlegend ist der Anspruch, die im Unterricht verwandte Sprache nicht didaktisch-‚künstlich' zu vereinfachen, sondern die Heranführung an die komplexeren Sprachformen, die das fachliche Lernen erfordert, im Unterricht zu vermitteln (vgl. Gibbons 2006a, S. 270).
- Entsprechend wird das Unterrichtsgespräch so gestaltet, dass die Schülerinnen und Schüler *bewusst* sprachlich agieren, ihre Aufmerksamkeit neben dem fachlichen Inhalt also auch auf die Sprache richten. Die Sprache wird, auch in ihrer mündlichen Form, mit den Schülerinnen und Schülern thematisiert und damit ‚bearbeitbar'.
- Das Prinzip des *learning by doing* findet in zweifacher Weise Berücksichtigung: Zum einen handeln die Schüler/innen im fachlichen Kontext und führen beispielsweise Experimente durch. Zum anderen stellt das Unterrichtsgespräch im Sinne eines *learning by doing* Gelegenheiten be-

30 Hierfür greifen wir auf die dreiteilige Phaseneinteilung (Gibbons 1998/2006a) zurück – es ist aber ebenso möglich, eine Einteilung in vier Phasen zu verwenden (siehe Lengyel 2010, S. 600f.). So wird die bei Lengyel separat als zweite Phase aufgelistete Einführung in das fachliche Sprechen hier dem Beginn der zentralen zweiten Phase des ‚angeleitenden Berichtens' zugerechnet.

reit, auf dem Weg zur Fach- und Bildungssprache sprachlich probe-zu-handeln (ebd., S. 274).

- Die Gestaltung des Unterrichtsgesprächs bietet Gelegenheiten zur interaktiven Kommunikation. Sie knüpft damit nicht nur an die grundsätzlichen Überlegungen von Vygotskij und Halliday an, sondern ebenso an Untersuchungen zum Zweitspracherwerb. Diesen zufolge sind die Arten von sprachlichen Modifikationen, die sich ergeben, wenn in der *Interaktion* Bedeutungen verhandelt und geklärt werden, für Zweitsprachlerner besonders wichtig, weil sie die Bedeutungen verständlicher werden lassen (ebd.).
- Während in den herkömmlichen Unterrichtsgesprächen eines frontal gestalteten Unterrichts oft wenige Gelegenheiten zur Interaktion bestehen, sieht das Scaffolding-Konzept Raum dafür vor.

> „Eine eindeutige Implikation der Untersuchungen zum Zweitspracherwerb besteht für den Unterricht darin, dass das Ausmaß, in dem Unterricht Zweitsprachlernen möglich macht, größtenteils davon abhängt, wie der Unterrichtsdiskurs entwickelt wird. Die Studien lassen darauf schließen, dass man einen Fokus auf längere Zeiträume, in denen die Schüler/innen sprechen können, setzen sollte. Für die Unterrichtsplanung heißt dies, dass ‚Luft' für solche Interaktionen vorzusehen ist" (Gibbons 2006a, S. 274).

Beim Scaffolding-Ansatz wird die bewusste Entscheidung getroffen, den Kindern diese ‚Luft' bereitzustellen. Man könnte dies im Hinblick auf ein anderes, für den Unterrichtsalltag ebenso existenzielles Element auch anders sagen: Die Lehrkräfte treffen eine bewusste Entscheidung und nehmen sich die *Zeit*, Unterrichtsgespräche so zu gestalten, dass die Schülerinnen und Schüler zu längeren sprachlichen Äußerungen ermutigt und sprachliche Interaktionen ermöglicht werden. In diesem Zusammenhang wurde kürzlich noch einmal darauf hingewiesen, dass die Fülle von fachlichen Lerninhalten überprüft werden sollte, um sich auf zentrale Bereiche zu konzentrieren und Fachwissen exemplarisch zu vermitteln (vgl. Griesshaber 2010, S. 51). ‚Weniger ist mehr' meint in diesem Zusammenhang eben gerade nicht eine beliebige Auswahl oder eine vereinfachende (Ver-)Kürzung der Inhalte, sondern eine solide, *begründete* Auswahl. Richtet man als Lehrkraft, wie zuvor ausgeführt, den Fokus unter Berücksichtigung der in einem Fachinhalt relevanten kognitiven Prinzipien auch auf die sprachlichen Bereiche der Fach- und Bildungssprache, so lässt sich der Blick für eine solche begründete Auswahl der fachlichen Inhalte ebenso wie für ihre spiralcurriculare Vermittlung schärfen.

Entsprechend der Ausführungen zum *mode continuum* und zur Registertheorie besteht der Grundgedanke des Scaffolding darin, dass man Unterrichtsaktivitäten in einer Abfolge plant, bei der die jeweils erforderlichen Sprachhandlungen entlang eines *mode continuum* angesiedelt sind. Auf diese Weise werden die Kinder von Situationen, in denen eine umgangssprachliche, kontextgebundene Sprache verwandt wird, zu Situationen geführt, welche die Verwendung einer kontextunabhängigen Sprache erfordern (vgl. GIBBONS 2006a, S. 275ff.). Die Unterrichtsaktivitäten sind dabei in drei Phasen angeordnet:

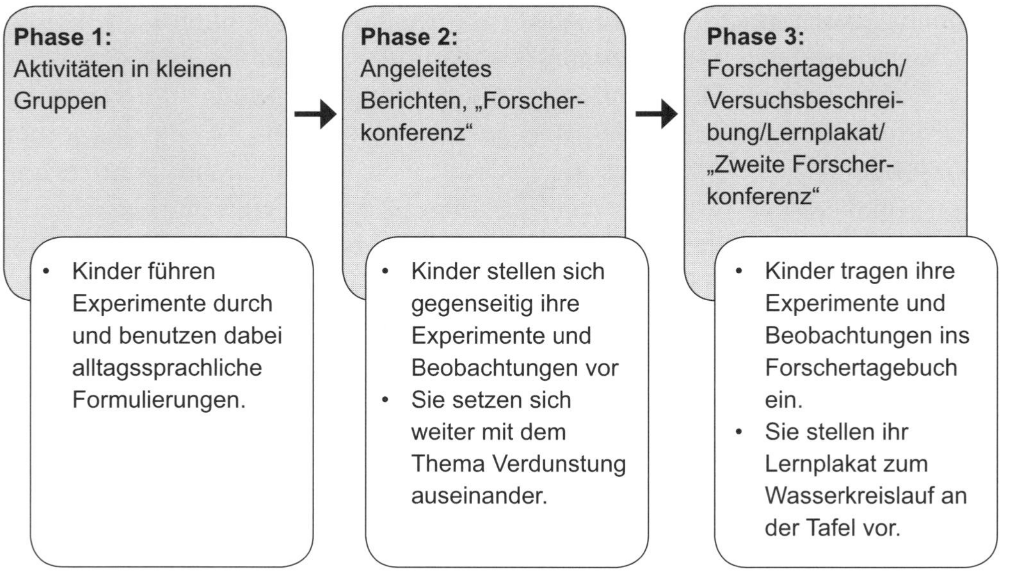

Abb. 4: Die Phasen der Unterrichtsaktivitäten beim Scaffolding

Phase 1:
Aktivitäten in kleinen Gruppen
In der ersten Phase führen die Schülerinnen und Schüler Aktivitäten in kleinen Gruppen durch, die ein gemeinsames konkretes Handeln wie bei der Durchführung eines Experiments erfordern. Wie bereits beim Beispiel der Magnetversuche (vgl. S. 17f.) deutlich wurde, besteht in einer solchen Situation kein Grund, kontextunabhängige Sprache zu verwenden. Die Kinder begleiten ihre Handlungen stattdessen mit einer alltäglichen, kontextgebundenen Sprache. Die Aktivitäten sind so arrangiert, dass sie innerhalb eines Themas ähnliche Erfahrungen oder Beobachtungen zulassen, sich aber ausreichend voneinander unterscheiden, um für das anschließende Unterrichtsgespräch einen realen Kommunikationsanlass zu bieten. Hier unterscheidet sich das Unterrichtsarrangement von anderen Formen des Sachunterrichts, bei denen alle Schülerinnen und Schüler eine Reihe von gleichen Aktivitäten durchführen, so dass anschließend kein tatsächlicher Kommunikationsanlass mehr gegeben ist, weil die Erfahrungen und Beobachtungen bereits allen bekannt sind.

Sowohl das von GIBBONS (2006a) dokumentierte als auch das hier vorliegende Beispiel gehören zum naturwissenschaftlichen Bereich. Doch auch in anderen Bereichen bestehen Möglichkeiten für derartige Aktivitäten. Beispielsweise bastelten Kinder in einer 2. Klasse Straßen mit Zebrastreifen und erklärten sich später im Rahmen des Settings ‚Fahrschule', wie man den Zebrastreifen überqueren muss. Oder: Bei der Einführung in das Kartenlesen bastelten Kinder einer 3. Klasse Modelle in je unterschiedlichem Maßstab von einer Straße, einem Zoo und einer Insel, zeichneten eine Karte zu ihrem Modell, erstellten eine passende Legende und präsentierten sich ihre Arbeiten gegenseitig in der ‚Forscherkonferenz'.

Phase 2:
Angeleitetes Berichten (‚Forscherkonferenz')

In der zweiten Phase berichten sich die Schülerinnen und Schüler gegenseitig von ihren Aktivitäten. Nachdem bei den Kindern in Phase 1 eine fachliche, anschauliche und alltagssprachliche Grundlage geschaffen wurde (vgl. Gibbons 2006a, S. 282), kann nun die Aufmerksamkeit auf die sprachliche Darstellung gerichtet werden. Dabei müssen die Kinder notwendigerweise mehr Bedeutungen explizit benennen, da sie nun die Gegenstände, mit denen sie z.B. ein Experiment durchführten, nicht mehr unmittelbar vor sich haben. Die Lehrkraft wiederum hat sich mit dem Planungsrahmen auf diese zweite Phase vorbereitet und verfügt so über ein ausgewähltes, begründetes Repertoire zur (fach-)sprachlichen Gestaltung der ‚Forscherkonferenz'; in Form von Wortkarten können diese sprachlichen Möglichkeiten auch für einen visuell unterstützten Input bereitgehalten werden.

Der entscheidende Aspekt des *Übergangs* von der Verwendung der Alltags- zur Fachsprache wird in der zweiten Phase durch die Gestaltung der Unterrichtsinteraktion nachvollzogen und im Setting des ‚Angeleiteten Berichtens' für die Kinder erfahrbar. Da sie bei der Durchführung des Experiments und beim Berichten darüber erkennen, dass die Sprache jeweils – im Sinne dessen, was Halliday *mode* nennt – etwas Anderes leistet, ist es möglich, die Unterschiede zwischen dem Sprechen beim Experimentieren und beim Berichten mit den Schülerinnen und Schülern explizit zu thematisieren. Zu Beginn der ‚Forscherkonferenz' weist die Lehrkraft die Kinder auf dieses *Sprechen wie...* hin, klärt seine Aspekte noch einmal oder erinnert die Schüler/innen – je nach Unterrichtsgegebenheit – an die Verwendung bestimmter Wörter oder Redemittel (z.B. *Wir haben beobachtet, dass ..., Wir denken, dass ..., Wir vermuten, dass ...*). Das verwandte Vorstellungsbild „Wir sprechen wie Forscherinnen und Forscher ..." und das dazugehörige Setting ‚Forscherkonferenz' haben sich für Kinder in Klasse 3 und 4 als produktiv und motivierend erwiesen. Gerade in Klasse 3 bietet es sich an, die ‚Forscherkonferenz' durch Requisiten wie Forscherkittel oder Mikrofon zu inszenieren und auf diese Weise die erforderliche Form der Interaktion spielerisch zu unterstützen: Die/der berichtende Forscher/in sollte sich bemühen, „laut", deutlich und *verständlich* zu sprechen, die Zuhörerschaft – eben die Forscherinnen und Forscher, die andere Experimente durchgeführt haben – sind gebeten, auf diese Verständlichkeit zu achten und nachzufragen, wenn sie etwas nicht verstehen, sei es inhaltlich oder hinsichtlich der verwandten Wörter, Begriffe und Formulierungen. In Klasse 4 lassen sich die Kinder erfahrungsgemäß nicht mehr gern auf diese inszenierenden Elemente ein. Das Setting ‚Forscherkonferenz' und damit die reale Kommunikationssituation bleibt aber bestehen und hat sich dann mittlerweile als ein Unterrichtselement etabliert, mit dem die Kinder vertraut sind (vgl. auch Quehl 2009).

Bei diesem Unterrichtsarrangement wird der Übergang zur Verwendung der kontextunabhängigeren Sprache quasi nach-konstruiert und die Veränderung des *mode* (das *mode shifting*) auf zwei Ebenen ermöglicht: zum einen über die drei Phasen hinweg als ein *macro-mode shifting* und zum anderen als ein *micro-mode shifting* innerhalb der Interaktion in Phase 2 (vgl. Gibbons 2006b, S. 123f.). In diesen Interaktionen mit den anderen Kindern und mit der Lehrkraft hat das jeweils berichtende Kind die Gelegenheit, seine Äußerungen zu verändern, sei es auf Nachfragen oder nicht zuletzt auch aufgrund des eigenen Anliegens, von den Zuhörern besser verstanden zu werden. Unter Bezug auf die Zweitspracherwerbsforschung zeigt sich das in die zweite Phase einfließende Verständnis von Sprechen als einem aktiven, in der Interaktion realisierten Handeln: Für Zweitsprachlernende ist es wichtig,

> „... Möglichkeiten zu haben, das Gesagte zu modifizieren, um ihre Rede für die Zuhörenden verständlicher, kohärenter und syntaktisch richtiger oder klarer zu machen. Diese Aufmerksamkeit für den Output erlaubt es der Lernenden, sich ‚zu strecken', denn sie ist angehalten – wird gewissermaßen ‚nach vorne getrieben',– sich sowohl um die syntaktische als auch die inhaltliche ‚Bearbeitung' zu kümmern. Die Implikation für den Unterricht – so möchte ich argumentieren – ist nicht, dass die ‚Form' der Sprache selbst ein zentraler Fokus des Unterrichts werden sollte, sondern dass es für die Schüler/innen wichtig ist, manchmal Gelegenheiten zu erhalten, ihre Rede zu ‚dehnen' und in Zusammenhängen zu sprechen, in denen ein ‚Druck' gegenüber ihren sprachlichen Ressourcen besteht und in denen sie sich zum Vorteil ihrer Zuhörer/innen nicht nur auf den Inhalt des Gesagten, sondern auch auf die Art und Weise, in der sie es sagen, konzentrieren müssen" (Gibbons 2006a, S. 274).

Hier wird deutlich, wie dynamisch die Konzeptionen der Zone der nächsten Entwicklung und des Scaffolding zum Tragen kommen, aber darüber hinaus auch, dass die Situation mit einer gewissen Sensibilität gehandhabt werden muss. Denn die ‚Forscherkonferenz' ist so angelegt, dass das sprechende Kind in seiner aktuellen Zone der nächsten Entwicklung agiert und etwas ‚riskiert'. Wie in zahlreichen anderen Situationen der Grundschule ist das ‚angeleitete Berichten' somit auf eine vertrauensvolle Atmosphäre im Klassenzimmer angewiesen und die Kinder müssen zuvor ‚ihre Stimme gefunden haben'. Wenn sie sich bei diesem Setting gegenseitig und auch der Lehrkraft von ihren Versuchen und Aktivitäten aus Phase 1 berichten, ist die Interaktion Anlass und gleichzeitig Unterstützung für das zuvor genannte ‚Strecken' und ‚Dehnen' der sprachlichen Ressourcen.[31] Denn indem die Kinder nachfragen, wenn sie etwas inhaltlich nicht verstehen oder wenn sie meinen, Dargestelltes könnte genauer ausgedrückt werden, kommt es zu einer Ko-Konstruktion der Bedeutungen.

Hinsichtlich der Interaktion zwischen der Lehrkraft und dem berichtenden Kind sind in dieser Phase mehrere Elemente zu unterscheiden, die ein *micro-mode-shifting* ermöglichen (vgl. Gibbons 2006b, S. 125ff.):

- *Sprechen über das Sprechen (making the new register explicit)*

Beim ‚Sprechen über das Sprechen' wird auf der Meta-Ebene die Voraussetzung für die anschließend erfolgenden Bemühungen um das *mode-shifting*, den Übergang vom alltagssprachlichen zum fachsprachlichen Sprechen geschaffen.

31 Siehe für Beispiele aus dem Unterricht Quehl 2009.

- *Umformulierungen durch die Lehrkraft (recasting)*

Der Übergang ist häufig in die sprachliche Interaktion zwischen Lehrkraft und Kind eingewoben. Wenn die Lehrkraft den Schüler/innen mit Fachformulierungen oder Fachbegriffen unterstützt und die vom Kind gewählten Äußerungen umformuliert, kommt es zu einem ‚Gerüstbau in der Interaktion': Da die Initiative für die jeweils zu konstruierende Bedeutung vom Kind ausgeht und es den Sachverhalt schon in seiner Alltagssprache ausgedrückt hat, kann es die Formulierungen der Lehrkraft ‚gleitend' in sein sprachliches Repertoire übernehmen. Der Kommunikationsfluss wird dabei nicht unterbrochen und es ergibt sich für das Kind die Möglichkeit, die Umformulierungen der Lehrkraft ‚lernaktuell' in seine eigenen Äußerungen einzubauen. Gibbons beschreibt solche Abschnitte des Unterrichtsgesprächs genauer:

> „... der Diskurs wirkt als eine sprachliche Brücke zwischen den aktuellen Sprachfähigkeiten des Schülers auf der einen und den Anforderungen des Lehrplans auf der anderen Seite. Untersucht man auf diese Weise die Übergänge (*mode shifts*), dann ergibt sich eine linguistische Perspektive auf eine Möglichkeit, wie sich ein verständlicher Sprachinput zusammen mit dem beispielhaften Zeigen neuer sprachlicher Mittel erreichen lässt. Charakteristisch für diesen Diskurs ist etwas, das als Code-Switching bezeichnet werden kann: die alltagssprachlichen und fach- und bildungssprachlichen Codes greifen ineinander und führen zu einem gemischten Register. Ich schlage vor, die Art und Weise, in der die Register mit dem Ergebnis eines solchen gemischten Diskurses ineinandergreifen, als einen wichtigen Faktor beim erfolgreichen Erlernen neuer bildungssprachlicher Register durch die Schüler zu sehen. Darüber hinaus entspricht dies dem Konzept des Zone der nächsten Entwicklung mit seinem Fokus sowohl auf jenen Fähigkeiten, die der Schüler mitbringt, als auch auf jenen, die die Aufgabe erfordert" (GIBBONS 2006b, S. 130/131).

- *Ermutigung zu längeren und/oder fachlichen Äußerungen (reminding and handing over)*

Umformulierungen müssen nicht unbedingt als direkter Input durch die Lehrkraft erfolgen, sondern können von ihr auch nur angeregt oder erfragt werden. Dies ist vor allem dann möglich, wenn sie der Auffassung ist, das jeweilige Kind könne bereits von alleine eine kontextunabhängigere Sprache oder Fachbegriffe verwenden – der Schüler/die Schülerin müsse also nur daran erinnert werden. An dieser Stelle ergeben sich folglich Möglichkeiten zur Individualisierung, wenn die Kinder beim angeleiteten Berichten unterschiedliche ‚Angebote' des Mikro-Scaffolding erhalten.

Die Erfahrungen mit der ‚Forscherkonferenz' zeigen, dass die Schülerinnen und Schüler nicht nur auf ihre eigenen Äußerungen achten, sondern in diesem Setting auch eine Aufmerksamkeit für die Äußerungen ihrer Mitschülerinnen und Mitschüler entwickeln. Neben der hohen Motivation, die die Kinder zeigen und mit der sie sich bewusst um fachsprachliche und längere Äußerungen bemühen, sind es gerade auch diese *gegenseitige* Aufmerksamkeit und Unterstützung, die das Arbeiten in der ‚Forscherkonferenz' zu einer *gemeinsamen* Annäherung an die Bildungssprache machen.

Phase 3:
Unterschiedliche Anlässe zum Gebrauch kontextunabhängiger Sprache

In der dritten Phase wird ein unterrichtlicher Zusammenhang geschaffen, der eine noch kontextunabhängigere Verwendung der Sprache erfordert. Auf dem Spektrum des *mode continuums* wird das sprachliche Handeln damit weiter in Richtung Schriftlichkeit verschoben. Ob dies auch in *schriftlicher* Form geschieht oder im Rahmen einer Aufgabenstellung, die konzeptionell schriftlich ist, aber mündlich gelöst wird, hängt sicher auch von der Klassenstufe und vor allem der Komplexität des Themas ab. Gleichzeitig – und nur dann ist das übergeordnete Kriterium des Scaffolding auf der Makroebene, d.h. über die drei Phasen hinweg, erfüllt – wird das ‚Gerüst' in dieser Phase zurückgebaut und die Schüler/innen sollen das fachlich und sprachlich Gelernte nun selbstständig anwenden.

Im von Gibbons (2006a, S. 277) dokumentierten Unterricht zum Thema Magnetismus schreiben die Kinder in ihr Lerntagebuch und zeigen auf diese Weise, was sie gelernt haben. Das Schreiben wird dabei nicht als Verfassen eines formalen Texts verstanden, sondern „als ein ‚Schreiben um zu lernen'" (ebd.). Zudem gibt das Lerntagebuch der Lehrkraft Gelegenheit zu beobachten, welche der zuvor in der ‚Forscherkonferenz' verwandten sprachlichen Formen, Fachformulierungen und Fachbegriffe von den Kindern aufgegriffen werden und welche Unterstützungs- und Vertiefungsmöglichkeiten sich ggf. anschließen könnten.

Für die dritte Phase ergeben sich somit recht unterschiedliche Möglichkeiten: Statt im ‚Forschertagebuch' zu schreiben, können auch eine Versuchsbeschreibung oder ein Text für ein Lernplakat verfasst werden. Gute Erfahrungen wurden mit einem Szenario gemacht, das die dritte Phase als eine ‚zweite Forscherkonferenz' durchführt, wie sie auch im Filmausschnitt zu sehen ist. Eine solche Unterrichtsgestaltung berücksichtigt, dass im Verlauf einer Sachunterrichtseinheit nicht nur die Sprache zunehmend kontextunabhängiger wird, sondern eben auch der Sachverhalt, auf den sich diese Sprache bezieht. Das Arrangement der ‚zweiten Forscherkonferenz' ermöglicht es, einen abstrakteren Zusammenhang mit den Kindern z.B. unter Verwendung einer grafischen Darstellung inhaltlich und sprachlich zu erarbeiten und anschließend in einer ähnlichen Interaktionsform wie bei der ersten ‚Forscherkonferenz' präsentieren zu lassen. Das von den Kindern in Partnerarbeit auf Flipchart-Bögen übertragene Schaubild bietet dabei eine inhaltliche Orientierung für die sprachliche Präsentation. Bei komplexen Themen wie dem Wasserkreislauf oder der Erderwärmung (vgl. Quehl 2009 u. 2010) stellt eine solche grafische Darstellung eine relative *inhaltliche* Entlastung dar, weil die fachlichen Aspekte durch den visuellen Kanal im Sinne einer „Reichhaltigkeit der Information (*message abundancy*)" (Gibbons 2006b, S. 55) unterstützt werden.

Die Herausforderung an die sprachlichen Ressourcen des Kindes bleibt jedoch durchaus bestehen, da die zu präsentierenden abstrakteren Inhalte die Verwendung einer kontextunabhängigeren Sprache erforderlich machen. Kein Kind in der Zuhörerschaft würde alltagssprachliche Formulierungen wie „hier geht was nach oben ..." akzeptieren. Darüber hinaus ermöglicht diese ‚zweite Forscherkonferenz' Wiederholungen, bei denen die Schülerinnen und Schüler die Gelegenheit haben, grammatische Konstruktionen, Fachformulierungen und Fachbegriffe wiederholt anzuwenden und zu hören. Dies sind insofern sehr produktive Wiederholungen, als sie aus Umschreibungen und der Verwendung synonymer Begriffe etc. bestehen (vgl. Gibbons 2006b, S. 55f.). Mithilfe der zuvor beschriebenen Aspekte der ersten ‚Forscherkonferenz' konstruieren und ko-konstruieren die Kinder in dieser Phase 3 weiter die Fach- und Bildungssprache und haben dabei vor allem auch Gelegenheit, in längeren, kohärenteren Äußerungen zu zeigen, was sie gelernt haben.

3.5 Das Klassenzimmer als Gesprächsraum: die Gesprächsformen des Scaffolding

Um die Schülerinnen und Schüler in neue sprachliche Register einzuführen, nutzt der Scaffolding-Ansatz das Unterrichtsgespräch. Da Gespräche im Unterricht seit jeher so zentral wie ihre Gestaltung und ihre Varianten umstritten sind, möchten wir abschließend noch einmal einen genaueren Blick auf die Gesprächsformen der Scaffolding-Konzeption werfen. Dabei ist darauf hinzuweisen, dass die im Film dokumentierten Ausschnitte diese Phasen zwar einerseits exemplarisch zeigen, andererseits der Unterricht zum Thema ‚Verdunstung/Wasserkreislauf' eben drei Monate nach Beginn des 3. Schuljahres aufgezeichnet wurde. Mit anderen Worten: Bei einer anderen 3. Klasse, einem anderen Thema in derselben Kindergruppe oder in einer anderen Klassenstufe können Gesprächsverlauf und -anteile von Kindern und Lehrkraft natürlich anders ausfallen.[32]

Obwohl die ‚Forscherkonferenz' das Kernelement der Scaffolding-Konzeption in der Grundschule darstellt und daher im Mittelpunkt des kurzen Films steht, ist für eine Analyse der Gesprächsformen die *Gesamtheit* aller drei Phasen in den Blick zu nehmen: In Phase 1 wird das Gespräch in den Kleingruppen nahezu ausschließlich zwischen den Kindern geführt und die Lehrkraft unterstützt nur, wenn es zu Schwierigkeiten bei der Durchführung der Aktivitäten kommt. In Phase 2 werden die *sprachlichen* und *inhaltlichen* Aspekte miteinander verknüpft, indem Schülerinnen und Schüler sowie Lehrkräfte die entsprechenden Bedeutungen gemeinsam in einer dialogischen Situation herstellen. Bei dieser Erarbeitung in der ‚Forscherkonferenz' ist zu berücksichtigen, dass die Gewichtung inhaltlicher und sprachlicher Elemente nicht notwendigerweise ausgewogen erfolgt. Vielmehr wird es in Abhängigkeit von der Situation und den beteiligten Kindern und nicht zuletzt je nach Komplexität der jeweiligen Thematik zu unterschiedlichen Akzentuierungen kommen. Gespräche der ‚Forscherkonferenz' sind auch in dem Sinne dynamisch, dass sie Abschnitte enthalten, in denen eher inhaltliche Gesichtspunkte im Vordergrund stehen und geklärt werden, und Passagen, in denen primär an sprachlichen Aspekten gearbeitet wird. Eine Flexibilität ist ebenso hinsichtlich der unterschiedlichen Gesprächsanteile gegeben: Abschnitte, in denen die Lehrkraft stärker am Gespräch teilnimmt oder das Gespräch leitet, wechseln mit Abschnit-

32 Für Ausschnitte aus Unterrichtsgesprächen zum Thema ‚Magnetismus' siehe Gibbons 2006a u. b, zum Thema ‚Erderwärmung' in einer 4. Klasse siehe Quehl 2009.

ten, in denen das Unterrichtsgespräch in erster Linie zwischen den Schülerinnen und Schülern stattfindet.

Diese unterschiedlichen Schwerpunktsetzungen sind charakteristisch für die Phase 2. Denn auch wenn Sprechen und Denken nicht voneinander zu trennen sind, sind unterschiedliche Akzentuierungen von Sprache und Inhalt sowie Wechsel zwischen Gesprächsführung und Rücknahme der leitenden Lehrer/innenrolle *pragmatischer* Ausdruck der Bemühungen, eben jenen Raum zu schaffen, in dem die inhaltlichen Bedeutungen gewissermaßen ‚durch die Sprache hindurch' hergestellt werden können.

Trotz des Grundprinzips des Scaffoldings, bei der Unterrichtsplanung von einer Verknüpfung sprachlicher und inhaltlicher Konzepte auszugehen und in der ‚Forscherkonferenz' die Gesprächsinitiative dem Kind zu übertragen, muss die Lehrkraft in der Interaktion häufig sehr spontan entscheiden, ob ein sprachlicher Aspekt vertieft oder ein inhaltlicher Zusammenhang weiter geklärt werden soll. Welche Anhaltspunkte stehen der Lehrerin oder dem Lehrer bei diesen spontanen Entscheidungen zur Verfügung? Welche Orientierungspunkte sind für die Gestaltung der ‚Forscherkonferenz' hilfreich? Genau genommen besteht Phase 2 aus *zwei* Teilen, die zwar ineinandergreifen, deren Unterscheidung für eine detaillierte Beschäftigung mit den Gesprächsformen der drei Phasen aber nützlich ist.

Wenn im ersten Teil der ‚Forscherkonferenz' in Phase 2 die Kinder von ihren Experimenten berichten, geht die Initiative für das Gespräch auf die Kinder über und sie erhalten so auch die Gelegenheit zu längeren Äußerungen (vgl. GIBBONS 2006a, S. 281). Die Aufgabenkomplexität mit der doppelten Herausforderung, ein inhaltliches *und* ein sprachliches Problem lösen zu müssen, ist hier für das berichtende Kind verringert, da die inhaltliche Seite, d.h. die Durchführung des Experiments grundsätzlich geklärt ist. Die Herausforderung ist somit vor allem eine sprachliche, da nun das Kind nicht mehr alle ursprünglich genutzten Versuchsgegenstände zur Hand hat und die Beschreibung des Versuchs allein mit sprachlichen Mitteln realisieren muss. Die Schülerinnen und Schüler unterstützen sich hier ggf. gegenseitig zum Beispiel durch Nachfragen oder Anregungen, etwas genauer auszudrücken. Neben der Gestaltung der beschriebenen Elemente, die in der Interaktion ein *micro-mode shifting* ermöglichen, kommt der Lehrkraft in diesem ersten Teil der ‚Forscherkonferenz' vor allem die Rolle zu, das Gespräch zu ‚moderieren' – sie nimmt sich auch optisch zurück, indem sie sich zu den Zuhörern setzt (vgl. GIBBONS 2006a, S. 277) oder z.B. das berichtende Kind bittet, die jeweiligen Kinder selbst aufzurufen.[33]

Im zweiten Teil der ‚Forscherkonferenz' verschiebt sich hingegen der Fokus häufig auf eine stärker verallgemeinerte, abstraktere Ebene. Beim Sprechen über die Phänomene, beim Fragen nach Begründungen oder beim Vergleichen mit anderen Beobachtungen wird die für das Grundschulkind zu lösende Aufgabe nicht nur wieder eine zweifache – eine sprachliche und eine

33 Aus aufnahmetechnischen Gründen wurde bei der Filmaufnahme für die ‚Forscherkonferenz' die Form eines Kreises gewählt. Insbesondere bei der Einführung des Scaffolding-Settings ist es für die meisten Kinder aber wesentlich motivierender, wenn die ‚Forscherkonferenz' mit Forscherkittel, Mikrofon o.Ä. inszeniert wird und das berichtende Kind dabei vor den Zuhörerinnen steht.

inhaltliche –, sondern die inhaltliche Thematik ist in der Regel auch anspruchsvoller als im ersten Teil. Es ist an dieser Stelle, dass – mit der Perspektive Vygotskijs gesprochen – die Arbeit an der Begriffsbildung erfolgt, bei der beobachtete Phänomene und ihre spontanen Alltagsbegriffe mit wissenschaftlichen Begriffen verbunden werden. Alex Kozulin hat in seinen bereits zitierten Ausführungen zur Zone der nächsten Entwicklung davon gesprochen, dass diese unterschiedlichen Begriffe zu einer Interaktion gebracht werden müssen (vgl. KOZULIN 1998, S. 49) und Neil Mercer und Karen Littleton verwenden die anschauliche und schwer übersetzbare Formulierung „Many human activities involve ... people working together to solve problems. When they do so, people do not only interact, they ‚interthink'".

(MERCER/LITTLETON 2007, S. 4). Und es ist an dieser Stelle der ‚Forscherkonferenz', dass – mit der Perspektive Hallidays gesprochen – deutlich wird, wie die in diesem Prozess hergestellten neuen inhaltlichen Bedeutungen in einer engen Wechselbeziehung zu den sprachlichen Formen stehen, die man benötigt, um eben diese Bedeutungen zu schaffen.

Um Missverständnisse zu vermeiden: Es geht hier nicht darum, die zuvor skizzierte Einheit von Inhalt und Sprache wieder infrage zu stellen. Unser Anliegen ist es vielmehr, die Unterrichtssituation soweit zu beschreiben, dass sich pragmatisch Orientierungspunkte ergeben für die Umsetzung des grundsätzlichen Anspruchs, inhaltliche und sprachliche Bedeutungen gemeinsam im Dialog herzustellen. Denn ob es gelingt, den Anspruch der Ko-Konstruktion des Wissens und eine entsprechende Gesprächsatmosphäre, in der ‚gemeinsam gedacht' (‚*interthink*') werden kann, umzusetzen, hängt nicht zuletzt von einem reflektierten Umgang der Lehrkraft mit ihrer eigenen, flexibel zu gestaltenden Rolle in den unterschiedlichen Abschnitten der ‚Forscherkonferenz' der Phase 2 ab.

Im zweiten Teil der ‚Forscherkonferenz' weist das Unterrichtsgespräch stärker Merkmale einer fragend-entwickelnden Konzeption auf. In der deutschsprachigen Debatte (z.B. MEYER 1987) und auch in der englischsprachigen Unterrichtsforschung (z.B. SINCLAIR/COULTHARD 1975) ist das traditionelle Unterrichtsgespräch, das in der Sequenz ‚Initiierung (seitens der Lehrkraft), Antwort (der Schülerinnen und Schüler) und Feedback (der Lehrkraft)' vollzogen wird,[34] seit langem sowohl wegen seiner zwischen Lehrkraft und Schülern ungleich verteilten Redeanteile als auch seiner Ineffizienz kritisiert worden. In einer Art ‚Ratespiel' wird aufgrund der Kleinschrittigkeit der Lehrerfragen für die Kinder und Jugendlichen der Gesamtzusammenhang verstellt (vgl. für eine Zusammenfassung PAULI 2006, S. 193ff.). Mehr noch: „Das gelenkte Lehrgespräch ist ein unökonomisches und unehrliches, die Herrschaftsverhältnisse im Unterricht verschleierndes Handlungsmuster" (MEYER 1987, S. 287). Aus Sicht der Zweitspracherwerbsforschung kritisiert Gibbons darüber hinaus, dass es aufgrund der Kleinschrittigkeit des Unterrichtsgesprächs auch im Hinblick auf die sprachliche Seite des Lernens nicht möglich ist, gewissermaßen in

34 Bekannt ist diese Form des Unterrichtsgesprächs auch unter der Bezeichnung ‚I-R-E-Sequenz': Impuls-Schülerantwort-Evaluation (MEHAN 1979).

einem Gesamtzusammenhang und so mit längeren Äußerungen zu sprechen (vgl. GIBBONS 2006a, S. 275).

Die Unterrichtsgespräche beim Scaffolding zielen darauf – so ließe sich im Anschluss an diese Kritik formulieren –, den Kindern das Sprechen im Gesamtzusammenhang des jeweiligen Themas und des jeweiligen Faches und damit langfristig schulischen Erfolg und gesellschaftliche Partizipation zu ermöglichen. Wenn Gibbons bei der grundsätzlichen Einordnung ihres Ansatzes dafür plädiert, bei der Bestimmung von Unterrichtsformen den einfachen Dualismus ‚Lehrerzentrierung versus Schülerzentrierung' zu überwinden (vgl. GIBBONS 2002, S. 6f.), so ergeben sich Parallelen zu der, eine solche Zweiteilung ebenfalls aufhebenden, aktuellen Neubestimmung des fragend-entwickelnden Unterrichtsgesprächs unter ko-konstruktivistischer Perspektive (siehe PAULI 2006, S. 198ff.). Aspekte wie die Anknüpfung an das Vorwissen und die größtmögliche aktive Beteiligung der Lernenden an der Problemlösung als auch die Entwicklung eines Scaffoldings im Klassengespräch und einer ‚Diskurskultur' in der Klasse mit dem übergeordneten Ziel des selbstständigen Problemlösens bilden den Rahmen sowohl eines fragend-entwickelnden Unterrichts als auch eines Unterrichts, der sich an einer ko-konstruktivistischen Perspektive orientiert. In Bezug auf die inhaltliche Ebene zeichnet Christiane Pauli die Argumentation von Hans AEBLI (1983) nach: Die Schülerinnen und Schüler können die Struktur des Inhalts noch nicht kennen und es sei daher die Aufgabe der Lehrerin, eine Struktur anzubieten, innerhalb derer diese Inhalte erworben werden können. Den Fragen komme dabei die Aufgabe zu, das Problem oder den Unterrichtsgegenstand „unter definierten Gesichtspunkten zu betrachten" (PAULI 2006, S. 197).

Ein sprachsensibler Unterricht berücksichtigt folglich, dass zu dieser ‚Struktur' auch die Vermittlung jener sprachlichen Mittel gehört, um die Bedeutungen der Inhalte zu realisieren, um also angemessen darüber zu sprechen, zu schreiben und zu lesen.

Will man das in der Kritk an engen Formen der fragend-entwickelnden Unterrichtssprache angesprochene Problem der Gesprächshierarchie und der Machtverteilung zwischen Lehrkraft und Schülerinnen und Schülern ernst nehmen, so ist es unseres Erachtens wichtig, den Blick auf die Gesamtkonzeption des Unterrichts zu werfen. Beim Scaffolding-Ansatz gibt es innerhalb der jeweiligen Unterrichtseinheit mehrere Phasen, die durch unterschiedliche Redeanteile und unterschiedliche Hierarchisierungen gekennzeichnet sind. Ähnlich wie das Makro-Scaffolding über die drei Phasen hinweg die Voraussetzungen für das Mikro-Scaffolding schafft, so eröffnet das Setting des ersten Teils der ‚Forscherkonferenz' in Phase 2 die Möglichkeiten für die Gestaltung des zweiten Teils. Nur wenn die Kinder es aus dem ersten Teil – und aus dem vorangegangenen Unterricht – gewohnt sind, die Gesprächsinitiative und den Raum für längere Äußerungen zu erhalten, sich gegenseitig zuzuhören, zu fragen und auch bei sprachlichen Herausforderungen zu unterstützen, wird es für die Lehrerin möglich, im zweiten Teil der Phase 2 ihre Gesprächsanteile ggf. zu erhöhen, ohne dass die Balance eines dialogischen Lernens außer Kraft gesetzt wird.

4. Ausblick

Wie zuvor argumentiert, kann das produktive Potenzial des Scaffolding-Ansatzes darin gesehen werden, dass er sowohl linguistische und lerntheoretische Konzepte zu einer *Perspektive* auf die Vermittlung der Fach- und Bildungssprache zusammenführt als auch eine konkrete Orientierung für die *Unterrichtsgestaltung* liefert. Abschließend möchten wir, in umgekehrter Reihenfolge, einen Ausblick auf beide Stränge werfen.

Wenn ‚das Sprechen über das Sprechen', eine grundsätzliche Sensibilität für genaues Sprechen und Zuhören und gegenseitige Unterstützung in einer Klasse etabliert sind, kann der Übergang von der Alltagssprache zur Fach- und Bildungssprache mit einer größeren Flexibilität gestaltet werden. Die Verwendung des Planungsrahmens und die Struktur der Scaffolding-Phasen können dann insgesamt einen Unterricht leiten, der immer wieder auf diese Phasengestaltung zurückgreift, sich aber in Abhängigkeit vom Thema auch um andere Settings/Szenarios als die ‚Forscherkonferenz' bemüht, in denen die Lehrkraft mit den Kindern bewusst an diesem Übergang arbeitet und ihnen ein sprachliches Handeln entlang des *mode continuums* ermöglicht.

Einige Beispiele seien genannt: In dem bereits erwähnten Verkehrsunterricht zum Zebrastreifen in Klasse 2 war ein Unterrichtsgang zur nahen Hauptstraße vorausgegangen und das Vorstellungsbild ‚Fahrschule' machte für die Kinder plausibel, dass die Überquerung nun sprachlich möglichst präzise zu erklären sei. In Verbindung mit einem Bauernhofsbesuch und einem Film zur Milchproduktion übernahmen die Kinder die Rolle des Bauern, des Molkereiwagen-Fahrers und der Supermarktleiterin beim angeleiteten Berichten in Phase 2 und schrieben anschließend zu entsprechenden Abbildungen. In Klasse 3 bestand die Phase der ‚Forscherkonferenz' aus dem Szenario der ‚Tierhandlung', in der verschiedene ‚Verkäufer/innen' Auskunft über Haustiere gaben, während die anderen Kinder Fragen stellten, bevor Informationsplakate für andere interessierte ‚Kunden' geschrieben wurden. Im Rahmen des Themas ‚Gesunde Ernährung' hatten die Kinder einer 4. Klasse sich gemeinsam mit den unterschiedlichen Funktionen der Nährstoffe beschäftigt, bevor sie in Phase 1 in Gruppen zu verschiedenen Schwerpunkten arbeiteten. In Phase 2 stellte eine ‚Ernährungsberaterin' dann ein gesundes Frühstück und ein ‚Arzt' den Verdauungsweg vor. Weitere ‚Expert/innen/Forscher/innen' aus zwei Gruppen erklärten – dies hatte sich durch zuvor angesprochene Themen und Interessen einiger Kinder ergeben – welche lebensnotwendigen Nährstoffe die Nahrung der Indianer Nordamerikas vor 200 Jahren und die Nahrung der Ägypter zur Zeit der Pharaonen enthielten. Diese knappen Hinweise sollen zeigen, was wir an dieser Stelle mit Flexibilität meinen.

Auf der Grundlage des Planungsrahmens und der Phaseneinteilung wird es möglich, die Phasen, den Grad ihrer expliziten ‚Inszenierung' und ihre Einbettung in den Unterricht unterschiedlich zu gestalten. Voraussetzung ist, dass der Übergang zum fachlichen Sprechen explizit und vor allem immer wieder plausibel erfahrbar gemacht wird und eine tatsächliche Kommunikations*notwendigkeit* besteht. Für das sprechende Kind muss es sich lohnen, vor den anderen zu sprechen, und für die anderen Kinder muss es umgekehrt sinnvoll sein zuzuhören und gegebenenfalls Fragen zu stellen. Die Phaseneinteilung stellt dieses Arrangement der Aktivitäten sicher und die vorangegangene Verwendung des Planungsrahmens klärt nicht nur die Sprachhandlungen und andere Komponenten, sondern gewährleistet auch das notwendige Mindestmaß an inhaltlichen Überschneidungen in den Phase-1-Aktivitäten, so dass ein Ausgangspunkt entsteht auch für jene Phase-2-Settings, die nicht auf ähnlichen Experimenten wie im naturwissenschaftlichen Sachunterricht basieren.

Hier ließe sich mit Fragen nach weiteren Möglichkeiten anknüpfen: So wäre systematischer zu erkunden, wie das in den sachunterrichtlichen Themen vorhandene spiralcurriculare Prinzip auf eine spiralcurriculare Planung des sprachlichen Lernens beim Scaffolding bezogen werden könnte. Darüber hinaus kann danach gefragt werden, in welcher Weise die Prinzipien des Scaffolding in andere grundschulpädagogische Arbeitsformen eingebracht werden können. Welche Formen dialogischen Lernens sind im Rahmen von Projektarbeit oder Stationslernen möglich und in welcher Weise ließen sich beispielsweise Formen des kooperativen Lernens mit den Scaffolding-Phasen verbinden? Weitere Anschlussstellen wären herzustellen zum Lesen von Sachtexten und zu anderen Formen der Durchgängigen Sprachbildung oder auch der additiven Sprachförderung im Bereich Deutsch als Zweitsprache.

Wie in anderen pädagogisch-didaktischen Konzeptionen der Grundschule auch, bleibt darüber hinaus noch eingehender zu klären, wie beim Scaffolding-Ansatz mit der Frage der Individualisierung umgegangen werden kann. Die Phase 2 ist so angelegt, dass dem sprechenden Kind in der Interaktion mit der Lehrkraft und den anderen Kindern durch Umformulierungen und durch Modellieren, durch Nachfragen und durch die Ermutigung zu längeren Äußerungen individuelle Unterstützung zuteil wird – die Kernidee des Scaffolding realisiert sich in solchen Passungsprozessen und den sprachlichen Handlungen in der Zone der nächsten Entwicklung. Trotzdem bleibt die Frage der Individualisierung eine Herausforderung. Denn die Lehrkraft muss sicherstellen, dass ein Kind diese Angebote auch nutzt und sich an den sprachlichen Interaktionen der ‚Forscherkonferenz' beteiligt. Wenn Kinder diese Sicherheit noch nicht entwickelt haben oder sich aus anderen Gründen wie Konzentrationsschwierigkeiten nicht am angeleiteten Berichten beteiligen wollen oder können, ist es sinnvoll sein, zunächst einmal kleinere, geschütztere ‚Gesprächsräume' bereitzustellen, in denen Schülerinnen und Schüler an Sicherheit oder Konzentrationsfähigkeit gewinnen können.

In Diskussionen wird manchmal die Frage nach der Berechtigung des Scaffolding-Gesprächsraums gestellt und die Sorge geäußert, dass die Bedürfnisse der einsprachigen Schülerinnen und Schüler vielleicht nicht ausreichend Berücksichtigung fänden. Die bewusste Gestaltung des Übergangs von der Alltags- zur Fach- und Bildungssprache und die Verbindung inhaltlicher und sprachlicher Aspekte in diesen Phase-2-Gesprächen ermöglichen es jedoch nach unserer Erfahrung, dass sich alle Kinder auf dem ihnen jeweils aktuell passenden Niveau beteiligen. Diese Beteiligung kann einen stärker inhaltlichen oder primär sprachlichen Fokus haben. Die grundsätzliche Situation, dass die *Erfahrung* der Experimente bzw. der Phase-1-Aktivitäten in das *Wissen* über die Sache überführt werden muss, dass dabei neue Begriffe zu lernen und neue Inhalte in adäquaten sprachlichen Strukturen auszudrücken sind, die ebenfalls an Komplexität zunehmen, ist jedoch auch für einsprachige Schüler/innen gegeben – auch wenn sie sich individuell an einem anderen Punkt der Entwicklung ihrer fach- und bildungssprachlichen Kompetenzen befinden können als ihre Mitschüler, sei dies ein Kind mit Deutsch als Erst- oder als Zweitsprache.

Ein Nachdenken über die Unterrichtsinhalte und Gespräche ergeben sich im Sachunterricht natürlich nicht nur im gemeinsamen Unterrichtsgespräch der ganzen Klasse. Sie finden auch in einem am Scaffolding-Konzept orientierten Unterricht am Rande der Phase-1-Aktivitäten statt, wenn die Kinder sich z.B. gegenseitig auf Beobachtungen hinweisen. Ebenso kann die Lehrkraft die Erfahrungen einzelner Kinder, ihre Neugierde und das Entstehen spontaner Fragen in dieser Phase gegebenenfalls für individuelle Lernprozesse nutzen. Dass sich der Lehrer bei den hier vorgestellen Verdunstungsexperimenten Zurückhaltung auferlegt hatte, um der für die Filmaufnahme erforderlichen Dokumentation der ‚Forscherkonferenz' nicht vorzugreifen, bedeutet nicht, dass solche individuellen Gespräche in Phase 1 nicht erfolgen. Entsprechend der Perspektive des genetischen Sachunterrichts (siehe für eine Übersicht MÖLLER 2001) und im Anschluss an die Begründungszusammenhänge des Scaffolding lässt sich jedoch feststellen, dass die Überführung der individuellen Erfahrungen in Wissen in einem sozialen Kontext erfolgen muss, der die Wissenskonstruktion ermöglicht. Der „Unterricht greift die Vorstellungen der Kinder in der Alltagssprache auf und macht sie zum Gegenstand gemeinsamen Nachdenkens" (ebd., S. 21). Wie beschrieben wurden diese Zusammenhänge in der Sachunterrichtsdidaktik unabhängig davon, ob Kinder ein- oder zweisprachig aufwachsen, aufgezeigt und machen deutlich, wie der Aufbau individuellen Wissens durch die Interaktion mit den Mitschülerinnen und Mitschülern und mit der Lehrkraft unterstützt wird. So wichtig das begleitende Gespräch der Lehrkraft mit einzelnen Kindern oder Kleingruppen bei ihren Experimentier-, Entdeckungs- und Lerntätigkeiten ist, so ist realistischerweise davon auszugehen, dass die Möglichkeiten einer Lehrkraft, solche Gespräche mit jeder Kleingruppe zu führen, verhältnismäßig begrenzt sind. Wenn es bedeutsam ist, das Gespräch sowohl für ein ausführliches Nachdenken als auch seine sprachliche Umsetzung mit ihrem Übergang zu komplexeren sprachlichen Strukturen zu nutzen, stoßen solche Einzelsituationen an ihre zeitlichen Grenzen. Doch gerade jene Kinder, die außerhalb der Schule weniger Gelegenheiten zur Aneignung von inhaltlichem Wissen und/oder bildungssprachlichen Kompetenzen haben, sind auf ausführliche Phasen der Ko-Konstruktion von Bedeutungen in einem gemeinsamen Unterrichtsgespräch angewiesen.

Die Reflexion des eigenen sprachlich-pädagogischen Handelns seitens der Lehrerinnen und Lehrer, eine Sensibilität für das Sprechen im Klassenzimmer und die Bereitschaft aller Beteiligten, gemeinsam die dafür erforderliche Atmosphäre zu schaffen, sind grundlegende Elemente jeder grundschulpädagogischen Arbeit. Dennoch ist es wichtig, sich ihre Bedeutsamkeit für die Scaffolding-Perspektive zu verdeutlichen und dabei anzuerkennen, dass, wie Jim Cummins hervorhebt, „menschliche Beziehungen den Kern des Schulwesens bilden“ (2006, S. 48). Denn der ‚Gesprächsraum‘ des Scaffolding beinhaltet sowohl didaktische als auch soziale Aspekte und kommt nur dann zustande, wenn die Kinder ihn als einen offenen und diskriminierungsfreien Raum erleben, wo es sich lohnt, mit zu sprechen, und wo sie sich ermutigt fühlen, dabei auch Risiken einzugehen.

Um die grundsätzliche Perspektive des ‚Sprechens über das Sprechen‘ umfassend zu entfalten, sind das Erfahrbarmachen verschiedener sprachlicher Register und die Thematisierung der mehrsprachigen Wirklichkeit der Kinder bedeutsam. Denn die in das Scaffolding-Konzept eingegangene Auffassung, dass Sprache Lernen und Handeln im jeweiligen Kontext ermöglicht und erweitert, bezieht sich auf alle den Kindern zur Verfügung stehenden Sprachen. Die Thematisierung der unterschiedlichen Kontexte, in denen wir Sprache verwenden, bietet daher gute Anknüpfungspunkte für ein Nachdenken über die Verwendung verschiedener Sprachen. Die vielen Schülerinnen und Schülern aus ihrem Alltag vertraute, in der Schule aber häufig erst einmal sichtbar zu machende Mehrsprachigkeit kann so in ein erweitertes ‚Sprechen über unsere Sprachen‘ eingebracht werden. Daher gehört es zu den Weiterentwicklungsmöglichkeiten des Scaffolding-Ansatzes, nach Anschlüssen für mehrsprachige Unterrichtsaktivitäten zu suchen sowohl in Bezug auf die Erstsprachen der Schülerinnen und Schüler als auch die in der Grundschule gelernte Fremdsprache. Die Verbindung fachlicher Inhalte und sprachlichen Lernens kann dabei ebenso Anregungen liefern wie eine Auseinandersetzung mit Sprachhandlungen und Mitteilungsbereichen. Mit Unterstützung von mehrsprachigen Lehrkräften oder Eltern können die zweisprachigen Schülerinnen und Schüler z.B. Fachbegriffe sammeln und sich gegenseitig erklären. Alle Kinder können darüber hinaus ausprobieren, wie über den jeweiligen Inhalt in der Fremdsprache – wenn auch auf einem einfacheren Niveau – gesprochen werden kann. So hörten die Kinder im Unterricht eine englische Beschreibung des Wasserkreislaufs und brachten dabei ihre Kenntnisse einfacher englischer Begriffe zum Thema Wetter ein bzw. erweiterten sie.

In Seminaren und Fortbildungen konnten Reflexionen angeregt werden, indem die Studierenden bzw. Lehrerinnen und Lehrer gebeten wurden, den Wasserkreislauf in der Sprache zu beschreiben, in der sie sich am zweit- oder drittsichersten fühlen. Die entstandenen Zeichnungen mit Beschriftungen in Englisch, Spanisch, Arabisch, Französisch, Türkisch und Plattdeutsch ermöglichten einen Austausch über persönliche sprachliche Erfahrungen ebenso wie eine Beschäftigung mit dem Thema Bildungssprache. Jede/r – ob ein- oder zweisprachig aufgewachsen – wird sich an Situationen erinnern, wo sie/er Verunsicherung empfand und überwinden musste, um sich an Gesprächen zu beteiligen oder Texte zu verfassen. Reflexionen über solche Erfahrungen können helfen, sich auf die Herausforderung Bildungssprache im eigenen Unterricht einzulassen.

Um Sprachbildung in ihrem Sachunterricht fortlaufend zu realisieren, benötigen Lehrerinnen und Lehrer eigene didaktische Kreativität, müssen aber auch auf eine klare Unterstützung durch alle an der Institution Schule

Beteiligten zurückgreifen können. Die erforderliche Reflexion der sprachlich-pädagogischen Arbeit und eine fächerübergreifende Sensibilsierung für Sprachbildung sind dabei sowohl als individuelle professionelle Prozesse und Team-Prozesse von Jahrgangsteams oder Fachgruppen als auch als Prozesse der Schulentwicklungsarbeit zu verstehen. Für eine solche Entwicklung sind Lehrerausbildungs- und Fortbildungsmaßnahmen ebenso erforderlich wie die Bereitstellung von Materialien und zusätzlichen Ressourcen. Wie hinsichtlich anderer Aspekte von Schulentwicklung auch, ist nach einem produktiven Ineinandergreifen von Leitungshandeln und dem Aufbau einer professionellen Lerngemeinschaft seitens des Kollegiums sowie nach den dafür notwendigen zeitlichen Ressourcen zu fragen.

An der bewussten Gestaltung des Übergangs von der Alltags- zur Fach- und Bildungssprache ist in allen Jahrgangsstufen und Fächern zu arbeiten und der Ansatz des Scaffolding kann so in verschiedenen Klassenstufen Anwendung finden. Die didaktische Umsetzung des *mode continuum* im Laufe der Schulzeit wird dabei unterschiedlich erfolgen und die konkrete Ausgestaltung der Phasen variieren. So kann sich beispielsweise der in der Grundschule ausgeprägte Fokus auf die Mündlichkeit in höheren Klassen zugunsten einer erweiterten Arbeit an schriftlichen Texten verschieben. Durchgängig bestehen bleiben jedoch die Prinzipien des Scaffolding-Ansatzes. Dialogischen Lernen, kooperative Arbeitsformen und die Realisierung einer ermutigenden und hinsichtlich des Sprechens diskriminierungsfreien, auf Gleichberechtigung ausgerichteten Atmosphäre im Klassenzimmer sind leitende Prinzipien – unabhängig davon, wie die Übergänge von der konzeptionellen Mündlichkeit zur konzeptionellen Schriftlichkeit unterrichtspraktisch umgesetzt werden. Auch wenn in einer höheren Klasse Fachtexte vorbereitet, geschrieben, überarbeitet und präsentiert werden, stellt sich die Frage, wie fachliche und sprachliche Aspekte verknüpft werden, wie reale Kommunikationssituationen geschaffen werden und wie der Übergang zur Verwendung von mehr bildungssprachlichen Elementen vorbereitet und den Schülern plausibel begründet wird.

In der Grundschule werden die Grundlagen für eine Vielzahl von Kompetenzen in den unterschiedlichen Lernbereichen bzw. Fächern sowie allgemeiner für ein ‚Lernen des Lernens' geschaffen und bei der Entwicklung der Unterrichtspraxis zur Vermittlung dieser Grundlagen haben sich das Lernen der Kinder und das der Lehrerinnen und Lehrer traditionell oft ergänzt. Wenn vor dem Hintergrund der Diskussionen um Bildungsbenachteiligung und um das Konzept der Bildungssprache die Begründungsstränge des Scaffolding-Ansatzes zeigen, welche wichtige Bedeutung dem Sachunterricht bei der Vermittlung der bildungssprachlichen Grundlagen zukommen kann, so greifen bei dieser Unterrichtspraxis das Lernen der Kinder und das Lernen der Lehrkräfte ebenfalls ineinander. Die Überschneidungspunkte des Scaffolding-Ansatzes mit anderen pädagogischen Perspektiven wie dem dialogischen Lernen und dem kooperativen Lernen sind auf die schulische Praxis und das Lernen der Kinder bezogen gleichzeitig eine Herausforderung wie eine Chance. Beziehen wir Dialog und Kooperation in einem erweiterten Sinne auf unser Lernen als Pädagoginnen und Pädagogen, so sind sie Voraussetzungen, wenn wir uns gemeinsam auf den Weg zur Bildungssprache begeben wollen.

5. Literaturverzeichnis

Aebli, Hans (1983): Zwölf Grundformen des Lehrens. Eine allgemeine Didaktik auf psychologischer Grundlage. Stuttgart: Klett.

Ahlborn-Gockel, Sabine/Kleffken, Brigitta/Scheuer, Rupert (2012): Sprachkompetenz fördern durch Experimentieren – Wasser-Experimente. Mühlheim/Ruhr: Verlag an der Ruhr.

Ahrenholz, Bernt (2010): Bildungssprache im Sachunterricht der Grundschule. In: Ahrenholz, B. (Hrsg.): Fachunterricht und Deutsch als Zweitsprache. Tübingen: Narr, S. 15-35.

Barkowski, Hans/Harnisch, Ulrike/Krumm, Sigrid (1980): Handbuch für den Deutschunterricht mit ausländischen Arbeitnehmern. Kronberg: Scriptor.

Bartnitzky, Horst (2005): Integriert, nicht isoliert: Sprachförderung in thematischen Unterrichtseinheiten. In: Bartnitzky, Horst/Speck-Hamdan, Angelika (Hrsg.): Deutsch als Zweitsprache lernen. Frankfurt/M.: Grundschulverband, S. 196-204.

Benholz, Claudia/Iordanidou, Charitini (2004): Sprachliche Förderung von Schülerinnen und Schülern mit Migrationshintergrund in der Sekundarstufe I. Soest: Landesinstitut für Schule und Weiterbildung NRW.

Benholz, Claudia/Rau, Sarah (2011): Möglichkeiten der Sprachförderung im Sachunterricht der Grundschule. URL: http://www.uni-due.de/imperia/md/content/prodaz/sprachfoerderung_sachunterricht_grundschule.pdf [Zugriff: 10.01.2013].

Bernstein, Basil (1971): Class, Codes and Control. Volume 1: Theoretical Studies Towards a Sociology of Language. London: Routledge and Kegan Paul.

Bernstein, Basil (1972): Studien zur sprachlichen Sozialisation. Düsseldorf: Schwann.

Bernstein, Basil (1999): Vertical and Horizontal Discourse: an essay. In: British Journal of Sociology of Education, Vol. 20, 2, S. 157-173.

Brent Language Service (1999): Enriching Literacy – text, talk and tales in today's classroom. A practical handbook for multilingual schools. Stoke on Trent: Trentham.

Bruner, Jerome (1975): Language as an Instrument of Thought. In: Davies, Alan (Hrsg.): Problems of Language and Learning. London: Heinemann, S. 61-88.

Chlosta, Christoph/Schäfer, Andrea (2010): Deutsch als Zweitsprache im Fachunterricht. In: Ahrenholz, Bernt/Oomen-Welke, Ingelore (Hrsg.): Deutsch als Zweitsprache, 2. Auflage. Hohengehren: Schneider, S. 280-297.

Collins, Allan/Brown, John S./Newman, Susan E. (1989): Cognitive Apprenticeship: Teaching The Crafts of Reading, Writing and Mathematics. In: Resnick, Lauren B. (Hrsg.): Knowing, Learning And Instruction. Essays In Honour Of Robert Glaser. Hillsdale, NJ, S. 453-494.

Cummins, Jim (2000): Language, Power and Pedagogy. Bilingual Children in the Crossfire. Clevedon: Multilingual Matters.

Cummins, Jim (2006): Sprachliche Interaktionen im Klassenzimmer: Von zwangsweise auferlegten zu kooperativen Formen von Machtbeziehungen. In: Mecheril, Paul/Quehl, Thomas (Hrsg.), S. 36-62.

Cummins, Jim (2008): BICS and CALP: empirical and theoretical status of the distinction. In: Street, Brian/Hornberger, Nancy H. (Hrsg.): Encyclopedia of Language and Education, Vol. 2, Literacy. New York: Springer, S. 71-83.

DANIELS, Harry (2001): Vygotsky and Pedagogy. London: Routledge/Falmer.

DIRIM, İnci/MECHERIL, Paul (2010): Die Sprache(n) der Migrationsgesellschaft. In: MECHERIL, Paul/DO MAR CASTRO VARELA, Maria/DIRIM, İnci/KALPAKA, Annita/MELTER, Claus (Hrsg.): Migrationspädagogik. Weinheim: Beltz, S. 99-120.

ENGIN, Havva/MÜLLER-BOEHM, Eva/STEINMÜLLER, Ulrich/TERHECHTE-MERMEROĞLU, Frederike (2004): Kinder lernen Deutsch als zweite Sprache. Prinzipien, Sequenzen, Planungsraster, Minimalgrammatik. Berlin: Cornelsen-Scriptor.

FÜRSTENAU, Sara (2009): Lernen und Lehren in heterogenen Gruppen. In: FÜRSTENAU, Sara/GOMOLLA, Mechtild (Hrsg.): Migration und schulischer Wandel: Unterricht. Wiesbaden: VS-Verlag, S. 61-84.

GIBBONS, Pauline (1993): Learning to Learn in a Second Language. Portsmouth, NH: Heinemann.

GIBBONS, Pauline (1998): Classroom Talk and the Learning of New Registers in a Second Language. In: Language and Education 12, 2/1998, S. 99-118. In deutscher Sprache GIBBONS 2006a.

GIBBONS, Pauline (2002): Scaffolding Language, Scaffolding Learning. Teaching Second Language Learners in the Mainstream Classroom. Portsmouth, NH: Heinemann.

GIBBONS, Pauline (2003): Mediating Language Learning: Teacher Interactions With ESL Students in a Content-Based Classroom. In: TESOL Quarterly, Vol. 37, 2, Summer 2003, S. 247-273.

GIBBONS, Pauline (2006a): Unterrichtsgespräche und das Erlernen neuer Register in der Zweitsprache. In: MECHERIL, Paul/QUEHL, Thomas (Hrsg.), S. 269-290.

GIBBONS, Pauline (2006b): Bridging Discourses in the ESL Classroom. Students, teachers, researchers. London: Continuum.

GIBBONS, Pauline (2009): English Learners Academic Literacy and Thinking. Learning in the challenging zone. Portsmouth, NH: Heinemann.

GIBBONS, Pauline (2010): Learning Academic Registers in Context. Challenges and Opportunities in Supporting Migrant Learners. In: BENHOLZ, Claudia/KNIFFKA, Gabriele/WINTERS-OHLE, Elmar (Hrsg.): Fachliche und sprachliche Förderung von Schülern mit Migrationsgeschichte. Beiträge des Mercator-Symposions in Rahmen des 15. AILA-Weltkongresses ‚Mehrsprachigkeit: Herausforderungen und Chancen'. Münster: Waxmann, S. 25-37.

GOGOLIN, Ingrid (1994/2008): Der monolinguale Habitus der multilingualen Schule. Münster: Waxmann.

GOGOLIN, Ingrid (2006): Bilingualität und die Bildungssprache der Schule. In: MECHERIL, Paul/QUEHL, Thomas (Hrsg.), S. 79-85.

GOGOLIN, Ingrid/DIRIM, Inci/KLINGER, Thorsten/LANGE, Imke/LENGYEL, Drorit/MICHEL, Ute/NEUMANN, Ursula/REICH, Hans H./ROTH, Hans-Joachim/SCHWIPPERT, Knut (2011a): Förderung von Kindern und Jugendlichen mit Migrationshintergrund FÖRMIG. Bilanz und Perspektiven eines Modellprogramms (= FÖRMIG Edition Band 7). Münster: Waxmann.

GOGOLIN, Ingrid/LANGE, Imke (2011): Bildungssprache und Durchgängige Sprachbildung. In: FÜRSTENAU, Sara/GOMOLLA, Mechtild (Hrsg.): Migration und schulischer Wandel: Mehrsprachigkeit. Wiesbaden: VS-Verlag, S. 107-127.

GOGOLIN, Ingrid/LANGE, Imke/HAWIGHORST, Britta/BAINSKI, Christiane/HEINTZE, Andreas/RUTTEN, Sabine/SAALMANN, Wiebke (2011b): Durchgängige Sprachbildung. Qualitätsmerkmale für den Unterricht (= FÖRMIG Material Band 3). Münster: Waxmann.

GOGOLIN, Ingrid/ROTH, Hans-Joachim (2007): Bilinguale Grundschule: Ein Beitrag zur Förderung der Mehrsprachigkeit. In: Tanja ANSTATT (Hrsg.): Mehrsprachigkeit bei Kindern und Erwachsenen. Erwerb, Formen, Förderung. Tübingen: Attempo, S. 31-45.

GÖNCÜOGLU, Claudia/PESCHKE, Beatrix/QUEHL, Thomas/SIEBERT, Lena (2006): Sachtexte knacken 3/4. Materialien, Anregungen, Informationen für Lehrerinnen und Lehrer. Braunschweig: Schroedel.

GRIESSHABER, Wilhelm (2010): (Fach-)Sprache im zweitsprachlichen Fachunterricht. In: AHRENHOLZ, Bernt (Hrsg.): Fachunterricht und Deutsch als Zweitsprache. Tübingen: Narr, S. 37-53.

GÜNTHER, Hartmut (1997): Mündlichkeit und Schriftlichkeit. In: BALHORN, Heiko/NIEMANN, Heide (Hrsg.): Sprachen werden Schrift. Lengwil: Libelle, S. 64-73.

HABERMAS, Jürgen (1977): Umgangssprache, Wissenschaftssprache, Bildungssprache. In: Max-Planck-Gesellschaft (Hrsg.): Jahrbuch der Max-Planck-Gesellschaft 1977. Göttingen: MPG, S. 36-51.

HALLIDAY, M.A.K. (1978): Language as social semiotic. The social interpretation of language and meaning. London: Arnold.

HALLIDAY, M.A.K. (1989): Spoken and written language. Oxford: OUP.

HALLIDAY, M.A.K. (1993): Towards a Language-Based Theory of Learning. In: Linguistics and Education 1993, 5, S. 93-116.

HALLIDAY, M.A.K./HASAN, Ruqaiya (1989): Language, context and text: aspects of language in a social-semiotic perspective. Oxford: OUP.

HALLIDAY, M.A.K./MATTHIESSEN, Christian (2004): An Introduction to Functional Grammar. 3rd ed. London: Arnold.

HAMMOND, Jenny/GIBBONS, Pauline (2005): Putting scaffolding to work: The contribution of scaffolding in articulating ESL education. In: Prospect 20, (1), S. 6-30.

HEINTZE, Andreas (2009): Wege zur Durchgängigen Sprachförderung – ein Orientierungsrahmen. In: Senatsverwaltung für Bildung, Wissenschaft und Forschung/LISUM Berlin (Hrsg.) Sprachförderung/Deutsch als Zweitsprache Fachbrief Nr. 3, S. 3-12, URL: http://bildungsserver.berlin-brandenburg.de/fachbriefe_daz.html [Zugriff: 22.12.2012]

HEINTZE, Andreas (2010): Durchgängige Sprachbildung. Eine gemeinsame Aufgabe für jede Schule. In: Grundschulunterricht Deutsch 4/2010, S. 6-10.

HEINZEL, Frederike (2003): Gespräche. In: REEKEN, Dietmar v. (Hrsg.): Handbuch Methoden im Sachunterricht. Hohengehren: Schneider, S. 121-129.

KAISER, Astrid (2004): Sprache im Sachunterricht. In: KAISER, Astrid/PECH, Detlef (Hrsg.): Basiswissen Sachunterricht Band 5. Unterrichtsplanung und Methoden, S. 78-82.

KEHBEL, Simone/LEONHARD, Michael/QUEHL, Thomas/RÖHNER-MÜNCH, Karla/RÖSCH, Heidi/SENFF, Doris (2003): Werkstatt Deutsch als Zweitsprache. Arbeitshefte B-D. Hannover: Schroedel.

KNIFFKA, Gabriele (2010): Scaffolding. Online-Publikation im Rahmen von ProDaZ Deutsch als Zweitsprache in allen Fächern, Universität Duisburg-Essen. URL: http://www.uni-due.de/imperia/md/content/prodaz/scaffolding.pdf [Zugriff: 22.12.2012].

KNIFFKA, Gabriele/NEUER, Birgit (2008): „Wo gehts hier nach ALDI?“ Fachsprachen lernen im kulturell heterogenen Klassenzimmer. In BUDKE, Alexandra (Hrsg.): Interkulturelles Lernen im Geographieunterricht. Potsdamer Geographische Forschungen Bd. 27. Magdeburg, S. 121-136.

KNIFFKA, Gabriele/SIEBERT-OTT, Gesa (2007): Deutsch als Zweitsprache. Lehren und Lernen. Paderborn: Schöningh.

KOCH, Peter/OESTERREICHER, Wulf (1986): Sprache der Nähe – Sprache der Distanz. Mündlichkeit und Schriftlichkeit im Spannungsfeld von Sprachtheorie und Sprachgeschichte. In: Romanistisches Jahrbuch, Bd. 36. Berlin/New York: de Gryter, S. 15-43.

KOZULIN, Alex (1998): Psychological Tools: A Sociocultural Approach to Education. Cambridge, MA: Harvard UP.

KRÄMER, Silke (2009): Scaffolding – ein Baugerüst für die Fachsprache. In: Unterricht Chemie 20/2009, 111/112, S. 34-43.

LENGYEL, Drorit (2009): Zweitspracherwerb in der Kita. Eine integrative Sicht auf die sprachliche und kognitive Entwicklung mehrsprachiger Kinder. Münster: Waxmann.

LENGYEL, Drorit (2010): Bildungssprachförderlicher Unterricht in mehrsprachigen Lernkonstellationen. In: Zeitschrift für Erziehungswissenschaft 2010/13, S. 593-608.

MECHERIL, Paul/QUEHL, Thomas (Hrsg.) (2006): Die Macht der Sprachen. Englische Perspektiven auf die mehrsprachige Schule. Münster: Waxmann.

MEHAN, Hugh (1979): Learning lessons. Social organization in the classroom. Cambridge, MA: Harvard UP.

MERCER, Neil (1995): The Guided Construction of Knowledge. Talk amongst teachers and learners. Clevedon: Multilingual Matters.

MERCER, Neil/LITTLETON, Karen (2007): Dialogue and the Development of Children's Thinking. A sociocultural approach. London: Routledge.

MEYER, Hilbert (1987): Unterrichtsmethoden II. Praxisband, 3. Auflage. Frankfurt/M. Cornelsen-Scriptor.

MICHELL, Michael/SHARPE, Tina (2005): Collective instructional scaffolding in English as a Second Language classrooms. In: Prospect 20, (1), S. 31-58.

MOHAN, Bernard (1986): Language and Content. Reading, MA: Addison-Wesley.

MÖLLER, Kornelia (2001): Genetisches Lehren und Lernen – Facetten eines Begriffs. In: CECH, Diethard/FEIGE, Bernd/KAHLERT, Joachim/LÖFFLER, Gerhard/SCHREINER, Helmut/SCHWIER, Hans-Joachim/STOLTENBERG, Ute (Hrsg.): Die Aktualität der Pädagogik Martin Wagenscheins für den Sachunterricht. Bad Heilbrunn: Klinkhardt, S. 15-30.

MÜLLER, Annette/RÖSCH, Heidi (1985): Deutschlernen mit ausländischen Kindern im Vorschulalter – ein Schlagwortregister. Berlin: Express Edition.

NEWMAN, Denis/GRIFFIN, Peg/COLE, Michael (1989): The Construction Zone. Cambridge: CUP.

OHM, Udo/KUHN, Christina/FUNK, Hermann (2007): Sprachtraining im Fachunterricht und Beruf. Fachtexte knacken – mit Fachsprache arbeiten (= FÖRMIG Edition Band 2). Münster: Waxmann.

PAULI, Christine (2006): „Fragend-entwickelnder Unterricht“ aus Sicht der soziokulturalistisch orientierten Unterrichtgesprächsforschung. In: BAER, Matthias/FUCHS, Michael/FÜGLISTER, Peter/REUSSER, Kurt/WYSS,

Heinz (Hrsg.): Didaktik auf psychologischer Grundlage. Bern: h.e.p. Verlag, S. 192-206.

Quehl, Thomas (2009): Sprachbildung im Sachunterricht der Grundschule. In: Lengyel, Drorit/Reich, Hans H./Roth, Hans-Joachim/Döll, Marion (Hrsg.): Von der Sprachdiagnose zur Sprachförderung (=FörMig Edition Band 5). Münster: Waxmann, S. 193-205.

Quehl, Thomas (2010): Die Möglichkeiten des Scaffolding. Zur Gestaltung des Übergangs von der Alltagssprache der Kinder zur Fach- und Bildungssprache. In: Grundschulunterricht Deutsch 4/2010, S. 28-32.

Quehl, Thomas/Scheffler, Ute (2008): Möglichkeiten fortlaufender Sprachförderung im Sachunterricht. In: Bainski, Ch./Krüger-Potratz, Marianne (Hrsg.): Handbuch Sprachförderung. Essen: NDS, S. 66–79.

Regionalverband Ruhr (Hrsg.) (2012): Bildungsbericht Ruhr. Münster: Waxmann.

Rösch, Heidi (Hrsg.) (2003): Deutsch als Zweitsprache. Grundlagen, Übungsideen und Kopiervorlagen für die Sprachförderung. Hannover: Schroedel.

Rösch, Heidi (Hrsg.) (2005): Deutsch als Zweitsprache. Sprachförderung in der Sekundarstufe 1. Grundlagen, Übungsideen, Kopiervorlagen. Mitsprache. Braunschweig: Schroedel.

Roth, Hans-Joachim (2006): Praktische Gelingensbedingungen und theoretische Grundlagen des Zweit-Sprachunterrichts. In: Mecheril, Paul/ Quehl, Thomas (Hrsg.), S. 343-352.

Roth, Hans-Joachim (2007): Scaffolding – ein Ansatz zur aufbauenden Sprachförderung. In: Kompetenzzentrum Sprachförderung Köln: Newsletter Februar 2007, S. 33-35. URL: http://www.kompetenzzentrum-sprachfoerderung.de/fileadmin/user_upload/NewsletterKompSpraFeb07.pdf [Zugriff: 22.12.2012]

Salonen, Pekka/Vauras, Marja (2006): Von der Fremdregulation zur Selbstregulation. Die Rolle von sozialen Makrostrukturen in der Interaktion zwischen Lehrenden und Lernenden. In: Baer, Matthias/Fuchs, Michael/Füglister, Peter/Reusser, Kurt/Wyss, Heinz (Hrsg.): Didaktik auf psychologischer Grundlage. Bern: h.e.p. Verlag, S. 207-217.

Schleppegrell, Mary (2004): The Language of Schooling: A Functional Linguistics Perspective. Mahwah, NJ: Lawrence Erlbaum.

Schütte, Markus (2009): Sprache und Interaktion im Mathematikunterricht der Grundschule. Münster: Waxmann.

Sinclair, John McHardy/Coulthard, Malcom (1975): Towards an Analysis of Discourse: The English Used by Teachers and Pupils. London: OUP.

Somani, Narmin/Mobbs, Michael (1997): Using Pauline Gibbons Planning Framework: Examples Of Practice. In: NALDIC News 13. Nov. 1997. URL: http://www.naldic.org.uk/Resources/NALDIC/Teaching%20and%20Learning/Documents/Using_Gibbons_Framework.pdf [Zugriff: 01.01.2013]

Soostmeyer, Michael: (2002): Genetischer Sachunterricht. Baltmannsweiler: Schneider.

Stadt Duisburg (Hrsg.) (2010): Sozialbericht 2010 Stadt Duisburg. Schwerpunktthema Wohnen. Handlungskonzept „WohnVision Duisburg“. Duisburg: Amt für Soziales und Wohnen, Amt für Stadtentwicklung und Projektmanagement. URL: http://www.duisburg.de/vv/50/medien/Sozialbericht_2010.pdf [Zugriff: 22.12.2012].

Tajmel, Tanja (2009a): Does Migration Background Matter? Preparing Teachers for Cultural and Linguistic Diversity in the Science Classroom. In: Tajmel, Tanja/Starl, Klaus (Hrsg.): Science Education Unlimited. Approaches to Equal Opportunities in Learning Science. Münster: Waxmann, S. 201-214.

Tajmel, Tanja (2009b): Ein Beispiel: Physikunterricht. In: Fürstenau, Sara/ Gomolla, Mechtild (Hrsg.): Migration und schulischer Wandel: Unterricht. Wiesbaden: VS-Verlag, S. 139-155.

Tajmel, Tanja (2011): Sprachliche Lernziele des naturwissenschaftlichen Unterrichts. URL: http://www.uni-due.de/imperia/md/content/prodaz/sprachliche_lernziele_tajmel.pdf [Zugriff: 10.01.2013].

Tajmel, Tanja (2013): Möglichkeiten der sprachlichen Sensibilisierung von Lehrkräften naturwissenschaftlicher Fächer. In: Röhner, Charlotte/ Hövelbrinks, Britta (Hrsg.): Fachbezogene Sprachförderung in Deutsch als Zweitsprache. Theoretische Konzepte und empirische Befunde zum Erwerb bildungssprachlicher Kompetenzen. Weinheim: Juventa, S. 193-211.

Thiel, Siegfried (1972): Grundschulkinder zwischen Umgangserfahrung und Naturwissenschaft. In: Grundschule 4, Heft 5, 306-311.

Treetzen, Ulla (2009): Sprachbildung in allen Fächern – Planungshilfe für den sprachsensiblen Unterricht. In: Hawighorst, Britta (2009): Durchgängige Sprachbildung an der Realschule Friedrichsgabe. Ein Portrait. Hamburg. S. 40. URL http://www.foermig.uni-hamburg.de/web/de/all/kooper/RSF/index.html [Zugriff: 22.12.2012]

Vollmer, Helmut J./Thürmann, Eike (2010): Zur Sprachlichkeit des Fachlernens: Modellierung eines Referenzrahmens für Deutsch als Zweitsprache. In: Ahrenholz, Bernt (Hrsg.): Fachunterricht und Deutsch als Zweitsprache. Tübingen: Narr, S. 107-132.

Vygotskij, Lev S. (2002): Denken und Sprechen. Weinheim: Beltz.

Wagenschein, Martin (1971): Die pädagogische Dimension der Physik. Braunschweig: Westermann.

Wells, Gordon (1999): Dialogic Inquiry. Toward a Sociocultural Practice and Theory of Education. Cambridge: CUP.

Wood, David/Bruner, Jerome/Ross, Gail (1976): The role of tutoring in problem solving. In: Journal of Child Psychology and Psychiatry 17 (2), S. 89-100.

6. Anlage: Transkription zum Lehrfilm

Eine Pfütze am Himmel heißt nicht Pfütze!
Sprachbildung im Sachunterricht der Grundschule

Was wurde in der Transkription erfasst?

- **gesprochene Worte der Schüler/innen und der Lehrer/innen**
  - **Wortdehnungen**
  - **Abbrüche**
  - **Zusammenziehen von Wörtern**
- **Redepausen**
- **Überlappungen**
- **Nonverbale Ereignisse**
  - **Situationsbeschreibungen**

Legende

( )	**unverständliche Äußerungen, Länge der Klammer = ungefähre Dauer der Äußerung**
(doch)	**ungefähre Äußerung, da schwer verständlich**
viell-	**Abbruch**
jaaa	**Wortdehnung**
Fo-to	**abgehackte Aussprache der Wörter**
(lacht)	**Kommentar zu parasprachlichen, nonverbalen o. gesprächexternen Ereignissen (Beispiel hier: Person lacht)**
(.)	**kurze Pause/Absetzen, ≤ 1 sec.**
(3)	**Pause, Dauer in sec.**
└	**Überlappung**

Vorspann

B.: wir legen das Dings zum Dings

Y.: das Wasser wird n bisschen (.) warm (2) und schwitzt

S.: wenn (.) einer (2) wenn einer dich in den Sack steckt und dann abschließen (1) will

Y.: └ Plastiktüte

S.: └ ist dir doch warm (.) nee?

Szene 1: Im Kreis

Der Lehrer und die Kinder sitzen im Kreis.

Lehrer: wir haben in dieser Woche (1) mit (.) Versuchen angefangen (.) wie entsteht Regen (1) und ihr habt am Montag die Versuche gemacht (1) Ihr habt euch die einmal alleine (1) ohne mich angeschaut

Szene 2: Experiment

Zwei Jungen sitzen allein an einem Tisch.

Y.: Versuch drei (1) Mateu (1) Ma-ter-ial-lin-di (.) ihr (.) braucht (.) zwei (.) kleine Schalen (1) ein Plastik-beutel-Gummi

D.: (3) nehmt (.) zwei (.) gleiche großen (.) große Schalen (1) gießt (.) in jede (.) Schale gleischviel Wasser (1) stellt eine Schale (.) in eine (.) Plastik-beutel (1) und (.) ver-schließt (.) ihn (.) mit den Gummi (1) stellt dann beide (.) Schalen auf (.) das Fensterbrett

Die Jungen stehen vom Tisch auf und nehmen das Versuchsmaterial aus einer Kiste.

Y.: (9) zwei Schalen

D.: (2) tu (.) tu die andere (hier)

Y.: (5) solln wir das jetzt machen?

D.: (2) jetzt is es g- (.) gleisch viel (.) ja (.) gleisch viel

Y.: okay (.) gleichviel

Lehrer: ja

Sie stellen eine Schale in eine Plastiktüte.

Lehrer: (5) willst du rübertragen?

Y.: hm (.) und was is mit der?

Sie tragen die zwei Schalen zur Fensterbank.

Szene 3: Lehrer und Kinder sitzen im Kreis

Lehrer: und jetzt seid ihr als Forscher und Forscherinnen zusammengekommen zu unsrer (.) Forscherkonferenz (2) ja was is denn (1) auf was muss man denn achten wenn man als Forscher und Forscherkonferenz (2) nun den anderen (.) Forschern und Forscherinnen erzählen will (.) von den Versuchen (.) wodrauf muss man da achten? (1) Ic.

Ic.: dass man ähm (1) laut und deutlich spricht

Lehrer: okay (.) prima (.) Y.?

Y.: damit man auch (1) gu- richtich wien (.) richtich wien Forschtan (.) Forschan redet (.) genau

Lehrer: was heißt das wie Forscher und Forscherinnen richtich reden? (1) A.?

A.: └ die reden

S.: ganz genau erzählen

Lehrer: hmhm (1) B.?

B.: also deutlich erzählen

Lehrer: was heißt deutlich? (2) was ist deutlich?

B.: └ das heißt wir müssen das klar erzähln zum Beispiel nich so wir legen das Dings zum Dings

Lehrer: └ hm

B.: └ nich so erzählen

Szene 4: Vorstellung der Experimente im Kreis (Teil 1)

Y. trägt ein altes Oberhemd und steht vor der Sitzbank.

Lehrer: soo (2) Du kannst aber dich hinsetzen wieder (2) so du hast das Wort

Y.: wir hamm zwei Schalen genommen (2) gleisch viel Wasser (.) ge-

?: ( )

Y.: (2) geschüttet (1) und (.) dann (.) hamm (1) hamm wir eine Schale (.) in eine Tüte reingesteckt (1) ja zuu (.) mit einem Gummiband hamm wir das zugemacht

Lehrer: hm

Y.: gemacht (3) dann mussten wir immer (.) dann mussten wir warten (.) ach so das sollten wir in die (.) Fen-Fens (.) das sollten wir in die Fensterba-brett (1) stellen

Lehrer: hm (1) und dann (.) habt (.) ihr (.) euch (.) das (.) angeschaut (2) ich leg das mal ( )

Der Lehrer legt zwei Karten mit aufgedruckten Satzanfängen in die Mitte des Kreises.

Lehrer: (.) dann habt ihr euch das angeschaut (4) was habt ihr gesehen? was habt ihr beobachtet?

Y.: (2) wir hamm beobachtet was da passiert ist

Lehrer: (3) du hast ne Frage?

Y.: └ und wir haben gesehn was sisch (1) da bewegt hat (2) was sisch da (2) was da los ge-war

Lehrer: (3) ich glaube jetzt hat jemand ne Frage (2) oder habt ihr gesehen was da (.) Ic.?

Il.: w-was war denn da los?

T.: └ Il. (2) das is Il.

T.: └ da sind so kleine Blasen reingekommen

D.: (3) Tropfen

Lehrer: die Ic.

T.: └ Il.

Lehrer: └ hat deinen Versuch

T.: └ Il.

Lehrer: └ die Ic. hat eur-

T.: Il.

Lehrer: hm (.) die Il. (.) hat euren Versuch nich gesehen (2) beschreib das mal genau wo warn die (.) wo warn die (.) kleinen (.) Bläschen die kleinen Tropfen

Y.: an den Fensterbrentt (1) Fensterbrett

?: (2) Fensterbank

Lehrer: (1) oh jetzt sind Fragen (.) nimmst du die Kinder selber dran bitte

Y.: S.?

S: wo warn die Tropfen?

Y.: im Wasser drin

S.: (1) wo warn die kleinen Tropfen?

Y.: (1) ich sagte in den Wasser (.) drin

Lehrer: (4) nimm die Ki-

Y.: └ (?) innen des Wassers

Y.: └ innen des Wassers (1) A.?

A.: wie soll eine Schale in (.) au- in eine Fensterbank sein? (2) in eine Fensterbank sein?

Y.: (2) das sind Experimente

Lehrer: kleine Experimente (.) D.?

D.: das heißt auf der Fensterbank (.) auf der Fensterbank

Lehrer: okay ganz genau gesagt (.) ihr habt die Schüsseln auf die Fensterbank gestellt

Y.: wir hamm beobachtet dass das Wasser ein bisschen (1) ( ) war weil das Plastik sich verändert hat (1) das Wasser wird n bisschen (.) warm (1) und schwitzt

Lehrer: (2) es is verdunstet (2) es hat sich verwandelt (.) in was hat es sich verwandelt?

Y.: (1) in (.) Wasserdampf

?: (2) (ja fünf oder) Wasserdampf

S.: (2) wenn (.) einer (.) wenn einer dich in den Sack steckt und dann abschließen (.) will

Y.: └ Plastiktüte

S.: └ ist dir doch warm (1) nee?

Y.: in der Plastiktüte schon

S.: ja

Y.: └ da kann man nicht atmen (.) das Wasser atmet nischt

S.: └ weil da kommt keine (.) Luft mehr rein und dann

Y.: das Wasser atmet nischt

Szene 5: Vorstellung der Experimente im Kreis (Teil 2)

Lehrer: (2) so

Il.: das Wasser ist in einer Schüssel drinnen (2) und (.) und hier kann man überall (.) Tropfen sehn

Ay.: (1) da (.) das Wasser ist nach ooben gegangen und dann konnte es nicht nach oben gehn da is es hier nach Tropfen (.) gekommen

D.: das Wasser geht doch nisch (2) es fließt nach oben

Lehrer: (1) gut

Ki.: und daraus werden Wassertropfen

Lehrer: └ du hast das ganz genau gesagt (.) prima

Ki.: daraus werden Wassertropfen (2) und dann werden die ganz warm (.) in der Tüte (.) und dann wird da auf einmal Wasserdampf

S.: Herr Quehl (.) ich hätte noch eine Frage an dich

?: └ ( )

Lehrer: wenn man nich sagen kann gehn wie ich gesagt habe aus Versehn was kann man dann sagen (.) das Wort hatten wir letzte Woche

S.: Herr Quehl (.) ich hab noch ne Frage an D.

B.: auf (.) aufsteigen

S.: Herr Quehl

Lehrer: Il.

Il.: aufsteigen

Lehrer: hm prima

S.: └ ich hab noch ne Frage an

A.: └ aufgestiegen

Lehrer: (1) es ist aufgestiegen

S.: └ ich hab noch ne Frage

Lehrer: an wen?

S.: an D.

Lehrer: okay

S.: wie kann das Wasser hochfließen weil (.) da is doch kein Becher mehr oben (.) auf das Glas?

D.: das kommt ja wieder (hoch) (2) da fließt das nach oben

B.: (2) wie ein Wasserdampf

Szene 6: Vorstellung der Experimente im Kreis (Teil 3)

Lehrer: jetzt suche ich jemanden (.) von der (.) Gruppe die den Teller (.) genommen hat

Il.: (4) als Erstes (.) hamm wa (.) ein (.) Glas genommen da hamm wa (1) ein Strich gemacht bis wohin das Wasser hin soll (.) dann hamm wa (.) hm das Wasser voll gemacht in den Glas dann hamm wa das (.) in den

Teller geschüttet (2) und dann hamm wa (1) geguckt was passiert (2) hmm (2) d- (1) hm (.) wir hamm erst ääh einn (2) Klebeband geklebt

T.: (1) damit wir wissen bis wohin das Wasser war (2) wie wie wie hoch das war also eigentlich

Il.: └ und am nächsten Tag war das Wasser bisschen

T.: bisschen ( )

Il.: (1) hm

T.: (2) *(flüsternd)* tiefer

Il.: tiefer (.) da (.) das war nich so voll wie (.) wir das (1) wie (.) wie wir das voll gemacht haben

Lehrer: (2) was war der (.) andere Teil von (1) eurem Versuch

Il.: (4) und bei dem Becher (.) war hat war (.) war da auch ein (1) Wasser drin (1) da war auch Wasser drinne (.) und dann hamm wa (.) das bis (.) wo der Strich war voll gemacht und das is auch (1) bisschen (2) t- (.) tiefer gegangen (4) K.?

K.: warum war da kein Wasser drinne

Il.: (2) wo? (.) in den

K.: └ in den Glas drinne

Il.: da war bisschen n- (.) da war Wasser drinne (.) aber das war nich bei (1) Strich (1) das is bisschen nach unten gegangen

B.: wie is das weggegangen (.) das Wasser?

Il.: (4) äääh

Lehrer: (2) was vermutet ihr (.) warum is auf dem Teller (.) kein Wasser mehr und in dem Glas is noch Wasser?

Ay.: ääh (1) das (.) hm (1) d-das Teller is so tief und das Ding und das (.) das schmale Glas is so hoch (.) und dafür is da kein Wasser drinne (1) nur wenich

Lehrer: und der Teller is ganz flach (.) S.

S.: weil (.) weil die Sonne trifft den Teller am meisten als das Glas (1) weil

C.: └ und dann trocknet das

S.: └ dann (1) weil dann löst sich das Wasser auf

Lehrer: ja

C.: das Wasser war doch in Teller drin

Lehrer: hm

C.: └ (oder nich) (2) und dann is das Wasser nach (3) unten z-

Lehrer: das Wass- ja wer hilft? (1) Ke.

Ke.: die Oberfläche is (mehr)

Lehrer: hm?

Ke.: die O-ber-fläche (is mehr)

Lehrer: (2) es is von der Oberfläche aufgestiegen (.) hm (.) so

S.: ich weiß noch

Lehrer: └ wo is denn (.) wo is denn die größere Oberfläche bei dem Glas oder bei dem Teller?

Ke.: bei dem Glas

S.: └ Herr Quehl ich hab noch was

Lehrer: wo is die größere (.) Ooberfläche hier oben (1) bei dem Glas oder bei dem Teller?

S.: Herr Quehl ich wollt noch was

Ke.: └ Glas

?: Nein

S.: Herr Quehl

Lehrer: Was meinst du K.?

K.: └ Teller

Ki: ich mein auch Teller

Lehrer: └ bei dem Tel-ler ist die Oberfläche größer (1) und deshalb verdampft da auch mehr (1) S.

S.: wenn (.) wenn der Dampf aufsteigt (1) dann wenn d- (.) dann wenn das (1) dann wenn das (1) Wasser was aus Dampf is wieder kalt wird (.) dann regnet es

Szene 7: Vorstellung der Experimente im Kreis (Teil 4)

Lehrer: ich möchte jetzt noch einmal das ein Kind (1) aus (.) der Gruppe D. vielleicht machst du das mal (1) dass du noch einmal den ganzen Versuch erzählst?

D.: als Erstes (2) hamm wir ähm eine (.) zwei Schalen genommen (.) da hamm wir da (.) dahin gleisch viel Wasser rein getan (4) und danach (2) da (.) hamm wir eins in eine Plastiktüte (.) reingetan (3) ähm (1) und danach (3) hamm (1) da hamm wir beobachtet was (.) hmm

Lehrer: (1) D.?

D.: └ was dann (.) passiert

Lehrer: D.? Neben dir ist (.) eine (.) Frage (.) oder der (.) A. hat eine Frage

A.: ein zwei Schalen versteh ich nich

D.: nein ich hab zwei Schalen gesagt

A.: eine zwei

D.: (2) neein

Ki.: aber welche Schalen (.) (D.)?

Lehrer: w-wie könnte er (.) du meinst er soll das genauer sagen

A.: ja der

Lehrer: wie könnte er das genauer sagen hast dun Vorschlag

D.: └ ich hab zwei Schalen gesagt

A.: zzwei Schalen

Ki.: └ welche Schalen?

A.: └ er hat eine z- (.) zwei Schalen gesagt

Szene 8: An der Tafel

Der Lehrer steht an der Tafel und erläutert die Aufgabenstellung.

Lehrer: als Erstes sollt ihr (.) erst einmal euren Versuch zeichnen (2) denkt dabei (1) wie sah er aus als ihr ihn hingestellt habt (.) wie sah er aus (1) ein Tag später oder zwei Tage später (.) so (.) schreibt dann am Ende (.) was iihr herausgefunden habt (2) ooder auch (.) was ihr herausgefunden habt und was wir vorhin im Kreis besprochen haben (1) diese Wörter (2) könnt ihr verwenden

Szene 9: Partnerarbeit 1

Die Kinder zeichnen und schreiben in den Forschertagebüchern.

Szene 10: Vorführung eines Experiments (Beginn Tag 2)

Wasser kocht in einem Wasserkocher. Der Lehrer hält eine Schöpfkelle über den Wasserdampf. Der Dampf kondensiert daran.

Lehrer: (6) seht ihr das?

Alle: jaa

Szene 11: An der Tafel

Der Lehrer steht an der Tafel und malt ein Schaubild.

B.: (2) ne ganze Pfütze

Lehrer: (1) Moment (.) ne ganze Pfütze am Himmel heißt aber nich Pfütze

Die Kinder lachen.

Lehrer: so

Szene 12: Partnerarbeit 2

Die Kinder zeichnen und beschriften Lernplakate.

Szene 13: Präsentation an der Tafel (Teil 1)

Zwei Mädchen stehen an der Tafel vor ihrem Lernplakat.

Ic.: also (.) vom Fluss

L.: (2) hm

Mädchen1: (1) beko- (1) im Fluss (1) dieses tsts (.) das Wasser verdunstet und dann (.) ähm fließt das nach (1) dann (3) dann kommen Fla- (.) Qualm und fließt nach oben

K.: Qualm?

Ic.: und dann (1) ähm sind da (.) kleine Tröpfchen (1) und dann ähm (2) kommt das (.) nach oben in die kalte Luft (1) und dann entsteht eine Wolke (.) und wenn die Wolke noch mehr (.) größere ähm (2) noch größere Bläschen hat (.) dann wird das

Lehrer: └ Mooment (.) Bläschen sind das nich (1) wie heißen die (.) die da oben

K.: └ die Tröpfchen

Ic.: die Tröpf- (.) wenn die Tröpfchen ähm (2) schwerer sind dann (1) ko- (.) wird (.) die Wolke grauu (1) und dann (.) entsteht Regen

Szene 14: Präsentation an der Tafel (Teil 2)

Zwei Jungen stehen an der Tafel vor ihrem Lernplakat.

B.: erstmal vendunstet das Woasser (.) danach kommt ein bisschen ääh Wasserdampf von hier ne (.) und danach geht das nach ooben (1) uund danach

Ke.: └ *(flüsternd)* ( )

B.: waas?

Ke.: *(flüsternd)* ( )

B.: wenn die kleinen Teilchen sich zusammen gekommen sind (.) dann wird das ne Wolke

Lehrer: (1) prima

B.: dann wird das ne Wolke und die werden die Tröpfchen werden immer größer und danach verändert sich die Farbe von der Wolke (.) sie wird grau und (.) dann fallen die Regentröpfchen (.) nach unten

Lehrer: Ke. du hast erzählt sag es laut so dass B.

Ke.: └ du hast das Schwimmpool und das Baum vergessen

?: deen Baum

Ke.: ja

B.: den müssen wir gar nicht wir müssen nur so

Ke.: (3) eigentlisch gehören die aber auch dazu

B.: └ wir (haben)

Lehrer: └ was passiert (.) Ke. (.) was passiert am Baum und was passiert mit dem Wasser im Swimmingpool?

Ke.: (1) also im Schwimmpool geht das das gleiche was (. hier passiert das ganze verdun-

Lehrer: └ Stoop (.) Stop Stop Stop Stop Stop

B.: └ verdunstet

Lehrer: └ das gleiche was da passiert daas kannst du genauer sagen

B.: └ verdunstet

Ke.: └ das (.) das verdunstet

Lehrer: was verdunstet?

Ke.: das Schwimm-

B.: └ der Swimming-

Lehrer: └ der Baum verdunstet?

Ke.: neein das Schwimmpool

B.: └ neeein

Lehrer: der ganze Swimmingpool?

Ke.: ja

Lehrer: die Mauer die Kacheln?

Ke.: nein nein nein nur das

Lehrer: └ was verdunstet?

B.: nur das Wasseer

Ke.: nur das Wasser

Szene 11: Arbeitsblatt

Eine kleine Gruppe von Mädchen sitzt an einem Tisch und bearbeitet Arbeitsblätter.

mehrere: wenn die kleine Schal-e (.) in (.) Plas-tik- (1) beutel ist

Lehrerin: (2) was passiert dann schaut euch mal die andern Sätze an

M.: entstehen Tröpfchen am Plastik

Lehrerin: stimmt das?

Be.: jaa (.) weil das ja in der Plastiktüte is

Lehrerin: prima

Be.: wenn das Wasser verdunstet (1) stei-gen (.) Wasser-t-teil-ch (.) Teil-chen in die Luft

Lehrerin: okay

Abspann

Mary Berry

KOCHEN
modern und perfekt

Basiswissen • Insidertips • Rezepte

GONDROM

Produktionsbetreuung der englischen Originalausgabe:
Jeni Wright, Nicky Vimpany, Lorraine Turner,
Martin Croshaw, Mary Ling
Layout: Colin Robson, Rosamund Saunders,
Clare Marshall, Bridget Roseberry
Art Director: Carole Ash

Produktionsbetreuung der deutschsprachigen Ausgabe:
Print Company Verlagsgesellschaft m.b.H. Wien
Übersetzung: Irene Spreitzer

ISBN 3-8112-1683-X

INHALT

TECHNIKEN 32

Diese Techniken sind die Grundlage, die der Anfänger für die folgenden Rezepte benötigt. Beherrscht man diese einfachen Techniken, ist es ab sofort kein Problem mehr, kulinarische Genüsse zu zaubern.

MEISTERREZEPTE 72

Jedes dieser Meisterrezepte wird Schritt für Schritt anhand von Fotos erklärt und enthält Informationen über besondere Utensilien und Zutaten sowie Tips aus Meisterhand.

REZEPTSAMMLUNG 118

Rezepte, auf die sich der Anfänger verlassen kann. Nun können Sie erweitern, was in den Kapiteln Technik und Meisterrezepte vermittelt wurde. Sie erlernen rasch eine beeindruckende Vielfalt an verschiedenen Gerichten.

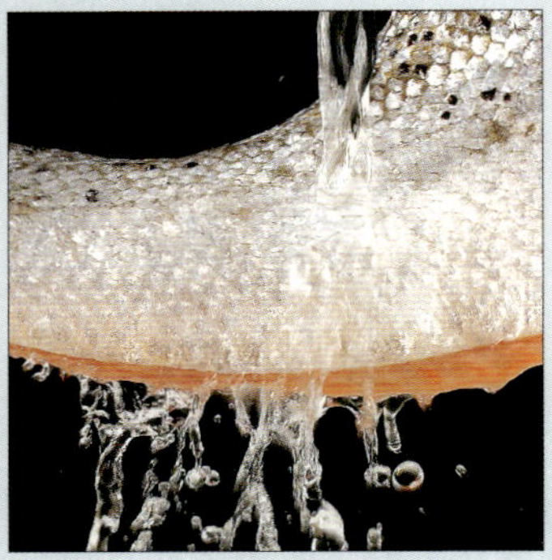

EINLEITUNG

DIES IST MEIN ERSTES BUCH für Kochanfänger. Die Idee zu diesem Werk bekam ich durch unsere Schwiegertochter Sarah, die sehr gerne kochen lernen wollte. So blickte sie mir über die Schulter, als ich die Rezepte verfaßte und testete sie auch – unser Sohn Tom wartete ungeduldig auf das Ergebnis.

Ich habe eine Schwäche für Menschen, die gerade kochen lernen, und ich möchte ihnen helfen, Freude am Kochen und an ihren Resultaten zu gewinnen. Viele Kochbücher schrecken den Anfänger ab. Dieses Buch soll das Kochen zu einer leichten und unkomplizierten Angelegenheit machen.

Es bereitete mir großes Vergnügen, die Grundlagen der Kochkunst für die modernen Kochanfänger, die nach frischen, leichten Speisen verlangen, neu aufzubereiten.

Am Beginn des Buches steht der Küchenschrank: Sie erlernen den richtigen Umgang mit Gewürzen, Essig und Öl, mit Nudeln und Hülsenfrüchte ebenso wie mit Vanillestangen und Honig. Verfügt man über einen Vorrat an guten Zutaten, ist es einfach, gut zu kochen. Dieses Kapitel bietet zudem einen Leitfaden, wie man Fehlkäufe tunlichst vermeidet und durch richtige Vorratshaltung Geld spart.

Viele Kochanfänger haben wenig Geld für die Ausstattung ihrer Küche. Um teure Fehlgriffe zu vermeiden, habe ich den Küchengeräten und -utensilien ein Kapitel gewidmet. Hier werden die praktischsten und wichtigsten Geräte vorgestellt, für die eine Investition lohnt. Weshalb einen Satz schlechter Messer kaufen, wenn es auch zwei oder drei gute tun? Welche Elektro-

geräte sind besonders wichtig? Da Qualitätsware teuer ist, lohnt die richtige Wahl.

Die richtigen Techniken sind unerläßlich für den guten Koch. Dieses Kapitel enthält das gesamte Know-how vom Aufschlagen der Eier über das Schälen von Kartoffeln bis zum Bestimmen der Garzeiten für Geflügel und Fleisch. Hier finden Sie die Grundlagen, auf die Sie im Lauf der Jahre immer wieder zurückgreifen werden.

Die zwölf Meisterrezepte ermöglichen Ihnen einen guten Start. Ich zeige Ihnen die Tricks, die jeder Koch beherrschen muß. Wie macht man ein flaumiges Omelette, eine cremige Suppe, ein gebratenes Kotelett, gegrilltes Gemüse, ein geröstetes Huhn oder einen Apfelkuchen? Alle Rezepte sind Schritt für Schritt in Farbe abgebildet und einfach beschrieben. Die tägliche Küche wird Ihnen leicht von der Hand gehen, und jedes Festessen bewältigen Sie problemlos.

Das letzte Kapitel umfaßt eine Rezeptsammlung mit meinen Lieblingsgerichten, die hoffentlich auch zu Ihren Favoriten werden. Hier finden Sie modern zubereitete Klassiker ebenso wie neue, innovative Gerichte aus exotischen Zutaten.

Spezieller Dank gebührt Caroline Liddell, die die Speisen für die Fotos so schön arrangierte und als Testesserin zu vielen Anregungen beitrug. Zudem möchte ich meiner Verlegerin Jenny Wright danken, die ebenso wie ich versucht, das Familienleben mit einem anspruchsvollen Beruf zu verbinden.

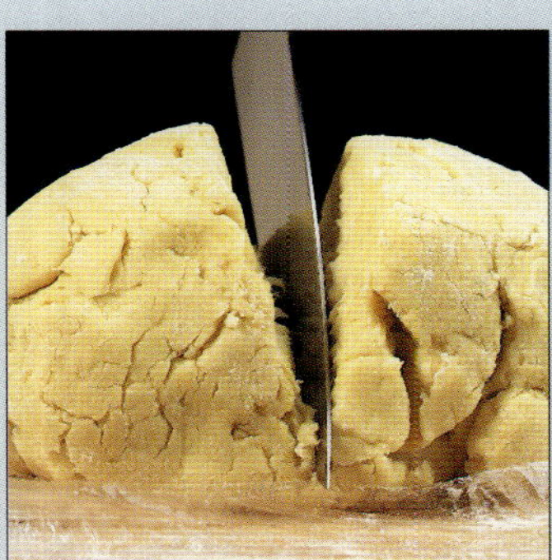

ÜBER DIESES BUCH

Alle Kapitel in diesem Buch bauen aufeinander auf.

Lesen Sie alles genau durch, bevor Sie beginnen.

Alle Rezepte sind, wenn nicht anders angegeben, für vier Personen.

MEISTERREZEPTE

Mit diesen zwölf Meisterrezepten können Sie Ihre Fähigkeiten nach dem Kapitel Technik erproben. Sie vermitteln die Grundlagen, um eine eigene Rezeptsammlung aufzubauen. Wir empfehlen, mit diesen Rezepten zu beginnen.

Die Nahaufnahme von jedem Meisterrezept wird Sie inspirieren und Ihnen zeigen, wie Ihr Ergebnis aussehen soll.

In den Tips aus Meisterhand finden Sie wichtige Informationen. Lesen Sie sie immer gut durch.

Die Anmerkungen enthalten Tips zu Vorbereitung, Servieren und Nährwert.

Querverweise zu den erforderlichen Techniken finden Sie in der linken unteren Ecke der Seite.

MEISTERREZEPTE

MEISTER REZEPT

CHINESISCHES HUHN MIT INGWER

In der chinesischen Küche werden fein geschnittene Zutaten in wenig Öl kurz im Wok gebraten. Durch die große Hitze sind die Zutaten rasch gar und die Nährstoffe bleiben erhalten. Dieses klassische chinesische Gericht mit Hühnerfleisch und Ingwer ist wunderbar aromatisch.

ANMERKUNGEN

Vorbereitung
Das Gemüse kann bis zu 3 Stunden im voraus vorbereitet und zugedeckt im Kühlschrank aufbewahrt werden.

Vorbereitungszeit
Etwa 15 Minuten

Kochzeit
4–6 Minuten

Utensilien
Großer Wok
Wokschaufel oder Spachtel (mit zwei Schaufeln oder Spachteln kann man die Zutaten leichter vermischen)

Nährwert
Kalorien: 545 (2289 kJ)
Gesamtes Fett: 21 g, davon ungesättigte Fettsäure: 15 g
gesättigte Fettsäure: 4 g
Natrium: 1074 mg

Einkaufstips
Frischer Ingwer ist scharf. Er hat Knollenform und eine dünne, hellbraune Schale. Man kann ihn in verschiedener Größe kaufen und einfach soviel abbrechen, wie man benötigt. Schälen Sie ihn erst mit einem Gemüseschäler oder einem kleinen Messer und schneiden Sie ihn dann in dünne Stifte oder reiben Sie ihn grob.

TECHNIKEN

Nudeln einweichen: S. 39
Karotten: S. 57
Paprika: S. 55
Huhn klopfen und schneiden: S. 51

TIPS AUS MEISTERHAND

- Schneiden Sie die Zutaten in höchstens 5 mm dicke und 5 cm lange Stücke. Wenn Sie das Huhn klopfen und quer zu den Fasern schneiden, wird das Fleisch weicher.
- Bereiten Sie alle Zutaten vor und mischen Sie sie. Sobald Sie mit dem Braten beginnen, haben Sie keine Zeit mehr zum Schneiden, da die Zutaten sehr schnell gar sind.
- Haben Sie keinen Wok mit Schaufel, verwenden Sie eine große, tiefe beschichtete Pfanne und einen Holzspachtel, um die Pfanne nicht zu zerkratzen.
- Der Wok sollte nie mehr als ein Drittel gefüllt sein, damit alle Zutaten an die heißen Wände des Wok gelangen können.

ZUTATEN

250 g chinesische Eiernudeln
3 EL Sonnenblumenöl
6 Frühlingszwiebeln, diagonal in kurze Stücke geschnitten
2,5 cm großes Stück frischer Ingwer, geschält und in Stifte geschnitten
4 Karotten, in Stifte geschnitten
2 mittelgroße Paprika (rot und gelb), entkernt und in Stifte geschnitten
350 g Hühnerbrust ohne Haut und Knochen, geklopft und in Streifen geschnitten
2 EL trockener Sherry
4 EL dunkle Sojasauce
frische Korianderblätter zum Garnieren

88

CHINESISCHES HUHN MIT INGWER

MEISTERREZEPTE

1 DIE NUDELN EINWEICHEN (siehe S. 39). Den Wok 1–2 Minuten stark erhitzen. Als Temperaturtest einen Tropfen Öl hineingeben: zischt es, ist der Wok bereit.

2 DAS RESTLICHE ÖL in den heißen Wok geben und verteilen. Das Öl erhitzen, bis es zu rauchen beginnt. Das geht sehr schnell, seien Sie also vorsichtig.

3 DIE GESCHNITTENE Frühlingszwiebel und den Ingwer in das Öl geben. Etwa 1 Minute kräftig mit der Schaufel umrühren, bis die Zwiebel glasig geworden ist.

4 FRÜHLINGSZWIEBEL und Ingwer auf die Seite schieben. Karotten und Paprika hinzufügen und 1–2 Minuten unter Rühren anbraten, dann Zwiebel und Ingwer untermischen.

5 DAS GEMÜSE auf die Seite schieben, dann das Fleisch nach und nach in den Wok geben. Kurz anbraten lassen, mit den anderen Zutaten mischen und 1–2 Minuten braten.

6 MIT SHERRY aufgießen und kurz kochen lassen, damit der Alkohol verbrennt, doch das Aroma erhalten bleibt. Die Sojasauce unter das Huhn und das Gemüse mischen.

7 DIE NUDELN ABSEIHEN (siehe S. 39), in den Wok geben und untermischen. Abschmecken und bei Bedarf mehr Sojasauce hinzufügen. Mit Koriander garniert servieren.

VARIANTEN

GARNELEN & SPARGEL
Karotten, Paprika und Huhn weglassen. Bei Schritt 4: 200 g geputzten, geschnittenen Spargel beimischen. Bei Schritt 7: 400 g geschälte, gekochte Garnelen einrühren.

RIND & ZUCKERERBSEN
Huhn und Nudeln weglassen. Bei Schritt 5: 350 g geklopftes, geschnittenes Rindfleisch untermischen. Vor Sherry und Sojasauce im sechsten Schritt 100 g Erbsen beimengen.

ORIENTALISCHER FISCH
Karotten, gelben Paprika, Huhn und Nudeln weglassen. Bei Schritt 4: 2 rote Paprika beimengen. Schritt 5: 350 g Kabeljaufilet und 250 g Chinakohl einrühren.

90 91

Ein verständlicher Text und Fotos von der Zubereitung führen Schritt für Schritt durch das Rezept.

Von einigen Rezepten gibt es mehrere Varianten. Diese zeigen Ihnen, wie aus einem Grundrezept verschiedene Gerichte entstehen können.

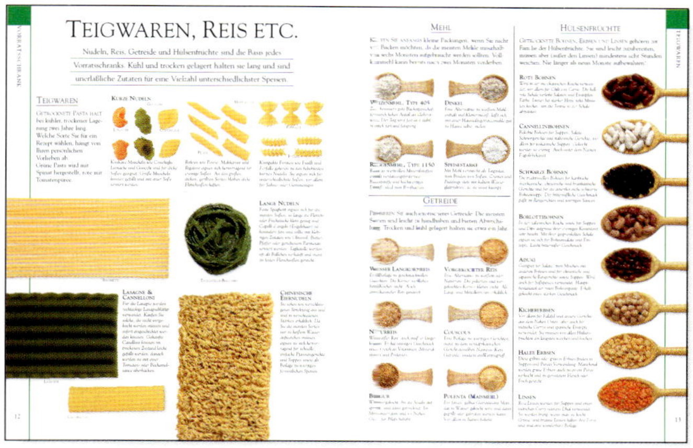

UTENSILIEN

Wir verwenden in allen Rezepten nur Utensilien, die in diesem Kapitel vorgestellt werden. Damit nichts schiefgeht, sollten Sie die gleichen Geräte benutzen.

VORRATSSCHRANK

Dieses Kapitel umfaßt alle Zutaten, die Ihr Vorratsschrank enthalten sollte. Da Sie nicht alles benötigen werden, sollten Sie Ihre Vorräte nach Bedarf kaufen.

TECHNIKEN

Dieses Kapitel stellt alle Techniken vor, die Sie für die Rezepte beherrschen müssen. Bei den Meisterrezepten sind noch Querverweise zu den Techniken angegeben, bei der Rezeptsammlung aber nicht mehr. Stolpern Sie über eine Technik, schlagen Sie im Register nach. Hier finden Sie einen Verweis auf das Kapitel Technik oder auf die Meisterrezepte.

Auf den Fotos ist jeder Schritt ganz genau beschrieben.

REZEPTSAMMLUNG

In der Rezeptsammlung finden Sie klassische und phantasievolle Gerichte, an denen Sie Ihre neu erworbenen Fähigkeiten testen können.

WICHTIG

- Am Ende des Buches finden Sie wichtige und nützliche Anmerkungen zu Kochzeiten- und Temperaturen sowie Sicherheitshinweise für den richtigen Umgang mit Nahrungsmitteln.
- Bei manchen Rezepten muß die Form mit Butter oder Öl eingefettet werden. Diese Zutaten sind nicht extra angeführt. Stellen Sie deshalb sicher, daß Sie immer genug davon im Hause haben.

VORRATSCHRANK

BEVOR SIE VORRÄTE ANLEGEN, sollten Sie überlegen, welche Gerichte Sie zubereiten wollen und was Sie dafür benötigen. Lagern Sie Ihre Vorräte in einem Schrank im kühlsten Teil der Küche – am besten an einer nordseitigen Wand, doch nie neben einem Heizkörper, Boiler oder Herd. Stellen Sie sicher, daß der Schrank trocken ist, und legen Sie die Regale mit einem abwischbaren Material aus. Ordnen Sie die Zutaten in den Regalen logisch: Etwa alle Mehlsorten nebeneinander, daneben Reis und Nudeln; stellen Sie Dinge, die Sie häufig brauchen, vorne ins Regal. Prüfen Sie regelmäßig das Ablaufdatum auf Packungen, Flaschen und Dosen, und achten Sie darauf, welche Lebensmittel nach dem Öffnen gekühlt gelagert werden müssen.

TEIGWAREN, REIS ETC.

Nudeln, Reis, Getreide und Hülsenfrüchte sind die Basis jedes Vorratsschranks. Kühl und trocken gelagert halten sie lang und sind unerläßliche Zutaten für eine Vielzahl unterschiedlichster Speisen.

TEIGWAREN

GETROCKNETE PASTA HÄLT bei kühler, trockener Lagerung zwei Jahre lang. Welche Sorte Sie für ein Rezept wählen, hängt von Ihren persönlichen Vorlieben ab.
Grüne Pasta wird mit Spinat hergestellt, rote mit Tomatenpüree.

KURZE NUDELN

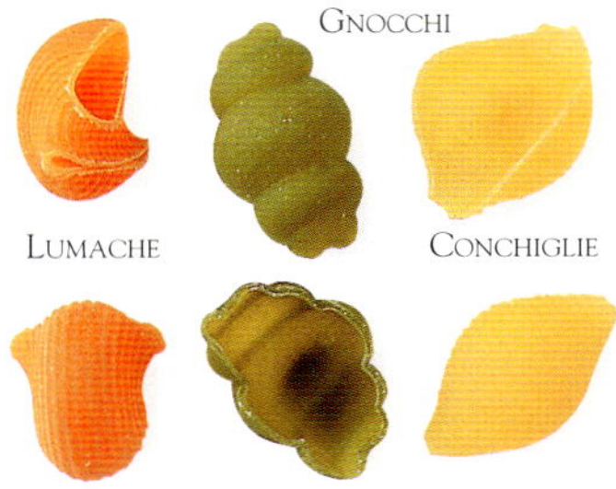

GNOCCHI

LUMACHE

CONCHIGLIE

Konkave Muscheln wie Conchiglie, Lumache und Gnocchi sind für dicke Soßen geeignet. Große Muscheln können gefüllt und mit einer Soße serviert werden.

MAKKARONI

PENNE

Röhren wie Penne, Makkaroni und Rigatoni eignen sich hervorragend für cremige Soßen. An den großen, dicken, gerillten Sorten bleiben dicke Fleischsoßen haften.

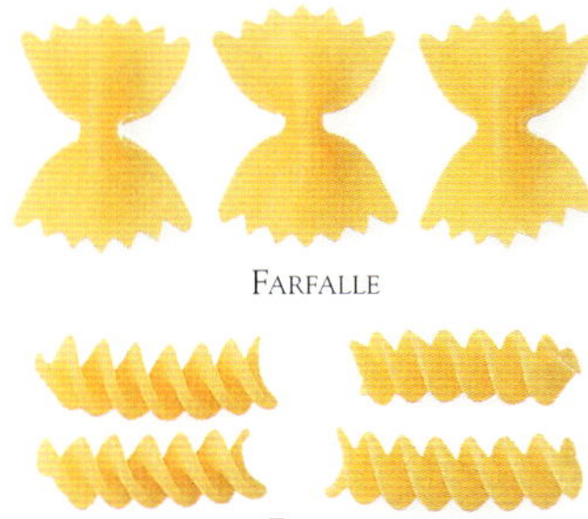

FARFALLE

FUSILLI

Kompakte Formen wie Fusilli und Farfalle gehören zu den beliebtesten kurzen Nudeln. Sie eignen sich für unterschiedlichste Soßen, vor allem für Sahne- oder Gemüsesugos.

SPAGHETTI

TAGLIATELLE-BÄLLCHEN

LANGE NUDELN

Feste Spaghetti eignen sich für die meisten Soßen, so lange die Fleisch- oder Fischstücke klein genug sind. Capelli d'angelo (Engelshaar) ist besonders fein und sollte mit klebrigen Zutaten wie Olivenöl, Butter, Pfeffer oder geriebenem Parmesan serviert werden. Tagliatelle werden oft als Bällchen verkauft und meist zu festen Fleischsoßen gereicht.

LASAGNE

LASAGNE & CANNELLONI

Für die Lasagne werden rechteckige Lasagneblätter verwendet. Kaufen Sie solche, die nicht vorgekocht werden müssen und sofort eingeschichtet werden können. Gekaufte Canelloni können im trockenen Zustand leicht gefüllt werden; danach werden sie mit einer Tomaten- oder Bechamelsauce überbacken.

CANNELLONI

CHINESISCHE EIERNUDELN

Sie sehen wie verschlungenes Strickzeug aus und sind in verschiedenen Stärken erhältlich. Da Sie die meisten Sorten nur in heißem Wasser aufweichen müssen, eignen sie sich hervorragend für schnelle, einfache Pfannengerichte und Suppen sowie als Beilage zu würzigen fernöstlichen Speisen.

MEHL

KAUFEN SIE ANFANGS kleine Packungen, wenn Sie nicht viel backen möchten, da die meisten Mehle innerhalb von sechs Monaten aufgebraucht werden sollten. Vollkornmehl kann bereits nach zwei Monaten verderben.

WEIZENMEHL, TYPE 405
Zeigt besonders gute Backeigenschaften durch hohen Anteil an Klebereiweiß; der Teig wird fest und stabil, zugleich zart und feinporig.

DINKEL
Eine Alternative zu weißem Mehl; enthält viel Klebereiweiß; läßt sich mit einer Haushaltsgetreidemühle gut zu Hause selber malen.

ROGGENMEHL, TYPE 1150
Reich an wertvollen Mineralstoffen; enthält verdauungsfördernde Ballaststoffe und hochwertiges Eiweiß; ideal zum Brotbacken.

SPEISESTÄRKE
Mit Mehl vermischt als Teigzutat; zum Binden von Soßen, Cremes und Puddings stets mit kaltem Wasser glattrühren, da sie sonst klumpt.

GETREIDE

PROBIEREN SIE auch exotischeres Getreide. Die meisten Sorten sind leicht zu handhaben und bieten Abwechslung. Trocken und kühl gelagert, halten sie etwa ein Jahr.

WEISSER LANGKORNREIS
Eine Beilage zu geschmackvollen Gerichten. Die Körner verkleben beim Kochen nicht. Auch amerikanischer Reis genannt.

VORGEKOCHTER REIS
Eine Alternative zu weißem oder Naturreis. Die polierten und vorgekochten Körner kleben nicht. Als Lang- und Mittelkornreis erhältlich.

NATURREIS
Wie weißer Reis, doch muß er länger kochen. Er hat nussigen Geschmack und ist reich an Vitaminen, Mineralstoffen und Proteinen.

COUSCOUS
Eine Beilage zu würzigen Gerichten, meist zu dem nordafrikanischen Gericht desselben Namens. Kein Getreide, sondern ein Weizengrieß.

BULGUR
Wird vorgekocht, bis die Schale aufspringt, und dann getrocknet. Im Mittelmeerraum und im Nahen Osten für Pilafs beliebt.

POLENTA (MAISMEHL)
Ein feines, gelbes Getreide aus Mais, das in Wasser gekocht wird und dann gegrillt oder gebraten werden kann. Vor allem in Italien beliebt.

HÜLSENFRÜCHTE

GETROCKNETE BOHNEN, ERBSEN UND LINSEN gehören zur Familie der Hülsenfrüchte. Sie sind leicht zuzubereiten, müssen aber (außer den Linsen) mindestens acht Stunden weichen. Nie länger als neun Monate aufbewahren!

ROTE BOHNEN
Wird in der mexikanischen Küche verwendet, vor allem für Chili con Carne. Die hellrote Schale verleiht Salaten und Eintöpfen Farbe. Immer bei starker Hitze zehn Minuten kochen.

CANNELLINIBOHNEN
Beliebte Bohnen für Suppen, Salate, Schmorgerichte und italienische Gerichte, vor allem für toskanische Suppen. Gekocht werden sie cremig. Auch unter dem Namen Fagioli bekannt.

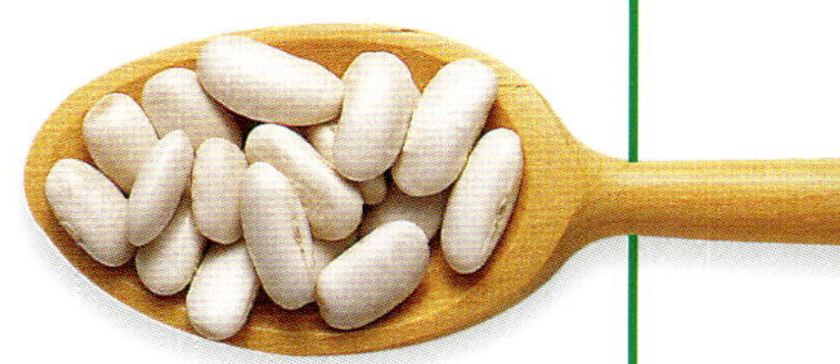

SCHWARZE BOHNEN
Die traditionellen Bohnen für karibische, mexikanische, chinesische und brasilianische Gerichte und für die amerikanische schwarze Bohnensuppe. Der bittersüßliche Geschmack paßt zu Reisgerichten und würzigen Saucen.

BORLOTTIBOHNEN
In der italienischen Küche sowie für Suppen und Dips aufgrund ihrer cremigen Konsistenz sehr beliebt. Mit ihrer gesprenkelten Schale eignen sie sich für Bohnensalate und Eintöpfe. Leicht bittersüßer Geschmack.

ADUKI
Geeignet für Salate, zum Mischen mit anderen Bohnen und für chinesische und japanische Reisgerichte sowie Suppen. Wird auch für Süßspeisen verwendet. Hauptbestandteil der roten Bohnenpaste.

KICHERERBSEN
Vor allem für Falafel und andere Gerichte aus dem Nahen Osten, aber auch für indische Currys und spanische Eintöpfe verwendet. Sie müssen von allen Hülsenfrüchten am längsten weichen und kochen.

HALBE ERBSEN
Diese gelben oder grünen Erbsen finden in Suppen und Pürees Verwendung. Manchmal werden grüne Erbsen auch zu einem Püree verkocht und zu geröstetem Fleisch oder Fisch gereicht.

LINSEN
Rote oder orange Linsen werden für Suppen und einen indischen Curry namens Dhal verwendet. Sie verlieren ihre Form und werden breiig, wenn man sie kocht. Grüne und braune Linsen halten ihre Form und sind eine wunderbare Beilage.

GEWÜRZE & KRÄUTER

Frisch gemahlene Gewürze sind geschmacksintensiv, verlieren aber schnell an Gehalt und sollten nur in kleinen Mengen gekauft werden. Reste dunkel und luftdicht aufbewahren.

GEWÜRZE, SAMEN

GEWÜRZE IMMER unzerkleinert aufbewahren. Werden sie zwei bis drei Minuten in der Pfanne gerührt, verstärkt dies den Geschmack: Geben Sie die Gewürze in einen Wok oder eine Bratpfanne und rühren Sie sie, ohne Öl, kräftig bei starker Hitze. Auch Samen wie Sesam können Sie auf dieselbe Weise behandeln.

KORIANDER
AROMA: *sehr aromatisch, mit dem zarten Hauch von Orangenschalen.*
VERWENDUNG: *gemahlen oder im ganzen; für indische Gerichte, Geflügel, Fleisch und Gemüse.*

GELBWURZ
AROMA: *moschusartig, pfefferig.*
VERWENDUNG: *vorwiegend gemahlen erhältlich. Färbt Speisen gelb; besonders für indische Curries. Sparsam verwenden anstelle von Safran.*

NELKEN
AROMA: *süß, sehr aromatisch.*
VERWENDUNG: *Zwiebeln, Orangen und Schinken mit ganzen Nelken dekorieren und würzen; Nelkenpulver für Desserts, Backwaren und Obst.*

KARDAMOM
AROMA: *intensiv, zitronenartiger Nachgeschmack.*
VERWENDUNG: *in indischer und nahöstlicher Küche für Süßspeisen. Die Kerne aus den Schalen lösen.*

KREUZKÜMMEL
AROMA: *sehr ausgeprägt, leicht bitter, erinnert an Kümmel.*
VERWENDUNG: *in mexikanischen, afrikanischen und indischen Gerichten, für Huhn und Gemüse.*

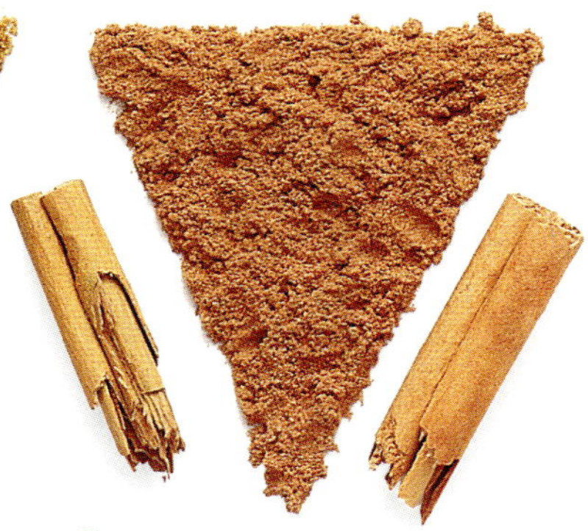

ZIMT
AROMA: *fein, würzig-süß.*
VERWENDUNG: *gemahlen in gedünstetem Obst, Pies, Kuchen und Keksen. Zimtstangen in Sirup, Milch, Cremes und Glühwein.*

INGWER
AROMA: *scharf, stechend.*
VERWENDUNG: *für Desserts, Kuchen, eingelegte Gurken, Chutneys, indische und chinesische Gerichte. Ersatz für frische Ingwerwurzeln.*

SAFRAN
AROMA: *stechend, aromatisch, manchmal leicht bitter.*
VERWENDUNG: *Ein sehr beliebtes Gewürz aus getrockneten Fruchtknoten bestimmter Krokusarten. Färbt vor allem Reis und Fisch, süßes Brot und Kekse gelb. Die Fäden 20 Minuten in warmem Wasser einweichen, abseihen und die Flüssigkeit verwenden oder das Pulver direkt in eine Flüssigkeit einrühren.*

MUSKATNUSS
AROMA: *süß, warm, kräftig. Frisch gemahlen aromatischer. Wird den Speisen am Ende zugesetzt.*
VERWENDUNG: *für Süßspeisen, würzige Soßen und Gemüse. Die Muskatblüte, der Samenmantel der Nuß, ist teurer und edler im Geschmack als die Muskatnuß. Wird für Soßen und Suppen, Schalentiere und Käsegerichte verwendet. Wie die Nuß selbst ist sie gemahlen oder ganz – flach gepreßt und getrocknet – erhältlich.*

KÜMMEL
AROMA: *stechend, bittersüß.*
VERWENDUNG: *für österreichische und deutsche Suppen und Eintöpfe; in jüdischem Gebäck. Gut mit Käse, Schweinefleisch und Wurst.*

SESAM
AROMA: *leicht nussig; am schmackhaftesten in Tahinipaste aus gemahlenen Sesamsamen.*
VERWENDUNG: *in der nahöstlichen und chinesischen Küche. Oft geröstet.*

MOHN
AROMA: *nussig, süßlich.*
VERWENDUNG: *für Kuchen und indische Gerichte, zum Garnieren von Salaten, Nudeln und Gemüse. Kann geröstet werden.*

ANIS
AROMA: *erinnert an Dillsamen und Kümmel.*
VERWENDUNG: *in der skandinavischen und osteuropäischen Küche für Fisch, Essiggurken, Gemüse, Brot.*

PFEFFERGEWÄCHSE

VIELE PFEFFERARTEN werden aus getrockneten Kapseln gewonnen. Sie unterscheiden sich von herkömmlichem Pfeffer aus gemahlenen Pfefferkörnern. Da unterschiedliche Pfeffersorten verschieden scharf sind, sollte man wissen, welche wozu geeignet ist.

GETROCKNETE CHILIS

CHILIFLOCKEN
AROMA: *sehr feurig, mit Vorsicht zu genießen.*
VERWENDUNG: *vor oder nach dem Kochen über das Gericht streuen. Zerdrücken Sie getrockneten Chili zu Hause selbst mit dem Mörser.*

PAPRIKA
AROMA: *die mildeste Pfeffersorte. Süß (mild) oder scharf erhältlich.*
VERWENDUNG: *in der ungarischen und spanischen Küche sowie als farbenfrohe Garnierung.*

CAYENNEPFEFFER
AROMA: *aus einer der schärfsten Pfeffersorten hergestellt.*
VERWENDUNG: *für mexikanische und Cajun-Gerichte. Macht jede Speise pikanter und schärfer.*

CHILIPULVER
AROMA: *eine Mischung aus Chili, Knoblauch, Kreuzkümmel und Oregano. Unterschiedlich scharf*
VERWENDUNG: *bei mexikanischen, indischen und amerikanischen Gerichten beliebt.*

GEWÜRZ-MISCHUNGEN

FERTIGE MISCHUNGEN aus gemahlenen Gewürzen sparen Zeit und Geld und sind äußerst praktisch. Die Auswahl ist riesig, da jeder Hersteller verschiedene Mischungen auf den Markt bringt. Besonders weit verbreitet sind folgende drei Mischungen.

CURRYPULVER
AROMA: *in Indien, China und Thailand verschieden; teils aromatisiert, teils mild oder scharf.*
VERWENDUNG: *verleiht Curries den typischen Geschmack. Läßt sich nur schwer selber herstellen.*

GARAM MASALA
AROMA: *Kreuzkümmel, Koriander, Kardamom, Nelken, Zimt, Pfeffer, Muskatblüten und Lorbeer.*
VERWENDUNG: *für nordindische Curries, die milder und aromatischer sind als die anderen.*

GEWÜRZMISCHUNG
AROMA: *traditionell englische Mischung aus gemahlenem Piment, Zimt, Nelkenpulver, Koriander sowie Muskatnuß und Muskatblüten.*
VERWENDUNG: *für Puddings, Desserts, Kuchen und Kekse.*

Salz & Pfeffer

Sie sind in der Küche und bei Tisch unentbehrlich. Von den vielen verschiedenen Sorten sind folgende am nützlichsten.

Tafelsalz
ART: *feines Steinsalz. Manchmal mit Zusätzen gegen Brockenbildung versetzt. Rieselfreudig.*
VERWENDUNG: *für Küche und Tisch. Besser als minderwertigeres Küchensalz, das zu grobkörnig ist.*

Grobkörniges Salz
ART: *große oder mittlere Kristalle. Als Stein- und Meersalz erhältlich. Meersalz ist geschmacksintensiver.*
VERWENDUNG: *für Küche und Tisch. Zum Mahlen wird häufig eine Salzmühle verwendet.*

Schwarzer Pfeffer
ART: *ganze Pfefferkörner, auch fein oder grob gemahlen.*
VERWENDUNG: *in einer Pfeffermühle gemahlene Körner sind frischer. Fertig gemahlener Pfeffer ist nützlich, wenn man große Mengen würzt.*

Gemischter Pfeffer
ART: *eine Mischung aus schwarzen, weißen, rosa und grünen Pfefferkörnern. Fünf-Pfeffermischungen enthalten auch Piment.*
VERWENDUNG: *würzige, hübsche Alternative zu einfarbigem Pfeffer.*

Trockenkräuter

Frische Kräuter eignen sich besser für Salate und Soßen als getrocknete. Für Eintöpfe mit langen Kochzeiten sind getrocknete Kräuter jedoch vorzuziehen. Halten Sie sich also einen kleinen Vorrat davon.

Bei gefriergetrockneten Kräutern bleiben Aroma, Farbe und Geschmack gut erhalten, doch schmecken sie häufig sehr intensiv – verwenden Sie also nur die halbe Menge! In einem luftdichten dunklen Behälter lagern, vor Sonnenlicht schützen. So bleiben sie lange haltbar.

Salbei
GESCHMACK: *leicht bitter, stärker als frischer Salbei.*
VERWENDUNG: *geeignet für fettes Schweinefleisch, Ente, Wurst, Kalb und Innereien, gekochte Eier und Käsegerichte. Sparsam verwenden!*

Dill
GESCHMACK: *sanft, anistönig. Milder als frischer Dill.*
VERWENDUNG: *für Marinaden und Dressings, nord- und osteuropäische Gerichte mit Gurken, Fisch und Wurzelgemüse.*

Oregano
GESCHMACK: *stark, fast würzig. Eine Art wilder Majoran.*
VERWENDUNG: *in der mediterranen und italienischen Küche für Tomaten, Pasta und Pizza. Auch in der mexikanischen Küche verbreitet.*

Lorbeer
GESCHMACK: *stechend, harzig; stärker, wenn die Blätter zerpflückt werden und lang kochen.*
VERWENDUNG: *für Brühen, Soßen, Suppen, Eintöpfe. Zum Beizen und für Fischgerichte.*

Kräutermischung
GESCHMACK: *meist eine Mischung aus Majoran, Oregano, Rosmarin, Bohnenkraut und Thymian.*
VERWENDUNG: *für Soßen, Eintöpfe, Tomatengerichte, Pizza; für fast alle würzigen Speisen geeignet.*

Basilikum
GESCHMACK: *süß, würzig; etwas minziger als frisches Basilikum.*
VERWENDUNG: *für Salate, lang kochende mediterrane Soßen und Eintöpfe mit Tomaten. Traditionell mit Knoblauch verbunden.*

Rosmarin
GESCHMACK: *stechend, würzig, doch erfrischend; getrocknet milder.*
VERWENDUNG: *in Eintöpfen und Marinaden mit Lamm, Schwein, Huhn und Kartoffeln. Für italienische Gerichte und Brot wie Focaccia.*

ESSIG & ÖL

Eine Reihe funkelnder Öl- und Essigflaschen sind zwar ein beeindruckender Anblick, doch für eine sinnvolle Standardausrüstung reichen einige wenige Sorten.

ÖLE

ÖL WIRD ZUM BRATEN und Fritieren, für Marinaden und Dressings verwendet, es wird aus Gemüse, Obst, Nüssen oder Samen gewonnen. Öle sind gesünder als tierische Fette. Kühl lagern und das Ablaufdatum beachten!

ESSIG

FLASCHENESSIG IST EIN GUTER KAUF, doch sollten Sie ihn nicht am Fenster lagern, da er durch Licht schnell sein Aroma verliert. Kühl und dunkel gelagert, sollte er bis zu zwei Jahren halten.

SONNENBLUMENÖL
AROMA: *sehr leicht und nahezu geschmacksneutral.* VERWENDUNG: *ein Öl für jeden Zweck; besonders gut, wenn es zu gleichen Teilen mit Olivenöl gemischt wird.*

OLIVENÖL
AROMA: *je nach Marke leicht fruchtig. „Nativ" steht für einen niedrigen Säuregehalt.* VERWENDUNG: *für mediterrane Marinaden, zum Grillen und Braten.*

EXTRA NATIVES OLIVENÖL
AROMA: *pfeffrig, fruchtig. Aus erster Kaltpressung, besser als native Öle.* VERWENDUNG: *für Salate; vor dem Servieren über heiße Speisen träufeln.*

WEINESSIG
AROMA: *roter und weißer Essig sind leicht fruchtig, Sherryessig nussiger. Balsamico reift im Eichenfaß.* VERWENDUNG: *in Dressings, Soßen, Marinaden. Balsamico ist intensiv!*

APFELESSIG
AROMA: *stark, wie scharfer Apfelmost.* VERWENDUNG: *wie Weinessig, doch hat er stärkeren Geschmack. Für Schweinefleisch, Innereien, Wurst und Dressings.*

EINGELEGTES & KONSERVIERTES

Abgefüllte Soßen und Konserven eignen sich hervorragend für die Verwendung bei Tisch und als Geschmacksverstärker. Beachten Sie die Lagerungshinweise auf dem Etikett.

SOSSEN & KONSERVEN

EIN SPRITZER SOJASOSSE, ein Tropfen Tabasco oder ein Löffel Ketchup können einem Gericht völlig neuen Geschmack verleihen. Es ist eine Vielzahl von Soßen und Konserven erhältlich, die Sie je nach persönlichen Vorlieben auswählen können.

TABASCOSOSSE
AROMA: *sehr scharf; nach einem geheimen Chilirezept erzeugt.*
VERWENDUNG: *für mexikanische Gerichte, gegen zu fade Speisen.*

MEERRETTICHSOSSE
AROMA: *stechend-scharfer Meerrettich mit Essig und Sahne.*
VERWENDUNG: *für Rind, kaltes Fleisch, Räucherfisch, Huhn, Eier.*

WORCESTERSOSSE
AROMA: *pikant, salzig, enthält Sardellen, Sirup und Tamarinde.*
VERWENDUNG: *Verleiht milden Speisen, Soßen und Marinaden Würze.*

TOMATENKETCHUP
AROMA: *tolle Mischung aus Tomaten, Essig und Zucker.*
VERWENDUNG: *für Marinaden, Dressings, Eintöpfe und Soßen.*

SOJASOSSE
AROMA: *helle Sojasoße ist milder als dunkle; japanische Sojasoße ist weniger salzig und eher süßlich.*
VERWENDUNG: *asiatische Küche.*

MANGOCHUTNEY
AROMA: *fruchtig, süß mit Mangostückchen. Manchmal scharf.*
VERWENDUNG: *in indischen Gerichten, Dressings und Soßen.*

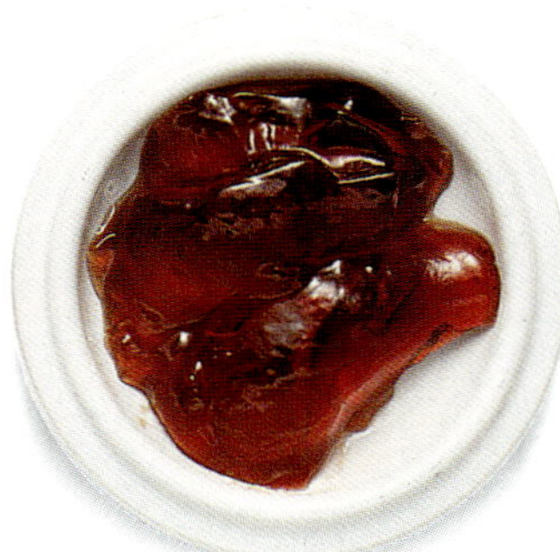

JOHANNISBEERGELEE
AROMA: *sehr süß.*
VERWENDUNG: *verleiht Soßen zu Schweinefleisch, Geflügel und Wild Süße und Farbe.*

SENF

ER BESTEHT AUS den Samen der Senfpflanze und ist in verschiedenen Geschmacksrichtungen und Farben erhältlich. Jeder hat seine Vorlieben, und alle Sorten eignen sich zum Kochen und als Beilage. Die hier vorgestellten sind in Geschmack und Struktur sehr verschieden.

DIJONSENF
AROMA: *stark; aus den schärfsten Senfkörnern hergestellt.*
VERWENDUNG: *für Soßen, Dips, Dressings, Mayonnaise, Marinaden.*

GROBKÖRNIGER SENF
AROMA: *meist mild, aber auch scharf erhältlich.*
VERWENDUNG: *wie Dijonsenf, doch milder und körniger.*

ENGLISCHER SENF
AROMA: *sehr scharf, brennend.*
VERWENDUNG: *Mit Soßen und Dips mischen. In Deutschland schwer erhältlich.*

Tomaten

Frische Tomaten sind zwar immer am Markt, doch haben sie oft wenig Geschmack. Dosentomaten in natürlichem Saft schmecken dagegen das ganze Jahr gut. Auch Tomatenkonzentrate machen die Gerichte würziger und gehaltvoller.

Sonnengetrocknete Tomaten in Öl
ART: *Getrocknet, in Olivenöl eingelegt.* VERWENDUNG: *für Salate, Soßen und Eintöpfe.*

Konzentrate
ART: *Püree und Paste. Sonnengetrocknete Paste ist süß und saftig.* VERWENDUNG: *Soßen, Suppen und Eintöpfe; guter Farbstoff.*

Passata
ART: *passierte Tomaten in Dosen oder Flaschen.* VERWENDUNG: *macht Soßen, Suppen und Eintöpfe dicker.*

Dessert- & Backzutaten

Süßstoffe

Weisser Zucker
Feinkristallzucker eignet sich am besten. Er ist feiner und besser löslich als der gröbere Kristallzucker.

Puderzucker
Puderzucker für Glasuren und süße Soßen. Kann auch zur Dekoration über Desserts, Kuchen und Torten gesiebt werden.

Ahornsirup
Für Eis, Kuchen und Kekse; kann auch über Pfannkuchen und Waffeln geträufelt werden. Gehaltvoller als Goldsirup.

Brauner Zucker
Hell- und dunkelbrauner Zucker ist raffiniert und mit Melasse versetzt. Verleiht vor allem Kuchen Farbe und Geschmack.

Rohzucker
Die Kristalle lösen sich eher schlecht auf. Sieht gut aus auf Desserts und Kuchen. Vor dem Backen darüberstreuen.

Honig
Heller Honig ist flüssiger und fließt besser als dunkler, fester Honig. Der Geschmack ist vom Nektar abhängig und eine Frage der persönlichen Vorliebe.

Back- & Geliermittel

Trockenhefe
Das Pulver wird direkt ins Mehl gemischt. Schneller und praktischer als herkömmliche Hefe.

Backpulver
Treibmittel für Kuchen und Kekse. Eine Mischung aus Speisesoda, Natron und Weinstein.

Speisesoda
In einer Säure wie Sauermilch gelöst, wird es als Triebmittel verwendet.

Gelatinepulver
Ein Geliermittel, das in einer Flüssigkeit gelöst werden muß. Für Vegetarier nicht geeignet.

Trockenhefe — Speisesoda — Backpulver — Gelatinepulver

Geschmacksstoffe

Extrakte
Reine Extrakte schmecken besser als synthetische Essenzen. Vanille- und Mandelextrakte sind sehr praktisch.

Schokolade
Qualitätsschokolade mit einem Kakaogehalt von mindestens 70 Prozent gibt den besten Geschmack.

Kakaopulver
Instantschokolade für Kuchen, Soßen und Desserts.

Vanilleschote
Für echten Vanillepudding. Vor Gebrauch längs aufschlitzen. Gibt man die Schote in eine Zuckerdose, kann man Vanillezucker erzeugen.

Vanilleextrakt — Mandelextrakt

Vanilleschote — Kakaopulver

Schokolade

UTENSILIEN

KAUFEN SIE DIE BESTEN Utensilien, die Sie sich leisten können – hier sollten Sie nicht am falschen Platz sparen, denn billiges Gerät kann nicht lange halten. Eine gute Ausrüstung erleichtert die Vorbereitung und das Kochen, und Sie sparen Zeit. Kaufen Sie sich nur die Geräte, die Sie für den Anfang tatsächlich benötigen. Alle weiteren Geräte können Sie dann bei Bedarf auch später erstehen. Dadurch verteilen sich die Kosten, und Ihre Küchenkästen sind nicht mit Dingen vollgefüllt, die Sie ohnehin nicht verwenden.

MESSER & GERÄTE

Gute Messer sind in jeder Küche ein Muß. Andere Geräte sind nützlich, nehmen aber wertvollen Stauraum ein – kaufen Sie also nur nach und nach, was Sie wirklich brauchen.

MESSER

KAUFEN SIE Qualitätsmesser, die Sie in einem Block oder an einem Magnetstreifen an der Wand aufbewahren. In einer Lade werden die Messer rasch stumpf und man kann sich zudem leicht schneiden.

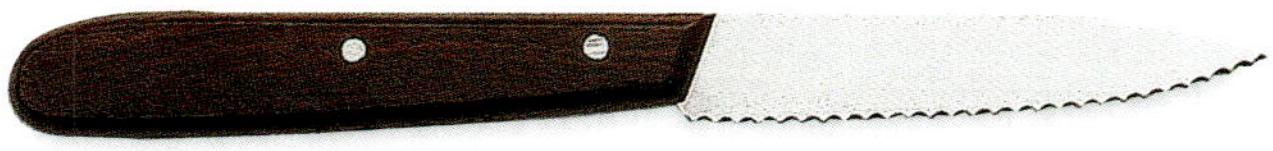

SÄGEMESSER
Die 8 cm lange Klinge eignet sich zum Schneiden von Gemüse, das außen fest und innen weich ist.

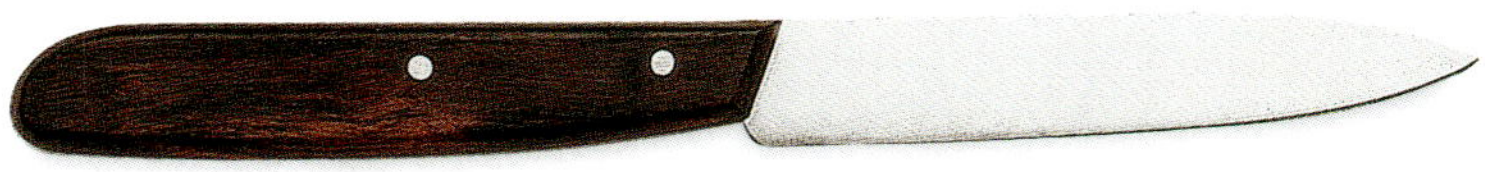

SCHÄLMESSER
Ein Messer für Feinarbeiten wie Schälen und Entfernen von Kerngehäusen aus Äpfeln und Paprika. Die Klinge ist 10 cm lang.

KÜCHENMESSER
Allzweckmesser mit 19 cm langer Klinge. Halten Sie die Spitze am Brett und schaukeln Sie das Messer über die Zutaten, die Sie schneiden wollen.

BROTMESSER
Ein Sägemesser mit 21 cm langer Klinge durchdringt jede Brotkruste. Läßt sich nicht schleifen.

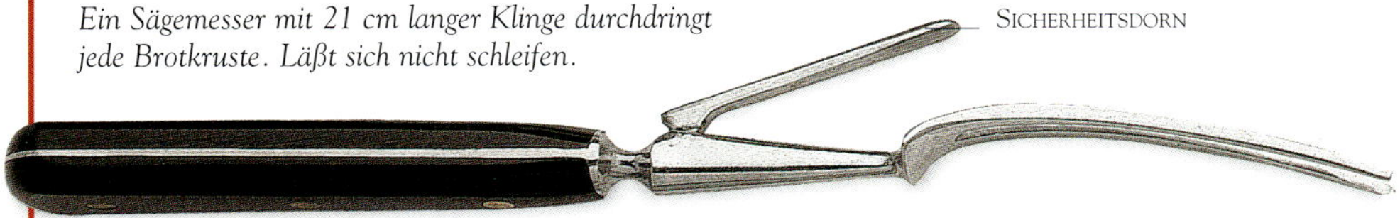

SPICKGABEL
Hält das Fleisch fest. Der Sicherheitsdorn hält die Messerschneide von der Gabel fern.

TRANCHIERMESSER
Die 19 cm lange, dünne Klinge eignet sich perfekt, um Fleisch dünn zu schneiden. Die Spitze weist nach oben.

WETZSTAHL
Um Messer zu schärfen, ziehen Sie die Klinge langsam in stumpfem Winkel über den Wetzstahl. Mehrmals wiederholen.

BRETTER
Holzbretter eignen sich am besten. Verwenden Sie verschiedene Bretter, damit rohe Zutaten nicht mit gekochten in Berührung kommen. Nach Verwendung gut abbürsten.

MESSERSCHÄRFER
Für den Anfänger einfacher als ein Wetzstahl. Ziehen Sie die Klinge mehrmals gerade durch den Schärfer nach hinten.

GEMÜSESCHÄLER
Der Griff dieses Schälers liegt gut in der Hand, und die bewegliche Klinge schält alle Oberflächen. Die Klinge aus gehärtetem Stahl wird nicht stumpf, kann aber rosten. Nach dem Waschen gut abtrocknen!

DOSENÖFFNER
Ein guter Dosenöffner erleichtert die Arbeit und hinterläßt keine gefährlichen Zacken. Achten Sie auf Schneidräder wie dieses und einen Griff, der gut in der Hand liegt.

APFEL-AUSSTECHER
Bewährt sich bei Bratäpfeln oder Apfelringen, bei denen die Äpfel ganz bleiben, das Gehäuse aber entfernt werden muß.

SPIESSE
Verwenden Sie einen Spieß mit flacher Klinge, damit sich das Fleisch mit dem Spieß dreht.

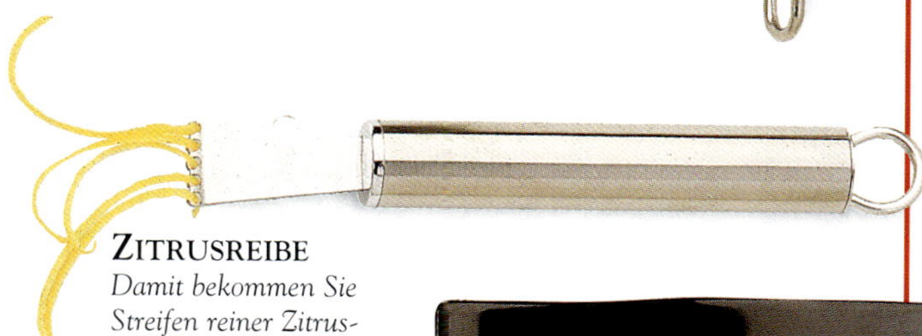

ZITRUSREIBE
Damit bekommen Sie Streifen reiner Zitrusschale (ohne weißes Mark). Wählen Sie eine robuste Reibe mit gutem Griff, da Sie nur mit Kraft das gewünschte Ergebnis erzielen werden.

SCHERE
Opfern Sie eine Schere für die Küche. Damit können Sie Hühner aufschneiden, Kräuter abzwicken und andere Arbeiten erledigen.

KORKENZIEHER
Dieser Korkenzieher ist einfacher zu bedienen als andere: Mit nur einem Handgriff läßt sich die Flasche öffnen.

FLASCHEN-VERSCHLUSS
Zum Aufbewahren geöffneter Wein- oder Bierflaschen.

GROSSER SPACHTEL
Dieses Gerät eignet sich zum Streichen. Mit seiner flachen, stumpfen, sehr fexiblen 21 cm langen Klinge lassen sich Kuchen gleichmäßig mit Marmelade oder Creme bestreichen.

KLEINER SPACHTEL
Sehr nützlich zum Streichen – besonders von weicher Butter. Auch geeignet, um Kuchenränder vom Blech zu lösen.

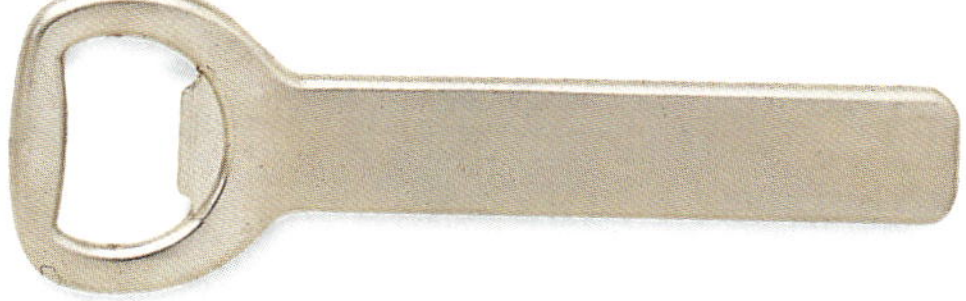

FLASCHENÖFFNER
Wählen Sie einen einfachen, robusten Flaschenöffner mit gutem Griff.

KÜCHENGERÄTE

Für jede Aufgabe benötigt man das richtige Werkzeug.
Dieser Spruch läßt sich auch auf die Küche anwenden.
Falsche Geräte bereiten nur Ärger und rauben Zeit.

MANUELLE GERÄTE

GUTE ZUTATEN verdienen gute Behandlung. Mit den richtigen Werkzeugen verschwenden Sie weniger von den Lebensmitteln. Diese Grundausstattung sollte in keiner modernen Küche fehlen.

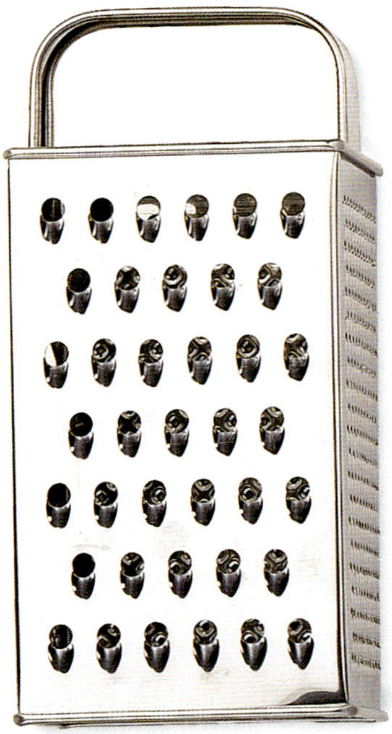

REIBE

Diese Reibe eignet sich besser als eine flache, da sie steht. Schütteln Sie die geriebenen Zutaten heraus, bevor sie zu stark gepreßt werden. Eine feine und eine grobe Reibefläche reichen.

SALZ- & PFEFFERMÜHLE

Frisch gemahlener Pfeffer ist ein Muß. Jedoch verliert er schnell an Aroma. Mit der Salzmühle wird grobkörniges Stein- oder Meersalz gemahlen.

MUSKATNUSSREIBE

Für Muskatnuß gilt dasselbe wie für Pfeffer: Mahlen Sie nur, was Sie brauchen. Oben in der Reibe ist ein Behälter für die ganze Nuß.

KARTOFFELSTAMPFER

Kartoffeln zu stampfen erfordert Kraft. Deshalb sollte der Stampfer einen guten Griff haben.

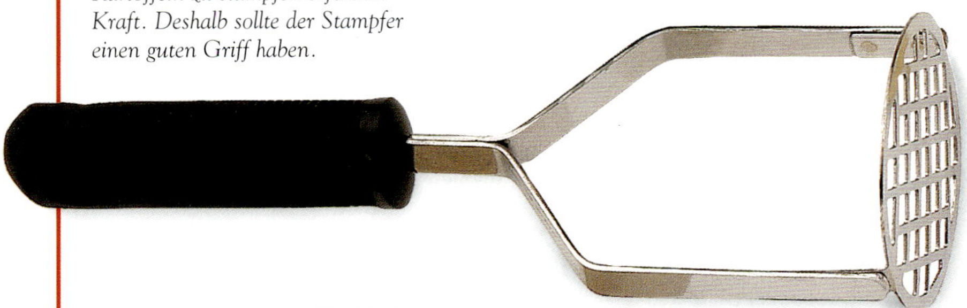

FRUCHTPRESSE

Diese robuste Fruchtpresse aus Hartplastik hat einen Behälter für den Fruchtsaft und einen Seiher, in dem die Kerne aufgefangen werden.

STÖSSEL & MÖRSER

Kaufen Sie den größten, den Sie noch verstauen können. Porzellan ist eine gute Wahl, da es so fest ist wie Marmor, aber viel billiger.

KNOBLAUCHPRESSE

Ein abnehmbares Gitter aus festem Metall erleichtert Ihnen das Reinigen.

Küchenmaschinen

Elektrische Küchengeräte sind teuer und erfordern viel Platz. Überlegen Sie vor dem Kauf genau, was Sie wie oft in welchen Mengen kochen wollen.

Handmixer

Damit sparen Sie viel Zeit. Sie können den Mixer mit einer Hand bedienen und ihn auch über dem Herd verwenden. Wählen Sie einen mit verstellbarer Geschwindigkeit und Einsätzen, die sich leicht abnehmen lassen.

Messerscheibe

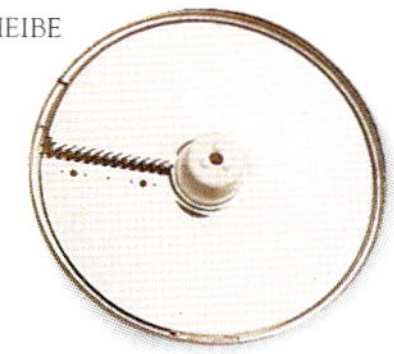

Raffelscheibe, grob

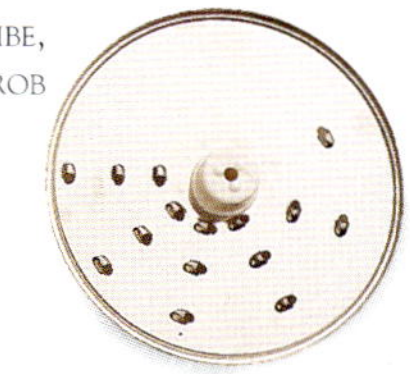

Raffelscheibe, fein

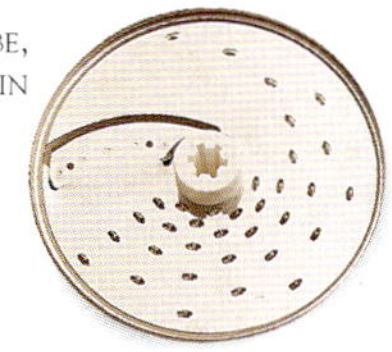

Stäbchenscheibe

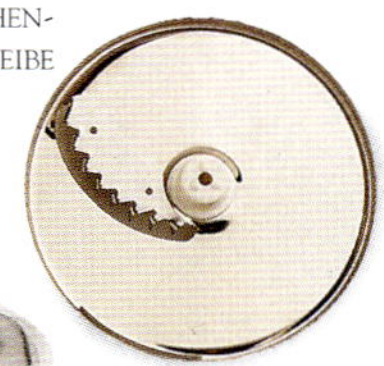

Mixer

Zum Pürieren von Lebensmitteln, für Suppen, Soßen und Getränke. Nur wenn die Messer tief liegen, können Sie kleine Mengen verarbeiten.

Küchenmaschine

Anstatt eines freistehenden Mixers. Das Metallmesser schneidet und mixt, die zusätzlichen Scheiben zerkleinern und reiben. Je teurer die Maschine, desto mehr kann sie. Einige werden auch mit einer kleinen Schüssel für kleine Mengen geliefert.

Kleine Schüssel

Stabmixer

Püriert die Zutaten im Topf. Eine billigere, handlichere Version des Mixers. Er ist einfacher zu reinigen und benötigt weniger Platz. Ein praktisches Gerät für kleine Mengen.

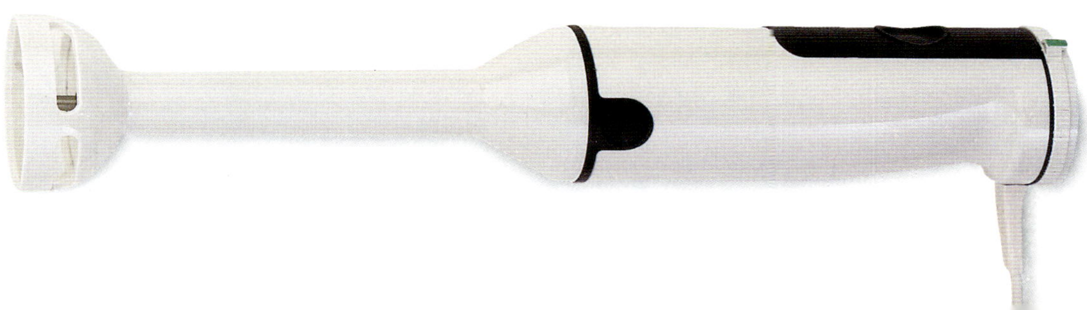

MESSEN & MISCHEN

Genaues Messen ist vor allem beim Backen unerläßlich. Aber das Ergebnis hängt auch davon ab, ob Sie zum Sieben und Rühren der Zutaten die richtigen Geräte verwenden.

MESSEN

ES ZAHLT SICH immer aus, gute Meßgeräte zu kaufen, vor allem, wenn Sie Brot, Quiches oder Kuchen backen, die nur gelingen, wenn Sie die Zutaten genau abmessen.

MESSBECHER
Kaufen Sie den größten, den Sie unterbringen: Ein großer Becher ist vielseitiger einsetzbar, und man kann darin leichter mischen. Plastik ist sicherer und haltbarer als Glas, aber schlecht für heiße Flüssigkeiten geeignet.

BECHER
In amerikanischen Rezepten sind die Maße in Bechern angegeben. Standardmaß ist ein Becher mit einem Volumen von 250 ml. Abgebildet sind hier 1 Becher, 1/2 Becher, 1/3 Becher und 1/4 Becher.

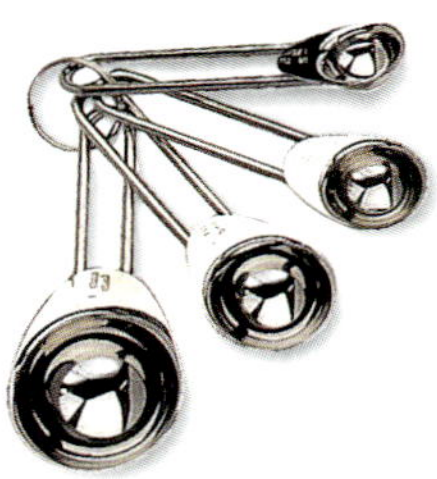

MESSLÖFFEL
Sind in einem Rezept Tee- oder Eßlöffel angegeben, sollten diese gestrichen voll sein. Kaufen Sie ein Set Meßlöffel – gewöhnliche Löffel sind nicht genau genug.

WAAGE
Eine Waage wie die hier abgebildete ist am genauesten, besonders für kleine Mengen. Die großen Gewichte sind meist aus Eisen, die kleineren aus Messing.

MISCHEN & SIEBEN

DER KOCHLÖFFEL steht häufig als Symbol für eine gute Küche. Es stimmt schon, daß er vielseitig einsetzbar ist, doch sind der Spachtel und der Löffel mit Spitze vielleicht noch wichtiger.

HOLZLÖFFEL
Holzlöffel mit kurzem Griff eignen sich zum Mischen und Schlagen. Löffel mit langem Griff sind dagegen besser, wenn Sie am Herd rühren müssen. Sie sind hitzebeständig, leiten die Wärme nicht und zerkratzen nicht den Topf. Ein Kochlöffel mit Spitze gelangt auch in die Ecken des Topfs.

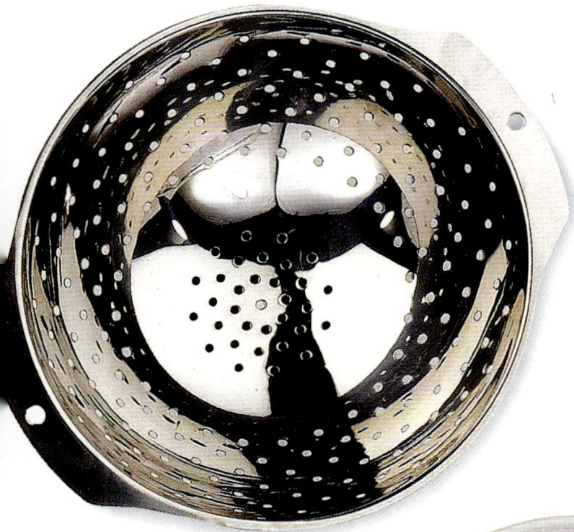

Siebe
Praktisch sind ein großes und ein kleines Sieb. Damit lassen sich nicht nur trockene Zutaten sieben und nasse abseihen, sondern auch gekochtes Obst und Gemüse pürieren.

Küchenlöffel
Schöpflöffel: *Damit Sie keine schweren Töpfe mit heißen Flüssigkeiten kippen müssen.*

Servierlöffel: *Der Griff wird im Topf heiß – also nur zum Servieren verwenden.*

Backschaufel: *Für alle Gerichte, die in der Pfanne gewendet oder aus der Pfanne auf den Teller gehoben werden müssen. Besonders für leicht zerfallende Speisen wie Fisch.*

Schaumlöffel: *Unbezahlbar, wenn Sie Speisen aus dem kochenden Wasser heben oder Flüssigkeiten abschöpfen müssen. Kann rund oder oval sein.*

Seiher
Wählen Sie einen robusten Seiher mit Fuß und Griffen, damit Sie gekochtes Gemüse, Pasta und Hülsenfrüchte sicher abseihen können.

Schüsseln
Es hilft, Schüsseln in vielen Größen zu haben, doch sollten sie stapelbar sein. Glas ist vielseitig verwendbar, und man kann die Konsistenz der gerührten Masse von allen Seiten begutachten.

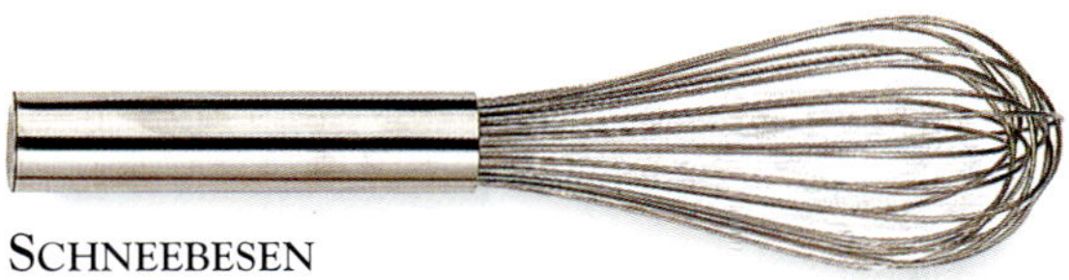

Schneebesen
Mit einem guten Griff und einem großen Drahtgeflecht läßt sich Eiweiß auch ohne Mixer leicht schlagen. Immer zu verwenden, wenn Sie eine luftig geschlagene Masse benötigen.

Quirl
Ideal, um kleine Mengen über dem Herd oder in der Bratpfanne zu schlagen. Nichts für beschichtete Pfannen!

Holzspachtel
Dieser flache Holzspachtel wird verwendet, um Eischnee oder geschmolzene Schokolade unter eine Teigmischung zu heben. Auch zum Herausheben und zum Wenden gut geeignet.

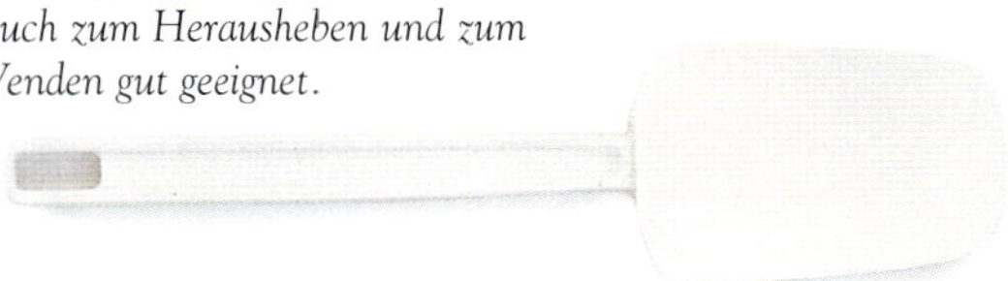

Plastikspachtel
Mit einem elastischen Spachtel können Sie auch die letzten Reste aus einer Schüssel kratzen. Zudem eignet er sich wie der Holzspachtel auch zum Unterheben.

Zange
Nützlich, um etwa empfindliche, heiße Stücke in der Grillpfanne zu wenden und herauszunehmen.

Backgeräte

Die Herstellung von Teig erfordert Genauigkeit. Außer kalten Händen benötigen Sie auch einige Geräte. Sie können den Teig auf einem Brett (siehe S. 22) oder direkt auf einer bemehlten Arbeitsfläche machen – Marmor ist ideal, da er kühl bleibt.

Backpinsel
Zum Versiegeln und Glasieren. Hier ist das flache, einem Malerpinsel ähnliche Modell – er ist etwas einfacher in der Handhabung als der runde Pinsel.
Lieber einen billigeren Pinsel kaufen und öfter durch einen neuen ersetzen, denn das Öl läßt sich mit der Zeit nur noch schwer herauswaschen.

Ausstechformen
Glatt oder gerillt in vielen Größen und Formen, von den Buchstaben des Alphabets bis zu Herzen und Sternen erhältlich.

Nudelholz
Wählen Sie ein schweres, leicht drehendes Holz ohne Griffe. Am besten rollt man Teig aus, wenn man die Rolle unter den Händen laufen läßt und das Gewicht gleichmäßig verteilt. Griffe sind unnötig.

Backbohnen
Zum Blindbacken von Teigen. Reis und Hülsenfrüchte eignen sich ebenfalls, doch ist Keramik schwerer und besser.

TÖPFE & PFANNEN

Pfannen sind die vielleicht wichtigsten Küchengeräte. Hier sollten Sie besonders auf Qualität achten. Gute Pfannen halten viele Jahre lang, sparen Zeit und verhindern das Anbrennen.

AUSWAHL

SIE BENÖTIGEN MINDESTENS drei tiefe und eine flache Pfanne. Die Stielpfanne ist die vielseitigste unter den flachen Pfannen. Falls nicht anders angegeben wird die Größe oben gemessen.

DÜNSTEINSATZ
Ein zusammenlegbarer Dünsteinsatz steht auf Metallbeinen im Topf. Er ist billiger als ein richtiger Dämpfer.

MITTLERER BRÄTER
Dieser 18 cm große Topf mit zwei Griffen ist für Herd und Ofen geeignet. Mit einem Faßvolumen von 2,5 Litern eignet er sich für fast alle Zwecke. Zudem verfügt er auch über einen gut sitzenden Deckel.

GROSSER BRÄTER
Wie der mittlere Bräter ist auch diese 22 cm große Version als Topf geeignet. Sie faßt beinahe fünf Liter und kann einen Dünsteinsatz halten.

KASSEROLE
Diese 16 cm große Kasserole faßt zwei Liter. Sie kann für Saucen ebenso verwendet werden wie für Suppen und kleine Eintöpfe. Der lange Griff leitet keine Hitze.

MILCHTOPF
Faßt beinahe einen Liter Flüssigkeit. Beschichtete Töpfe eignen sich gut für Soßen mit Milch oder Sahne, die leicht anbrennen. Die Schnäbel an beiden Seiten erleichtern die Verwendung. Es gibt Töpfe mit Antihaftbeschichtung, die aber nicht ewig halten. Qualität zahlt sich aus.

OMELETTEPFANNE
Eine beschichtete Pfanne ist leichter zu verwenden, auch wenn Meisterköche Gußeisen oder Edelstahl vorziehen. Die richtige Größe ist entscheidend: für ein französisches Omelette aus zwei Eiern eignet sich eine 16 cm große, für eine dicke spanische Tortilla eine 23 cm große Pfanne.

Wok

Greifen Sie zu einem großen Wok (35 cm Durchmesser), wenn Ihr Platz ausreicht. Behandelter unlegierter Stahl ist leichter zu pflegen und hält Metalleinsätze aus. Unbehandelter unlegierter Stahl rostet leichter. Mit leicht abgeflachtem Boden steht er auf Gas- und Elektroherden besser. Als Set mit Schöpflöffel, Spachtel und Löffel erhältlich.

Bratpfanne

Eine gute, beschichtete Bratpfanne mit 20 cm Durchmesser eignet sich zum Dünsten ebenso wie zum Kochen und Braten. Eine Stielpfanne ist tiefer und hat geradere Ränder als eine Bratpfanne. Diese hat einen abmontierbaren Griff, so daß sie auch für den Ofen geeignet ist. Durch den Glasdeckel können Sie sehen, was in der Pfanne vor sich geht.

Materialwahl bei Pfannen und Töpfen

EDELSTAHL EIGNET SICH AM BESTEN: Er ist extrem haltbar und leicht zu reinigen. Besonders gute Wärmeleiter sind Qualitätspfannen mit schwerem Boden, der aus Edelstahl und einer Metallfüllung besteht. Gute Wärmeleiter sind Kupfer, Kupfer mit Silberlegierung oder Aluminium – achten Sie also auf diese Füllung. Zwar kosten diese Pfannen einiges, doch werden Sie durch deren lange Haltbarkeit belohnt.

Grillpfanne

Eine gerillte Grillpfanne liefert fast so ein professionelles Ergebnis wie ein Holzkohlengrill. Wählen Sie eine Pfanne mit ausgeprägten Rillen, die aber nicht zu schwer sein sollte. Mit einem aufklappbaren Griff nimmt sie weniger Platz im Schrank ein.

Backen & Braten

Back- und Röstformen benötigt man nicht jeden Tag. Geben Sie also kein Vermögen aus! Aber sparen Sie nicht zuviel! Bei allzu biegsamen Formen könnte Ihr Werk am Boden landen.

Backformen

Ob Sie eine beschichtete oder unbeschichtete Metall- oder Keramikform kaufen, hängt vom Verwendungszweck ab. Pflegen Sie jede Form aber gut, damit sie nicht rostet oder Kratzer bekommt.

Tortenform

Diese flache Tortenform mit losem Boden hat einen Durchmesser von 18 cm. Wollen Sie eine Torte mit vielen Lagen machen, benötigen Sie eine Form pro Lage. Eine Beschichtung ist hier nicht notwendig.

Souffléform

Diese kleinen Backformen aus Keramik eignen sich für einzelne Soufflés oder kleine Kuchen und können direkt vom Ofen auf den Tisch gestellt werden. Kaufen Sie sie nach Bedarf. Durchschnittlich fassen sie 150 ml.

Yorkshire Pudding- und Muffinform

Muffinform

Eine beschichtete Muffinform ist praktischer. Ansonsten backen Sie Ihre Muffins in Papierformen, für verschiedene Yorkshire Puddings sollten Sie die Form gut einfetten.

Flaches Backblech

Kaufen Sie das größte Blech, das in Ihren Ofen paßt. Es sollte robust, steif und ganz flach sein. Man verwendet es für Pizza und Kekse und als wärmeleitende Unterlage für Quiches, Pies und Obstkuchen.

Abkühlgitter

Torten sollten immer auskühlen, bevor man sie füllt oder glasiert. Dafür eignet sich ein Kühlgitter aus Metall, das die Luft zirkulieren läßt.

Springform

Diese hat einen Durchmesser von 20 cm. Mit der Spange kann man die Form öffnen, der Boden löst sich, und Sie können Ihr Ergebis leicht und sicher herauslösen. Diese Form verwendet man für Torten und Käsekuchen, die leicht brechen. Eine Beschichtung ist nicht nötig: Tortenformen müssen immer ausgelegt und gut gefettet werden, wenn die Torte gelingen und schön aussehen soll.

Tiefes Backblech

Tiefes Blech mit den Maßen 30 x 23 cm. Zerkratzen Sie nicht die beschichtete Oberfläche!

Wandelform

Eine Form mit den Maßen 20 x 10 cm eignet sich gut für Brot, Kuchen und Pasteten.

Abkühlgitter

Flaches Backblech

Tiefes Backblech

AUFLAUFFORM
Eine gute Keramikform mit den Maßen 25 x 20 cm eignet sich ebenso perfekt für überbackene Nudelgerichte wie zum Braten. Diese Gefäße vertragen keinen plötzlichen Temperaturwechsel und dürfen keinesfalls auf die Herdplatte gestellt werden. Man sollte auch kein kaltes Wasser in eine sehr heiße Auflaufform laufen lassen, da sie springen könnte.

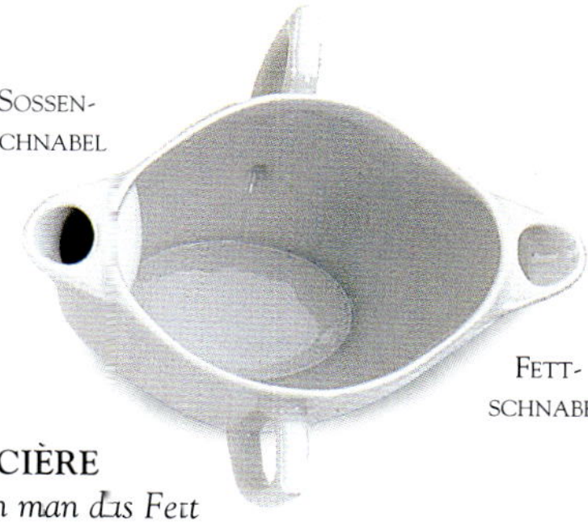

FETT-MAGER SAUCIÈRE
Bei dieser Saucière kann man das Fett von Soßen abschöpfen. Da Fett leichter ist als Wasser, schwimmt es an der Oberfläche und kann durch einen flachen Schnabel abgegossen werden. Der andere Schnabel ist tiefer und reicht in die Soße hinein.

PIEFORM
Metall eignet sich besser als Keramik oder Glas, da es die Hitze gleichmäßiger verteilt und der Teig dadurch knuspriger werden kann. Ein sehr heißes Backblech unter der Pieform fördert die Wärmeleitung. Pieformen haben glatte, geneigte Seiten und einen Rand. Eine gute Größe ist 23 cm Durchmesser.

GEFLÜGELSPIESS
Mit kleinen Spießen kann Geflügel beim Kochen zusammengehalten werden.

BRATEN-THERMOMETER
Führen Sie bei großem Geflügel oder einem dicken Braten das Thermometer vor dem Braten in das dickste Fleischstück ein. Temperaturangaben finden Sie auf S. 160.

BRAT-GRILL-PFANNE
Am besten eignet sich ein tiefes Emailblech mit Schnabel. Es sollte fest und möglichst groß sein.

ROST
Auf einem Rost kann man Fleisch fettfrei rösten. Manche kann man für ganzes Geflügel auch einklappen.

QUICHEFORM
Eine Quicheform aus Metall ist besser als Keramik. Ein Quicheteig bricht leicht, der gerillte Rand verleiht Stärke. Diese Form hat einen Durchmesser von 20 cm am Boden, den man herausnehmen kann. Dadurch kann die ganze Quiche ohne Zerbrechen aus der Form gehoben werden. Entfernen Sie aber nicht den Boden, sonst zerbricht die Qiche doch noch.

DER OFEN

NUR WENIGE KOCHANFÄNGER können sich ihren Ofen aussuchen, und jeder funktioniert ein bißchen anders: Seine Eigenheiten lernt man nur kennen, wenn man ihn auch verwendet. Passen Sie die hier angegebenen Temperaturen und Backzeiten an ihren Ofen an. Öfen mit Umluft geben mehr Hitze als konventionelle Fabrikate – reduzieren Sie also die Temperatur. Berücksichtigen Sie die Bedienungshinweise des Gerätes.

Techniken

Eine gute Technik ist das Geheimnis jedes Kochs und leicht zu erlernen. Beherrschen Sie diese Grundlagen erst einmal, werden Sie sie nie mehr vergessen, und Sie werden in dem Wissen, gut zu kochen, hervorragende Gerichte zubereiten. In diesem Kapitel lernen Sie, die richtigen Zutaten auszuwählen und richtig vorzubereiten. Sie lernen auch die grundlegenden Techniken, die Sie in der Praxis immer wieder brauchen werden. Mit Hilfe von farbigen Abbildungen zeigen wir Ihnen Schritt für Schritt, wie Sie ein Ei so teilen, daß das Eigelb ganz bleibt, wie Sie Kartoffeln und Spaghetti kochen, aber auch, wie Sie einen Truthahn stopfen und in Form bringen (dressieren).

EIER

Eier sind billig, proteinreich und ganz einfach zuzubereiten. Beherrschen Sie die folgenden einfachen Techniken, können Sie innerhalb von Minuten ein nahrhaftes Mahl zaubern.

GEKOCHTE EIER

NEHMEN SIE DIE EIER 30 Minuten vor Zubereitung aus dem Kühlschrank: Sind sie zu kalt, springen sie im heißen Wasser. Die Kochzeiten gelten für große Eier; Sicherheitshinweise zu weichen Eiern finden Sie auf S. 162.

WEICHES EI

Das Ei mit einem Schaumlöffel langsam in einen kleinen, zu zwei Dritteln mit siedendem Wasser gefüllten Topf geben. Zum Kochen bringen und auf kleiner Flamme 4 Minuten kochen. Das Ei mit dem Schaumlöffel herausnehmen und den oberen Teil mit einem Messer abheben. Das Eigelb sollte noch flüssig sein.

HARTES EI

Wie beim weichen Ei, aber 10 Minuten kochen. Kocht man das Ei noch länger, bildet sich ein dunkler Ring um das Eigelb. Das Ei mit dem Schaumlöffel aus dem Wasser heben und mit kaltem Wasser abschrecken. Die Schale aufschlagen und herunterschälen. Das Ei mindestens 5 Minuten in kaltes Wasser legen.

AUFSCHLAGEN EINES EIS

ES GIBT KEINEN SPEZIELLEN TRICK, damit das Eigelb beim Aufschlagen eines Eis ganz bleibt. Schlagen Sie daher ein Ei immer über einer leeren Schüssel auf.

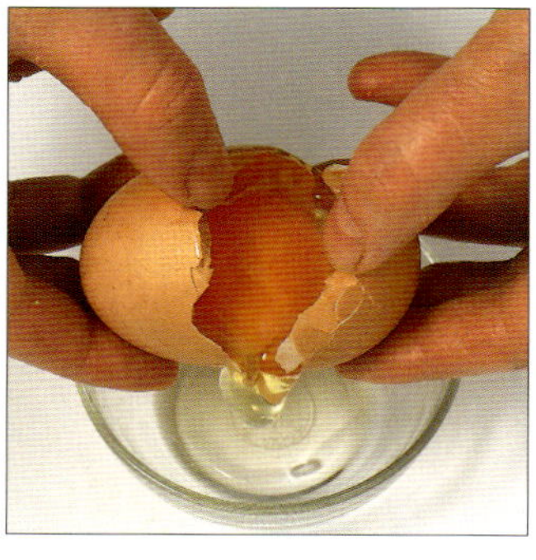

Das Ei in der Mitte kurz gegen den Rand eines kleinen Gefäßes schlagen. Über die Schüssel halten, mit den Daumenspitzen in den Spalt in der Schale fahren und das Ei vorsichtig aufbrechen. Eigelb und Eiweiß in die Schüssel leeren und die Schale wegwerfen. Etwaige Schalensplitter mit einem Teelöffel entfernen.

SPIEGELEI

DAS FETT muß immer heiß sein, bevor Sie das Ei hineingeben. Mögen Sie das Eigelb mit einem weißen Film, gießen Sie, wie im zweiten Schritt beschrieben, Fett über das Eigelb, bis es trüb ist. Sicherheitshinweise auf S. 162.

1 1 EL Sonnenblumenöl und 1 EL Butter in einer Pfanne schäumend aufkochen lassen. Das Ei hineingeben.

2 Bei mittlerer Hitze 3–4 Minuten braten, bis das Eiweiß stockt, dabei das Fett über das Eigelb löffeln.

3 Das Ei mit einer Backschaufel aus der Pfanne holen und das Fett abseihen. Braten Sie mehrere Eier, teilen Sie erst das Eiweiß mit der Backschaufel.

Pochiertes Ei

Einen beschichteten Milchtopf oder eine Kasserole zu zwei Dritteln mit Wasser füllen. Lassen Sie das Wasser aufkochen, und salzen Sie es. Drehen Sie die Temperatur zurück, bis das Wasser nur noch köchelt. Dann geben Sie die aufgeschlagenen Eier hinein: Durch zu stark wallendes Wasser kann das Eiweiß ausflocken. Man kann Eier auch in Butter pochieren.

1 Das aufgeschlagene Ei aus einer Schüssel in leicht siedendes Salzwasser gleiten lassen, die Hitze reduzieren.

2 Nicht zugedeckt auf niedriger Flamme 3 Minuten pochieren, bis das Eiweiß stockt, das Eigelb aber noch flüssig ist.

3 Das Ei mit einem Schaumlöffel herausheben und Flüssigkeit vom Ei abtropfen lassen.

Rührei

Am besten macht man Rührei in einer beschichteten Pfanne, damit es nicht anklebt oder unten verbrennt. Wollen Sie cremiges Rührei, müssen Sie die Eier ganz langsam braten und ständig rühren. Sie können das Rührei auch mit Kräutern bestreut servieren. Bei besonderen Anlässen können Sie die Milch durch Sahne ersetzen und die Eier mit Räucherlachs garnieren.

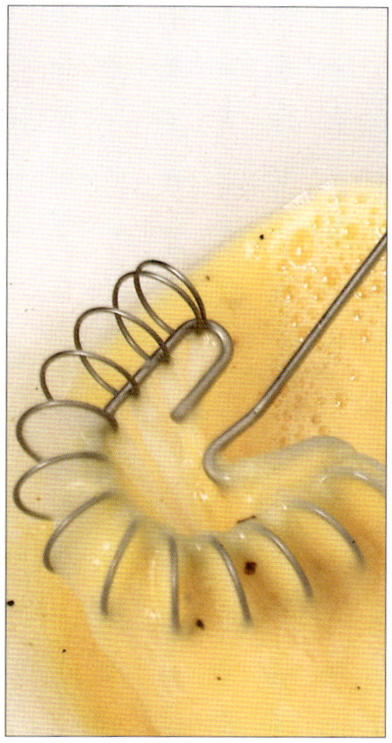

1 Pro Person 2 Eier, 1 EL Milch und etwas Salz und Pfeffer vermischen.

2 1 EL Butter in der Pfanne zum Schäumen bringen. Eiermischung hineingießen.

3 Bei niedriger Hitze unter Rühren braten. Sind die Eier fast gestockt, vom Herd nehmen, noch 1 Minute mit dem Holzspachtel rühren und sofort servieren.

EIER

EIER TRENNEN

FÜR SOUFFLÉS ODER BAISERS benötigen Sie Eiweiß, für Mayonnaise Eigelb, also müssen Sie die Eier trennen. Sie brauchen zwei Schüsseln: eine für Eigelb, eine für Eiweiß. Trennen Sie mehrere Eier, so benutzen Sie drei Schüsseln. Über der ersten schlagen Sie das Ei auf, lassen das Eiweiß hineinfließen und geben es anschließend zum Rest.

Das Ei schnell am Schüsselrand fest aufschlagen, über die Schüssel halten und die Schale mit den Daumenspitzen vorsichtig aufbrechen. Leicht neigen und das Eiweiß in die Schüssel fließen lassen, das Eigelb aber in der Schale behalten. Das Eigelb in die zweite Schüssel gleiten lassen.

EISCHNEE SCHLAGEN

DAS EIWEISS läßt sich besser stark aufschlagen, wenn es nicht zu kalt ist. Nehmen Sie daher die Eier 30 Minuten vor der Verwendung aus dem Kühlschrank. Die Utensilien müssen völlig sauber und trocken sein.

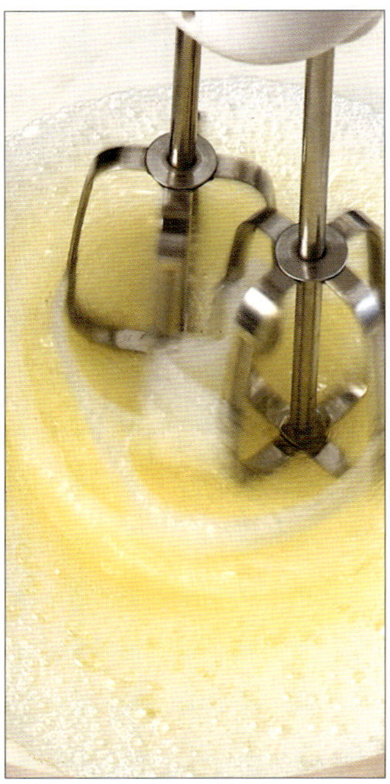

1 Das Eiweiß in eine große Schüssel geben und mit dem Handmixer auf der höchsten Stufe schlagen. Den Quirl dabei in der Schüssel bewegen.

2 Auf diese Art auf höchster Stufe weiter mixen, bis das Eiweiß steif ist und nicht mehr vom Quirl tropft. Fertigen Eischnee sofort verwenden.

BAISERS

DIESES REZEPT ist für 12 Baisers. Meist werden zwei am Rand zusammengeklebt. Serviervorschläge S. 152.

ZUTATEN

2 Eiweiß

110 g Feinkristallzucker

1 Den Ofen auf 140 °C vorheizen (Umluft 120 °C, Gas Stufe 1). Die Eiweiß steif schlagen (siehe links), den Zucker löffelweise einrühren, bis der Schnee glasig ist.

2 Ein Blech mit Backpapier auslegen. Mit einem Teelöffel 12 Häubchen auf das Papier setzen und mit der Rückseite des Löffels mit kleinen Spiralformen verzieren.

3 Eine ¾–1 Stunde backen, bis die Baisers fest sind. Eines abheben, um zu sehen, ob sie sich leicht lösen. Die Baisers abkühlen lassen, dann mit einer Backschaufel lösen.

Pfannkuchenteig

Dünne Pfannkuchen, die französischen *Crêpes*, sind etwas komplizierter, da sie leicht ankleben und reißen. Einfacher ist es, anfangs weniger, aber dafür dickere Pfannkuchen zu machen. Der Teig muß nicht rasten.

Zutaten

125 g Weizenmehl

2 Eier

250 ml Milch (Vollmilch oder fettarme Milch)

1 Mehl in eine Schüssel geben, in der Mitte eine Mulde machen. Die Eier hineingeben und verquirlen.

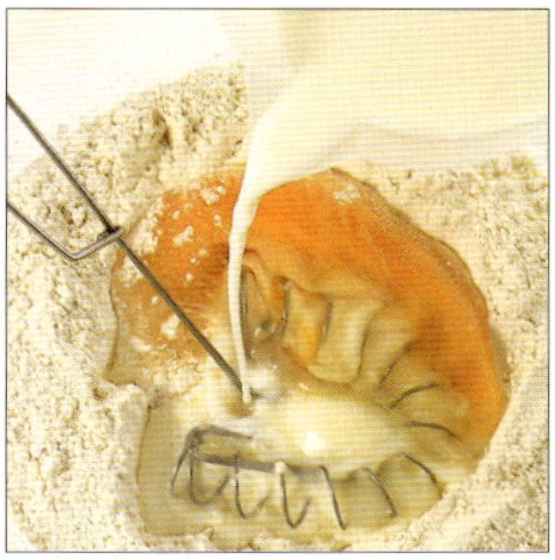

2 Das Mehl unterziehen, die Milch nach und nach hinzugeben. Das ganze Mehl in die Masse mit einrühren.

3 Einen glatten Teig machen, 30 Minuten stehenlassen, bis die Stärke die Flüssigkeit aufnimmt und schwillt.

Pfannkuchen machen

Je nach Grösse der Pfannkuchen benötigen Sie eine nach Möglichkeit beschichtete Pfanne mit 16 oder 20–23cm Durchmesser. Wischen Sie die heiße Pfanne mit in Sonnenblumenöl getränktem Küchenpapier aus.

1 Mit einem Schöpflöffel Teig in die befettete Pfanne geben und durch Rundschwenken dünn verteilen.

2 Bei mittlerer Hitze etwa 60 Sekunden goldgelb backen. Den Pfannkuchen vorsichtig lösen und rasch wenden.

3 Den Pfannkuchen auf der anderen Seite 30 Sekunden goldgelb backen und auf einen Teller gleiten lassen. Die Pfanne erneut erhitzen und einfetten, dann den nächsten Pfannkuchen backen. So fortfahren, bis der gesamte Teig aufgebraucht ist.

Reis & Pasta

Reis und Nudeln sind wichtige Nahrungsmittel. Sie sind reich an Kohlehydraten und die Grundlage für unzählige Gerichte. Unsere Kochmethode ist ganz einfach – und man kann nichts falsch machen.

Reis kochen

Die Absorptionsmethode eignet sich besonders für Langkorn- und Basmatireis. Am einfachsten und genauesten mißt man Reis in einem Meßbecher.

1 Für 4 Personen 300 ml Reis und 600 ml kaltes Wasser (immer die doppelte Menge) in einen Topf mit etwa 2,5 Liter Füllvolumen geben.

2 1 TL Salz hinzufügen, bei mittlerer Hitze zum Kochen bringen. Einmal umrühren, die Hitze reduzieren und langsam köcheln lassen.

3 Den Topf gut zudecken und den Reis die angegebene Zeit (siehe rechts) sanft köcheln lassen.

Reis probieren & servieren

Die Kochzeiten variieren. Als Richtwert gilt: weißer Langkornreis braucht 12–15 Minuten, Vollkornreis 20–30 Minuten, indischer Basmatireis 10–15 Minuten.

1 Am Ende der Kochzeit den Deckel heben und prüfen, ob der Reis trocken ist. Den Topf neigen, um zu sehen, ob das Wasser ganz absorbiert ist.

2 Ist noch Wasser übrig, den Reis langsam weiter kochen. Ist das gesamte Wasser absorbiert, sollte der Reis weich und körnig sein.

3 Den Topf vom Herd nehmen und zugedeckt 5 Minuten stehenlassen. Den Reis vor dem Servieren mit einer Gabel auflockern.

Pasta kochen

FÜR VIER PERSONEN benötigen Sie 4 Liter Wasser, 1 EL Salz und 400 g getrocknete oder 500 g frische Pasta. Getrocknete Pasta muß durchschnittlich 10–15, frische 2–3 Minuten kochen, doch am besten sollten Sie die Kochzeit auf der Packung einhalten. Alle Nudelsorten nach dem Kochen gut abtropfen lassen.

1 Wasser in einem 5-Liter-Topf zum Kochen bringen, Salz dazugeben, die Nudeln hineingeben, Timer auf die angegebene Kochzeit stellen.

2 Nicht zugedeckt bei starker Hitze kochen lassen und immer wieder umrühren, damit die Nudeln nicht zusammenkleben.

3 Knapp vor Ende der Kochzeit eine Nudel herausnehmen und mit den Fingern testen oder kosten. Sie sollte weich und bißfest (*al dente*) sein.

4 Den Topf vom Herd nehmen und die Pasta in ein großes Sieb gießen. Das Sieb gut schütteln, um so viel Wasser wie möglich abzutropfen.

Spaghetti kochen

DIESE LANGEN NUDELN werden wie alle anderen Nudelsorten gekocht (siehe links), doch ist bei Kochbeginn etwas Sorgfalt angebracht. Auch kürzere Spaghetti werden kaum in Ihren Topf passen, solange sie hart sind. Eine Ausnahme sind frische Spaghetti, die auch ungekocht weich sind; sie sind sehr schnell fertig.

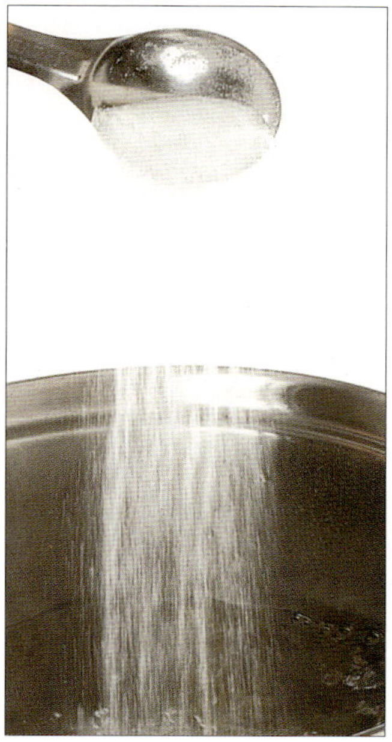

1 Wasser in einem 5-Liter-Topf zum Kochen bringen, dann Salz dazugeben und die Spaghetti der Länge nach hineingleiten lassen.

2 Die Spaghetti umbiegen, sobald sie weich sind, bis sie in den Topf passen. Dann den Timer setzen und öfters umrühren, damit sie nicht verkleben.

Nudeln

GETROCKNETE CHINESISCHE EIERNUDELN sind praktisch in flachen Packen verpackt. Drei Packen (ges. 250 g) reichen für vier Personen. Die Kochmethoden variieren je nach Marke, doch gehört die unten beschriebene zu den raschesten und effizientesten Zubereitungsarten.

1 Reichlich Wasser in einem 5-Liter-Topf zum Kochen bringen. Die Nudeln hineingeben und umrühren, um sie zu trennen. Vom Herd nehmen.

2 Den Topf zudecken und 6 Minuten stehenlassen. Die Nudeln in einem Sieb gut absetzen und nach Geschmack in 1–2 TL Sesamöl schwenken.

GETREIDE & HÜLSENFRÜCHTE

Getreide und Hülsenfrüchte sind die Kraftquelle der Natur und enthalten alle wichtigen Proteine. Sie sind fettarm, reich an Vitaminen, Mineralstoffen und Fasern – und schmecken gut.

BULGUR

DIESE WEIZENART, die auch als Burghul bekannt ist, wurde vorgekocht, getrocknet und zerstampft. Bulgur ist rasch und einfach zuzubereiten: Er muß nur eingeweicht werden. Für vier Personen benötigt man 100 g Bulgur. Servieren Sie ihn warm als Pilaf oder kalt als Tabbouleh.

1 Den Bulgur in eine große Schüssel geben, mit reichlich kaltem Wasser abdecken, 20–30 Minuten stehenlassen.

2 Den Bulgur in ein Sieb gießen, mit den Händen verrühren, um möglichst viel Wasser herauszudrücken.

COUSCOUS

COUSCOUS IST EIN VORGEKOCHTES Weizenprodukt. Traditionell wird er in der marokkanischen Küche in einem speziellen Topf über einem Fleisch- oder Gemüseeintopf gedämpft. Für vier Personen benötigen Sie 400 ml Wasser, 1 TL Salz, 1 EL Olivenöl und 250 g Couscous.

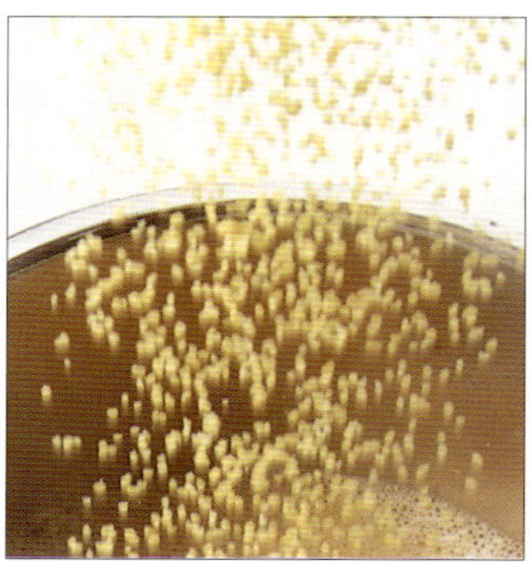

1 Wasser im 2,5-Liter-Topf zum Kochen bringen, Salz, Öl und Couscous hinzugeben. Vom Herd nehmen, umrühren, zudecken.

2 5 Minuten stehenlassen, dann bei mittlerer Hitze 3–5 Minuten kochen, dabei mit einer Gabel umrühren.

POLENTA

WIE KARTOFFELPÜREE paßt Polenta gut zu Fleisch, Geflügel und Eintöpfen mit viel Sauce. Diese Kochanleitung ist für vorgekochte Polenta, die einfacher zuzubereiten ist. Für vier Personen benötigen Sie 1 Liter Wasser, 1 TL Salz, 250 g Polenta und 50 g Butter.

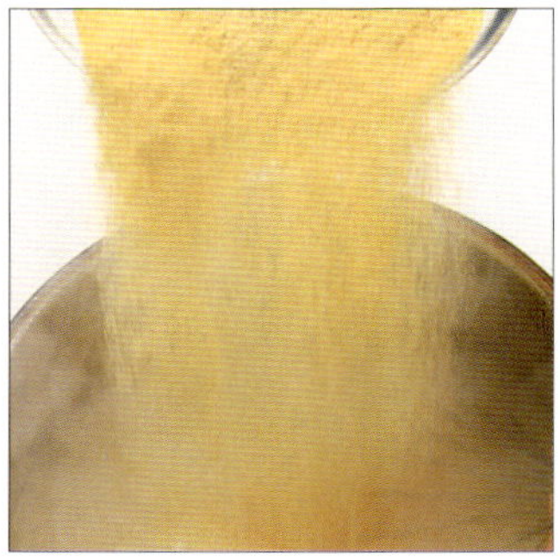

1 Wasser in einem 5-Liter-Topf zum Kochen bringen, salzen, die Polenta, ohne abzusetzen, dazugeben.

2 Bei sehr kleiner Flamme unter ständigem Rühren etwa 8 Minuten kochen, bis sich die Polenta löst. Buttern.

3 Vom Herd nehmen und schlagen, bis die Polenta fest ist. Bei Bedarf nachwürzen.

LINSEN

FÜR VIELBESCHÄFTIGTE KÖCHE sind Linsen unbezahlbar, da sie nicht eingeweicht werden müssen und schnell weichgekocht sind. Rote und orange Linsen verkochen zu einem weichen Mus und werden häufig als Beilage oder zu indischem Dhal gereicht. Grüne und braune Linsen halten die Form und eignen sich für Salate. Für vier Personen: 250 g Linsen und 600 ml Wasser.

1 Linsen in einem Sieb unter fließendem kaltem Wasser spülen, in einem mit Wasser gefüllten Topf kochen.

2 Den Schaum mit einem Schaumlöffel abschöpfen. Nicht zugedeckt bei mittlerer Hitze 20–30 Minuten kochen.

3 Ist das ganze Wassser verkocht und sind die Linsen weich, nach Geschmack salzen.

BOHNEN & ERBSEN

ALLE HÜLSENFRÜCHTE außer Linsen müssen über Nacht eingeweicht und dann 10 Minuten stark gekocht werden, um die Toxine zu zerstören. Die Kochzeiten variieren von 45 Minuten für Adukibohnen bis zu 2 Stunden für Kichererbsen. Kochzeiten finden Sie auf S. 161 und auf der Packung. Schöpfen Sie während des Kochens den Schaum ab. Gekochte Bohnen eignen sich für Salate und Eintöpfe.

1 Erbsen oder Bohnen in reichlich kaltem Wasser mindestens 8 Stunden einweichen. Abseihen und abspülen.

2 Bohnen oder Erbsen in einen Topf geben, mit kaltem Wasser übergießen und 10 Minuten stark kochen lassen.

3 Hitze zurücknehmen, abdecken und langsam weich kochen. Als Test eine Bohne leicht drücken: Sie sollte bis ins Herz weich sein.

FISCH

Fisch ist nahrhaft, fettarm und rasch zubereitet. Im Supermarkt und im Fischgeschäft wird er bereits ausgenommen, entschuppt und häufig auch portioniert verkauft, so daß sehr wenig Vorbereitung anfällt.

FISCH-EINKAUF

ACHTEN SIE BEI DER AUSWAHL darauf, daß das Fleisch fest und saftig ist, und lassen Sie den Fisch ausnehmen. Alle hier abgebildeten Fische sind einfach zu kochen. Ein ganzer Fisch mit 350–500 g reicht für eine Person; rechnen Sie bei Fischfilets mit 125–175 g pro Person.

Ganze Forellen *zum Backen, Grillen und Dünsten. Auch Seebarsch und Seebarbe.*

Seezungenfilets *zum Braten und Grillen. Dasselbe gilt für Schollenfilets.*

Lachsfilets *zum Grillen, Braten und Backen. Auch Seebarschfilets können so zubereitet werden.*

Steak vom Kabeljau *zum Braten, Grillen, Dünsten und Backen. Dasselbe gilt auch für Lachssteaks.*

Schellfischfilets *zum Grillen, Braten und Backen. Auch für Kabeljau- und Seehechtfilets.*

EINEN FISCH VORBEREITEN

SO BEREITET MAN EINEN GANZEN FISCH am besten zum Grillen oder Backen vor. Schneidet man Flossen und Schwanz ab, sieht er appetitlich und gefällig aus. Zitronenscheiben und Kräuter würzen das Fleisch. Der Fisch wird saftiger, wenn man ihn mit Olivenöl einreibt.

1 Mit einer Küchenschere alle Flossen am Rücken und Bauch des Fisches abschneiden und wegwerfen.

2 Den Schwanz v-förmig einschneiden. Den Fisch unter kaltem Wasser abspülen und trockentupfen.

3 Mit einem Küchenmesser den Fisch auf jeder Seite mehrmals diagonal bis zu den Gräten einschneiden.

4 In jeden Schnitt frische Petersilie und eine Zitronenscheibe stecken, und den Fisch mit Salz und Pfeffer würzen.

Filets vorbereiten

Fischfilets sind einfach und schnell zubereitet. Hier ist Lachs abgebildet, doch eignen sich auch Schellfisch, Seehecht, Seebarsch und Kabeljau sehr gut. Manchmal wird eine ganze Fischhälfte als Filet verkauft, die Sie dann zuerst zu einzelnen Portionen von je 125–175 g zuschneiden müssen. Besonders rasch zubereitet und äußerst schmackhaft ist gegrilltes Lachsfilet. Das Meisterrezept dazu finden Sie auf S. 92.

1 Den Fisch mit den Fingern nach feinen Gräten abtasten und diese mit einer Pinzette oder den Fingern entfernen.

2 Mit dem Küchenmesser ausgefranste Haut oder Fett vom Rand abschneiden, so daß ein glatter Rand bleibt.

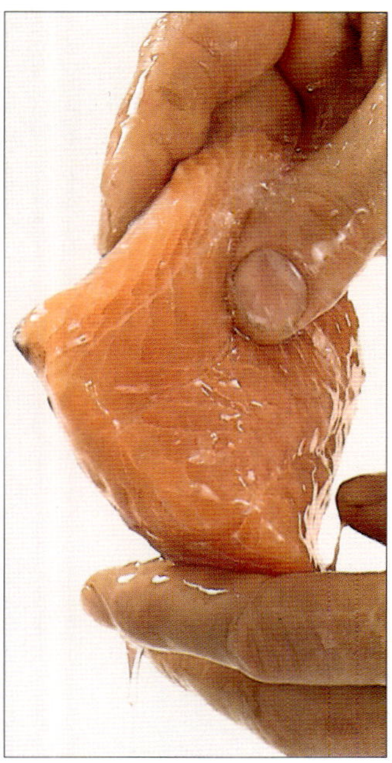

3 Einige Sekunden unter kaltem Wasser abspülen und die Haut mit den Fingern abreiben, um Schuppen zu entfernen.

4 Die Filets mit der Haut nach unten auf Küchenpapier legen und vor dem Kochen trockentupfen.

Filets häuten

Ein Fischhändler entfernt auf Wunsch die Haut von den Fischfilets, doch werden in den Supermärkten die abgepackten Filets meist mit Haut verkauft. Man kann sie auch so zubereiten, da die Haut das Fleisch zusammenhält, doch wenn Sie den Fisch panieren möchten, müssen Sie die Haut entfernen. Da Fischfilets glitschig sind, sollten Sie die Finger erst in Salz tauchen. Schneiden Sie den Fisch mit einem guten Küchenmesser.

1 Den Fisch am Schwanz zwischen Zeigefinger und Daumen nehmen.

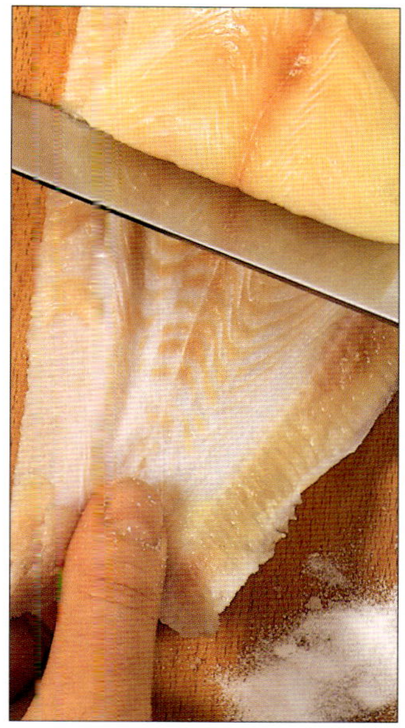

2 Die Haut vom Körper weg mit einer Sägebewegung vom Fleisch abziehen.

Filets panieren

Aus Eiern und Semmelbröseln entsteht eine knusprige Panade, die den Fisch beim Kochen schützt. Für 4 Filets benötigen Sie 1 großes Ei und 75 g Semmelbrösel (siehe S. 70). Der Fisch muß vor dem Panieren völlig trocken sein. Die Brösel auf ein Backpapier geben.

1 Das Ei in eine flache Schüssel schlagen. Das Filet in das Ei tauchen, umdrehen und das Ei abtropfen lassen.

2 Das Filet in die Brösel legen. Das Papier seitlich anheben und den ganzen Fisch mit Bröseln panieren.

SCHALENTIERE

Meeresfrüchte, die fettarme Proteine enthalten, sind heute frisch oder gefroren in den meisten Supermärkten erhältlich. Beherrscht man einige einfache Techniken, sind sie einfach zuzubereiten.

DER EINKAUF

GENERELL SOLLTEN Sie Meeresfrüchte ungekocht kaufen und selbst zubereiten. Sie sind frischer und saftiger als vorgekochte Produkte. Meist werden frische Muscheln roh und lebend in der Schale verkauft. Muscheln ohne Schale werden in Salzwasser eingelegt angeboten.

Garnelen, *roh (oben) und gekocht. Zum Grillen und Braten.*

Kammuschel *mit oranger Koralle. Zum Braten und Grillen.*

Garnelen ohne Kopf, *roh (links) und gekocht. Für Pfannengerichte.*

Miesmuscheln, *kleine für Eintöpfe und Suppen; große zum Schmoren und Braten.*

Gekochte Garnelen in der Schale, *kalt für Salate und Pfannengerichte.*

Kleine Venusmuscheln *für Suppen und Eintöpfe. Auch Amandes genannt.*

Geschälte gekochte Garnelen, *kalt zu essen, für Salate, Suppen und Pfannengerichte.*

Große Venusmuscheln *zum Dämpfen, Backen und für Füllungen.*

MIESMUSCHELN

JEDE MIESMUSCHEL mit zerbrochener Schale oder offene Muscheln, die nicht auf Berührung reagieren, sind tot und ungenießbar. Verarbeiten Sie die Muscheln immer am selben Tag. Rezepte finden Sie auf S. 127. Für vier Personen benötigen Sie etwa 2 kg Muscheln.

1 Den fasrigen „Bart“ von der Schale sorgfältig mit einem Schälmesser abtrennen und herunterlösen.

2 Mit dem Rücken desselben Messers Verunreinigungen von der Muschel kratzen. Immer vom Körper weg arbeiten.

3 Die Muschel mit einer kleinen Bürste unter kaltem Wasser abreiben, um den Sand und Verunreinigungen aus den Vertiefungen in der Schale zu entfernen.

Kammuscheln

Kammuscheln werden meist ohne Schale verkauft. Sie sollten süß und frisch duften und festes, cremefarbenes Fleisch haben. Oft hängt die orange Koralle noch daran: Das ist der eßbare Rogen, der neben dem weißen Fleisch sehr attraktiv aussieht. Gleichgültig wie Sie die Muscheln zubereiten, kochen Sie sie nie länger als 3–4 Minuten, da sie sonst zäh werden. Bereiten Sie 3–4 große oder zehn kleine Kammuscheln pro Person vor.

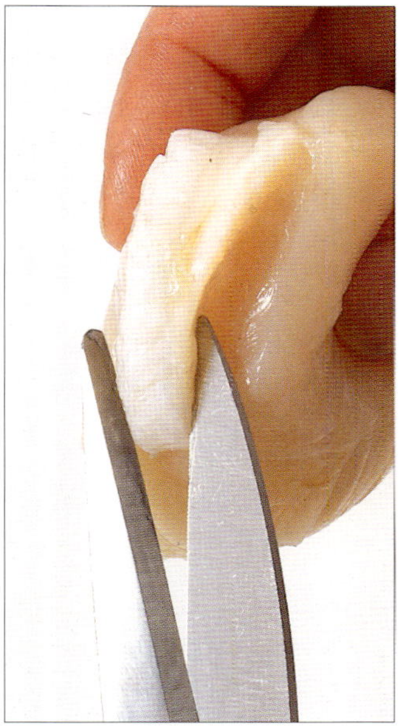

1 Mit der Küchenschere den sichelförmigen Muskel vom weißen Körper abschneiden und entfernen, da er hart und zäh ist.

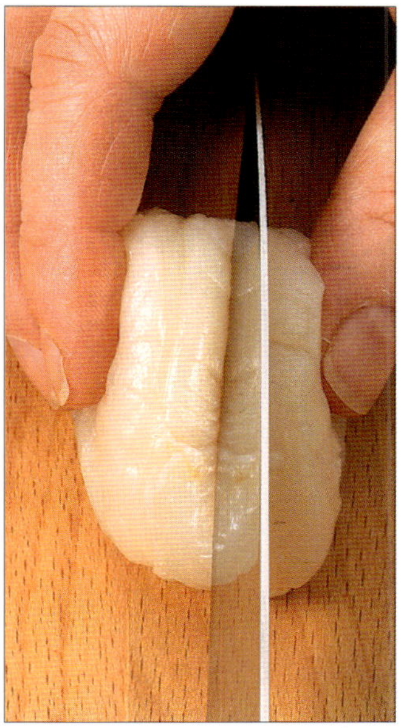

2 Große Muscheln mit einem Küchenmesser in Scheiben schneiden. Kleine Muscheln können ganz gekocht werden.

Venusmuscheln

Nach dem Reinigen Venusmuscheln etwa 5 Minuten zugedeckt dämpfen, bis sie ganz geöffnet sind. Danach können sie sofort gegessen oder weiterverarbeitet werden. Nehmen Sie 375–500 g Muscheln pro Person.

Lebende Venusmuscheln in der Schale vor dem Kochen reinigen. Zuerst mindestens für 1 Stunde in kaltem Salzwasser (4 EL Salz für 1 Liter Wasser) einweichen, und den Sand entfernen. Danach die Venusmuscheln unter kaltem Wasser abspülen und mit einer harten Bürste den restlichen Sand und Schmutz abreiben. (Anders als Miesmuscheln haben sie keinen „Bart".) Offene und zerbrochene Muscheln wegwerfen.

Garnelen

Rohe Garnelen sind grau; erst gekocht nehmen sie die bekannte rosa Färbung an. Die Schale wird aber bei rohen und gekochten Garnelen auf dieselbe Weise entfernt. Die dunkle Vene, die am Rücken der Garnele verläuft, ist genießbar, doch unansehnlich und bei großen Garnelen auch sandig. Nehmen Sie 3–4 Riesengarnelen, etwa 200 g Garnelen mit Schale oder 125 g geschälte und gekochte Garnelen pro Person.

1 Den Kopf in die Finger nehmen und vom Körper ziehen, so daß nur das fleischige Schwanzende übrig bleibt.

2 Die Schale mit den Fingern vom Kopf ausgehend ablösen. Am Schwanzende das Fleisch aus der Schale ziehen.

3 Bei großen Garnelen die dunkle Vene entfernen: Mit dem Schälmesser einen langen, flachen Schnitt ziehen.

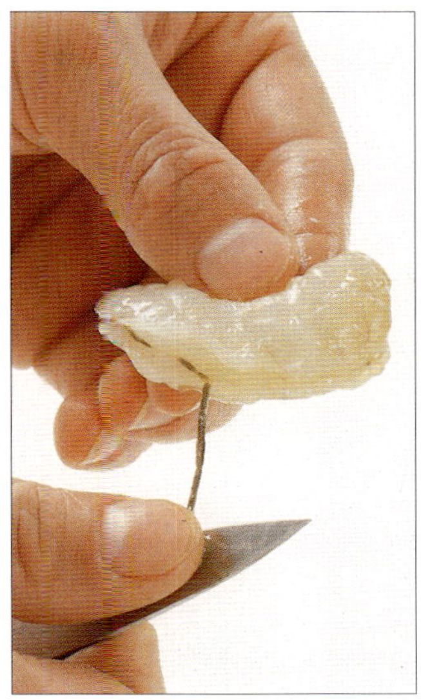

4 Mit der Messerspitze das Ende der Vene lösen und vom Kopfende beginnend herausziehen und wegwerfen.

GEFLÜGEL

Geflügel ist billig, rasch zubereitet und läßt sich geschmacklich sehr variabel zubereiten. Die meisten Geflügelsorten sind fettarm, und sogar der unerfahrenste Koch kann damit gute Gerichte zaubern.

GEFLÜGEL ZUM BRATEN

DIE AUSWAHL an Geflügel zum Braten ist groß. Freilandgeflügel schmeckt am besten, mit Mais gefütterte Tiere haben eine gute Farbe, stammen aber nicht immer aus Bodenhaltung. Tiefgefrorene Tiere sind meist billiger als frische. Auftauzeiten und Brattemperaturen auf S. 160.

***Huhn** sollte eine dünne, saftige Haut und festes Brustfleisch haben. 1,5–1,8 kg reichen für 3–4 Personen.*

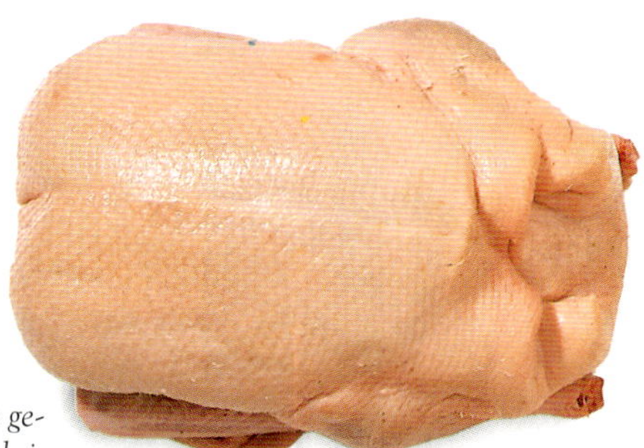

***Ente** sollte eine geschmeidige, wachsige Haut und eine lange, schmale Brust haben. 1,8 kg für 2 und 2,5 kg für 4 Personen.*

*Beim **Truthahn** sollten Beine und Brust fleischig sein. 4–5 kg für 8–10, 6–8 kg für 12–14 Personen. Gebratener Truthahn schmeckt auch kalt.*

GEFLÜGELTEILE

EINZELNE TEILE sind viel rascher fertig als das ganze Tier und leichter zu portionieren. Sie erfordern äußerst geringe Vorbereitung und sind für vielerlei Gerichte einsetzbar. Nehmen Sie pro Person 100–175 g Fleisch ohne Knochen, mit Knochen etwas mehr.

***Hühnerflügel mit Brust** zum Braten, Grillen und für Eintöpfe.*

***Ganzer Hühnerschenkel** für Eintöpfe, zum Braten, Grillen und Rösten.*

***Hühnerbrust ohne Knochen** mit oder ohne Haut. Zum Braten und Grillen.*

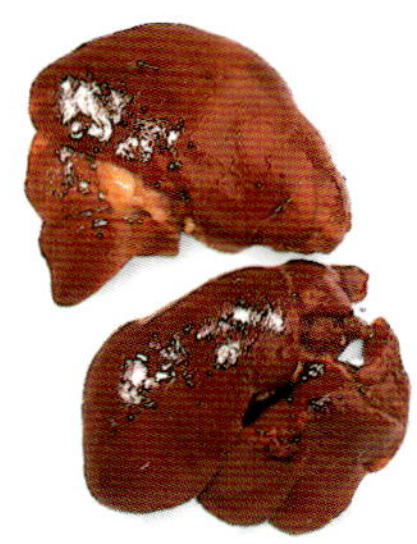

***Hühnerleber** zum Grillen, Braten und für Pasteten. Frische Leber ist besser als tiefgefrorene.*

***Truthahnschnitzel** (Bruststück) zum Braten*

***Hühnerkeule** (unten links) zum Grillen im Ofen.*

***Truthahnhackfleisch** für Hackbraten: die fettarme Alternative zu Rind oder Lamm.*

***Hühnerschenkel** (links) mit oder ohne Haut für Eintöpfe und zum Grillen.*

Huhn vorbereiten

Ein kleines bis mittelgrosses Huhn (bis zu 2 kg) kann, zum Braten wie unten beschrieben, zusammengehalten werden. Große Hühner und Truthähne sollten aber fest zugebunden werden, vor allem wenn sie im Halsbereich gefüllt sind (siehe S. 48). Alle Innereien müssen vor dem Kochen entfernt werden. Ein Meisterrezept für ein Brathuhn finden Sie auf S. 100.

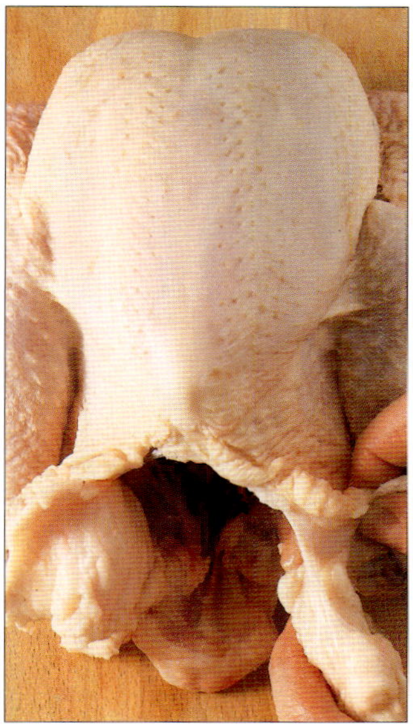

1 Mit den Fingern das überschüssige weiße Fett am geöffneten hinteren Ende des Huhns wegzupfen.

2 Innen mit Küchenpapier abwischen, dann mit frischem Papier die Haut abtupfen – so wird sie knuspriger.

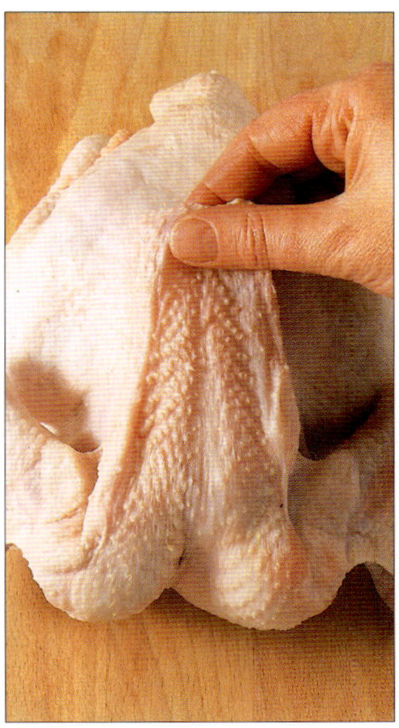

3 Das Huhn auf die Brust legen, und die Haut des Halses über die Öffnung ziehen. Überflüssige Haut mit der Schere abschneiden.

4 Die Flügel umbiegen, bis sich die Spitzen berühren, und damit die Haut befestigen. Huhn umdrehen und die Beine zusammenbinden.

Hühnerbrüste zubereiten

Hühnerbrust ohne Haut hat weißes, fettarmes Fleisch, das rasch zubereitet ist. Allerdings ist Vorsicht angebracht, wenn Sie das Fleisch zart und saftig haben wollen. Mit Haut bleibt das Fleisch saftiger, aber auch fetthaltiger. Wenn Sie saftiges Fleisch ohne Haut wünschen, können Sie das Fleisch mit der Haut braten und diese vor dem Servieren mit den Fingern abziehen.

Filet herunterlösen

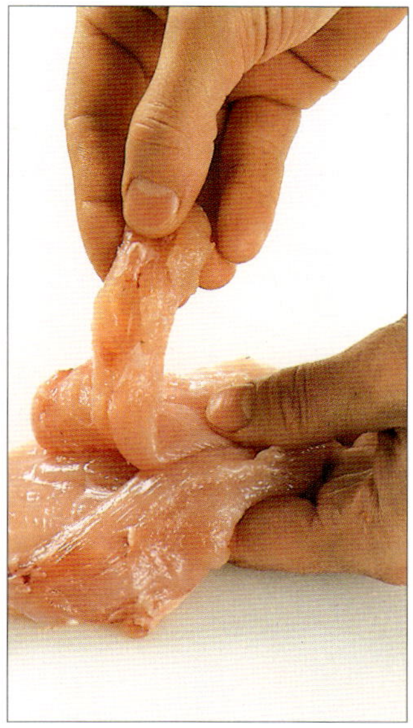

Den kleinen Streifen mit zartem Filet von der Unterseite abziehen. Dieser beste Teil ist schneller gar als der Rest.

Eine Tasche machen

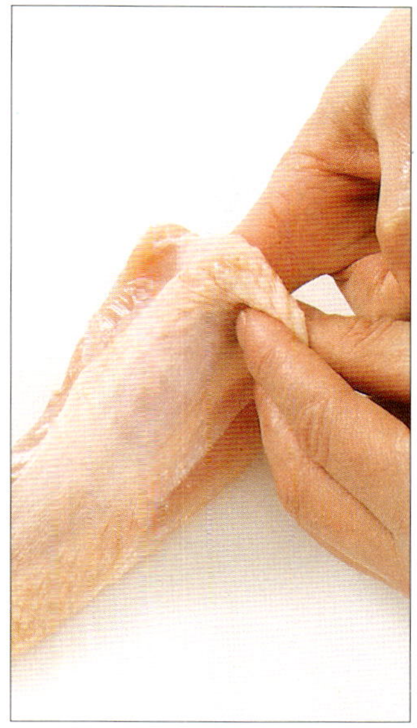

Mit dem Finger die Haut vom Fleisch lösen, daß eine Tasche entsteht. Mit Butter, Weichkäse, Knoblauch, Kräutern füllen.

Die Sehne entfernen

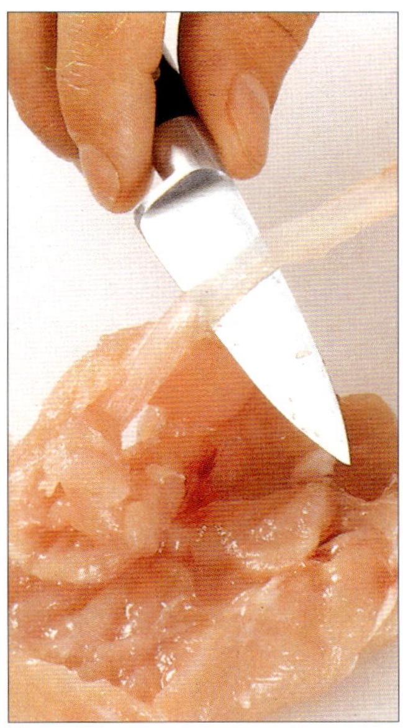

Die weiße Sehne auf der Unterseite der Brust mit einem scharfen Messer entfernen. Die Sehne ist zäh und sollte weggeworfen werden.

Das Fleisch marinieren

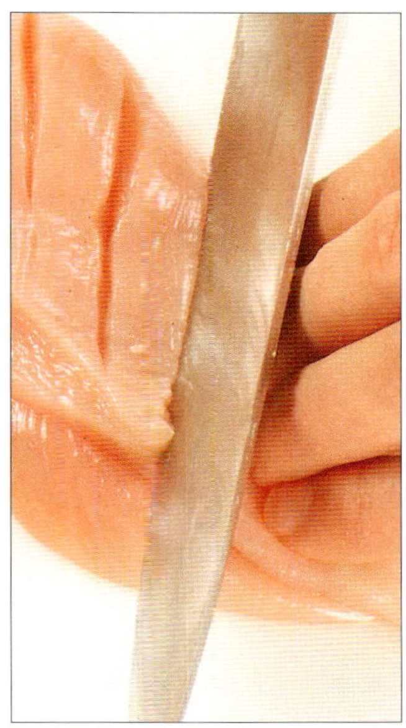

Gehäutetes Fleisch mit einem Küchenmesser diagonal einschneiden, marinieren oder die Schlitze mit Kräutern und Knoblauchbutter füllen.

Geflügel

Grosses Geflügel braten

Gefrorenes Geflügel muß man vor dem Füllen und Kochen auftauen. Innereien entfernen. Nur den Halsbereich, nicht die Bauchhöhle füllen! Ein Rezept für gebratenen Truthahn finden Sie auf S. 144. Auftauzeiten und Brattemperaturen sind auf S. 160 angegeben.

1 Das Geflügel mit dem Hinterteil nach unten in eine Schüssel legen. Die Halshaut zurückziehen und füllen. Die Haut über die Füllung stülpen.

2 Die Flügel aufbiegen und mit einer Schnur sichern. Die Beine vorbiegen und befestigen. Mit Butter bestreichen, mit Salz und Pfeffer würzen.

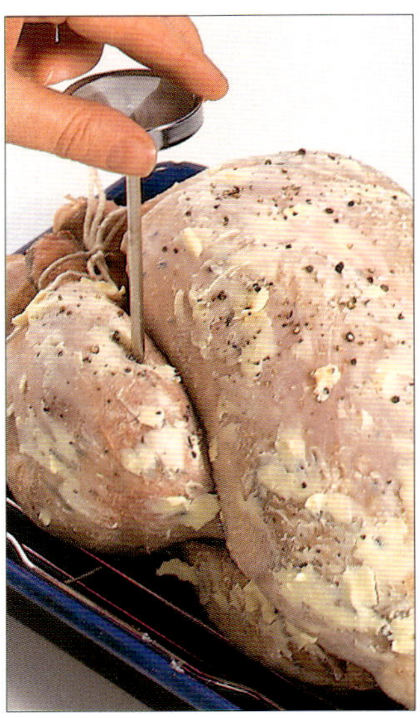

3 Das Geflügel auf einem Gitter in eine Form legen. Das Fleischthermometer (falls vorhanden) in den dicksten Teil am Schenkel stecken.

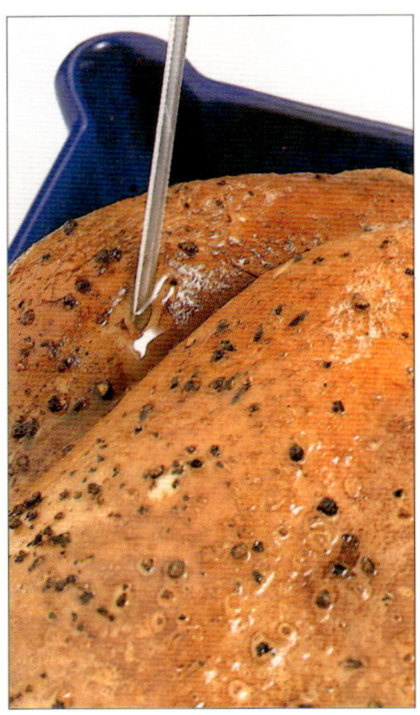

4 Braten, bis klarer Saft austritt, wenn der Spieß am dicksten Teil des Schenkels einsticht. Am Thermometer die Temperatur prüfen.

Geflügel tranchieren

Das gebratene Geflügel in einer Folie etwa 15 Minuten stehenlassen, während Sie die Soße zubereiten (siehe S. 103). Danach mit der Brust nach unten auf ein Brett legen. Die Schnur und den Spieß entfernen, das Huhn oder den Truthahn mit einer Fleischgabel halten.

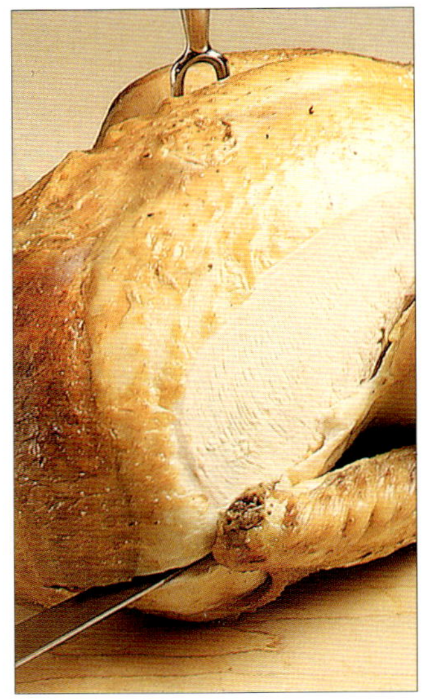

1 Den Flügel mit der Klinge herunterbiegen, und eine Scheibe aus dem Fleisch bis zum Gelenk abschneiden. Gelenkknorpel durchtrennen.

2 Dünne Scheiben mit etwas Füllung vom Brustkorb parallel zu den Rippen abschneiden. Auf der anderen Seite ebenso verfahren.

3 Den Schenkel nach außen drehen und am Gelenk abtrennen. Den Schenkel halten und dünne Scheiben herunterschneiden.

4 Das Fleisch am Unterschenkel lösen Sie heraus, indem Sie den Fußknöchel halten und das Messer parallel zum Knochen führen.

Eine Ente braten

Eine Ente hat weniger Fleisch als anderes Geflügel vergleichbarer Größe, da sie sehr fett ist und gröbere Knochen hat. Das Fleisch ist sehr gehaltvoll und wird meist in kleineren Portionen serviert als Huhn oder Truthahn. Bereiten Sie Ente ebenso zu wie Huhn (siehe S. 47), doch entfernen Sie soviel Fett wie möglich. Fett rinnt auch ab, wenn Sie die Brust vor dem Braten einstechen und die Ente anfangs auf der Brustseite braten. Auftau- und Bratzeiten sowie Brattemperaturen auf S. 160.

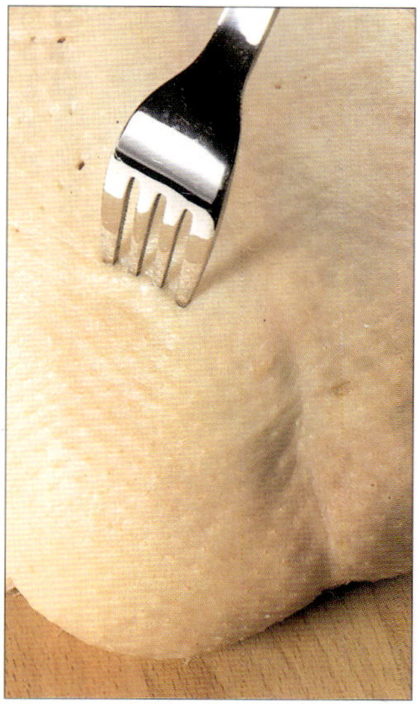

1 Die Brust einstechen und mit Salz und Pfeffer einreiben. Mit der Brust nach unten auf einen Rost in einem Blech legen und 25 Minuten braten.

2 Umdrehen und 20 Minuten braten. Mit Bratensaft begießen, überschüssiges Fett wegschütten. Bei niedrigerer Hitze fertig braten (siehe S. 160).

Ente servieren

Es ist besser, eine Ente zu zerteilen, anstatt sie in Scheiben zu schneiden. Um das Fleisch für vier Personen aufzuteilen, sollten Sie die untenstehende Technik befolgen. Für zwei Personen halbieren Sie die Ente.

1 Die Schenkel mit einem Filetiermesser am Gelenk abtrennen. Am Brustbein entlang zerteilen, um das Brustfleisch herunterzulösen.

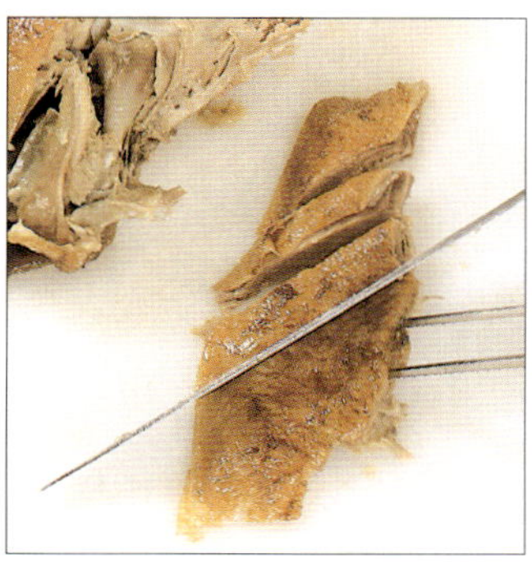

2 Das Brustfleisch diagonal in dicke Scheiben schneiden. Jeder Person etwas Brustfleisch mit einem Flügel oder Schenkel servieren.

Hühnerbrühe

Brühe hält zugedeckt im Kühlschrank 3 Tage, in der Kühltruhe 6 Monate. Für etwa 1 Liter abgeseihte Brühe:

Zutaten

Reste von 1 Brathuhn

1 mittelgroße Zwiebel, halbiert

1 mittelgroße Selleriestange, gehackt

1 mittelgroße Karotte, gehackt

1 Kräutersträußchen

1 Knochenstücke teilen und in einen 5-Liter-Topf geben. Gemüse und Kräutersträußchen hinzufügen, mit kaltem Wasser aufgießen.

2 Bei starker Hitze zum Kochen bringen, Schaum abschöpfen und die Temperatur reduzieren. 2½–3 Stunden zugedeckt köcheln lassen.

3 Den Inhalt des Topfs in ein Sieb gießen, das über einer großen Schüssel hängt. Die Brühe in die Schüssel abrinnen lassen.

FLEISCH

Wenn Sie Fleisch zubereiten, müssen Sie vor allem beachten, daß Sie die richtige Zubereitungsmethode für das richtige Stück Fleisch wählen. Nur so werden Sie mit dem Ergebnis zufrieden sein.

BRATENSTÜCKE

FÜR EINEN BRATEN ZUM FESTESSEN, bei dem Geld keine Rolle spielt, sollten Sie nur erstklassiges Fleisch auswählen. Brattemperaturen und -zeiten für die abgebildeten Stücke S. 160. Anleitungen zum Braten und Schneiden auf S. 52–53.

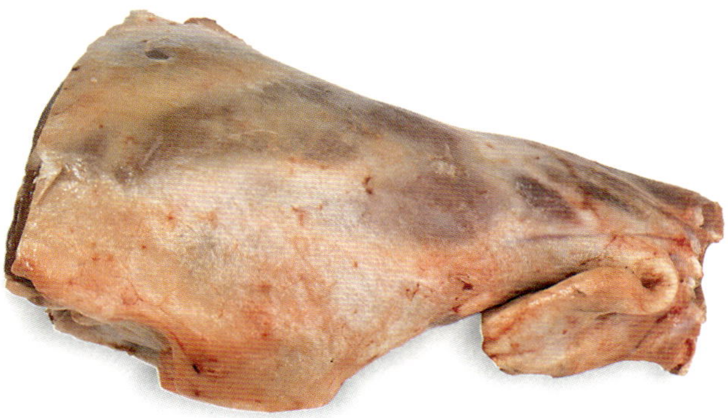

Lammkeule *wird ganz oder halbiert mit Knochen verkauft. Eine ganze Keule mit 1,5–2,5 kg reicht für 6–8 Personen; 1–1,6 kg für 4–6 Personen.*

Schweinelende *ohne Knochen und eingerollt, mit oder ohne Haut. 2–2,5 kg reichen für 8–10 Personen; 1–1,5 kg für 4–6.*

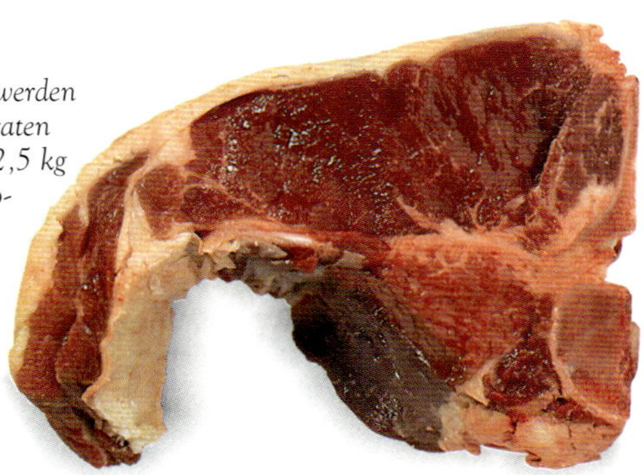

Rinderrippchen *werden traditionell zum Braten verwendet. 2,25–2,5 kg reichen für 4 Personen; ein Stück mit 4,5 kg für 6–8 Personen. Auch das Lendenstück eignet sich ganz hervorragend zum Braten.*

FLEISCHTEILE

VORGESCHNITTENES FLEISCH ist praktisch und spart Vorbereitungszeit. Steaks und Koteletts sollten gut zugeschnitten und gleich groß sein, sollen sie gemeinsam gar werden. Rechnen Sie pro Person mit 100–175 g Fleisch ohne Knochen, etwas mehr, wenn ein Knochen dabei ist.

Hackfleisch, *feines Hackfleisch (links) eignet sich für Hackbraten und gefülltes Gemüse, gröberes (rechts) findet für Spaghetti Bolognese häufig Verwendung.*

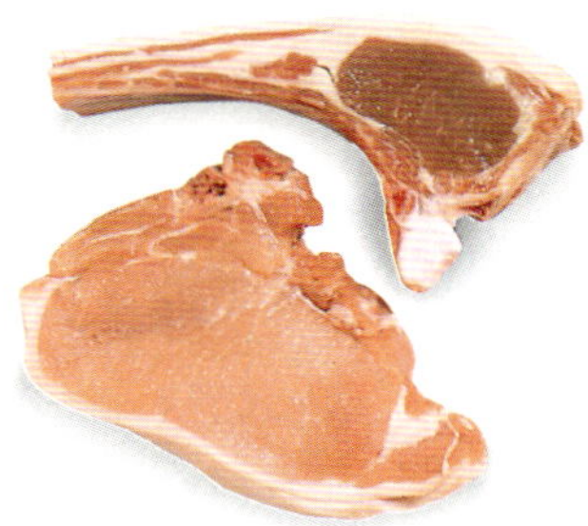

Koteletts, *gegrillt oder gebraten, sind rasch gar. Lammkoteletts (oben) haben ein saftiges „Fleischauge" – reichen Sie 2 Stück pro Person. Schweinekoteletts (unten) sind größer – pro Person genügt eines.*

Steak *kann gegrillt oder gebraten werden. Rumpsteak (rechts) wird in großen Stücken verkauft und muß zerteilt werden. Filet und Lendensteak werden portioniert verkauft.*

Schweinefilet *oder Lende kann diagonal in dünne Scheiben geschnitten und gebraten oder geschnetzelt zubereitet werden.*

Schmorfleisch *für Eintöpfe und Gulasch muß lange und langsam gekocht werden, da es viel mehr Muskeln enthält.*

Leberstücke *können gebraten oder gegrillt werden. Kalbsleber (links) ist zart, aber teuer; Lammleber billiger.* ***Lammnieren*** *(oben) zum Braten oder für Spieße zum Grillen.*

Fleisch vorbereiten

Beim Fleischer oder im Supermarkt wird Fleisch meist geputzt und portioniert verkauft, doch kann man häufig noch zu Hause ein wenig nachhelfen, damit es besser aussieht, gart und schmeckt. Meist wurde das Fett weggeschnitten, doch sollten Sie bei jeder Zubereitungsmethode eine dünne Fettschicht lassen, die dem Fleisch Feuchtigkeit zuführt und den Geschmack verbessert.

Lammkoteletts

Mit einem Küchenmesser das außenliegende Fett bis auf etwa 5 mm rundherum wegschneiden.

Schweinekoteletts

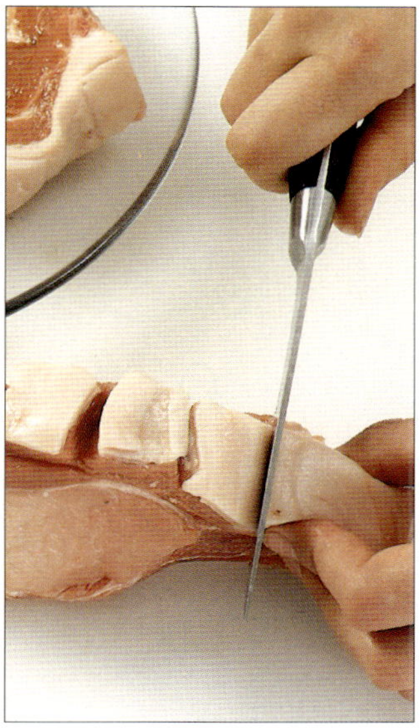

Das Fett mit einem Küchenmesser tief einschneiden, damit es beim Braten aufgehen kann, was gut aussieht.

Rumpsteak

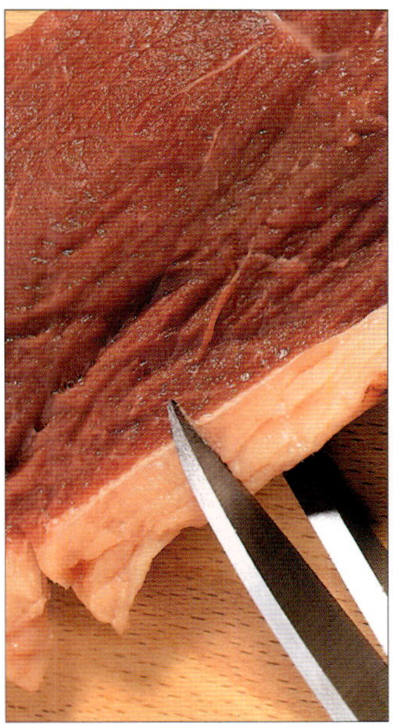

Fett am Rand alle 2 cm mit einer Schere tief einschneiden, damit sich das Steak beim Braten nicht aufbiegt.

Schmorbraten

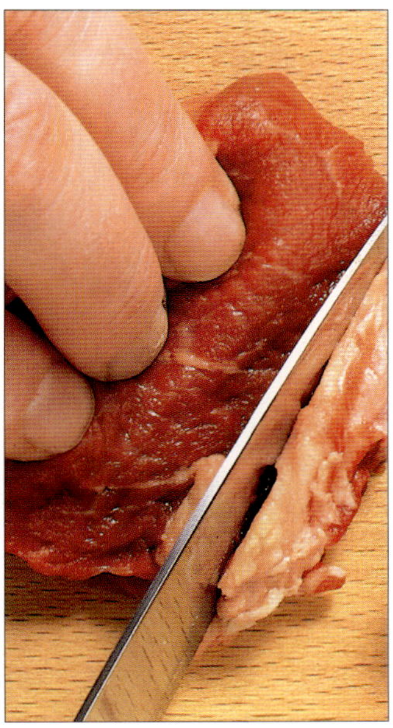

Fett am Fleischrand mit einem Küchenmesser abschneiden. Am besten, bevor Sie das Fleisch in Stücke schneiden.

Zarte Stücke

Zartes, dünnes Fleisch eignet sich besonders für Pfannengerichte, die schnell und bei großer Hitze zubereitet werden. Klopft man das Fleisch, wird es dünner und leichter zu schneiden. Zudem öffnet man dadurch die Fasern, und das Fleisch wird zarter. Verwenden Sie dazu eine Bratpfanne. Abgebildet ist ein Rumpsteak, doch kann auch Schweinefilet oder Hühnerbrust so zubereitet werden.

Klopfen

Das Fleisch zwischen zwei Schichten Backpapier legen und mit dem Boden einer schweren Pfanne klopfen.

Aufschneiden

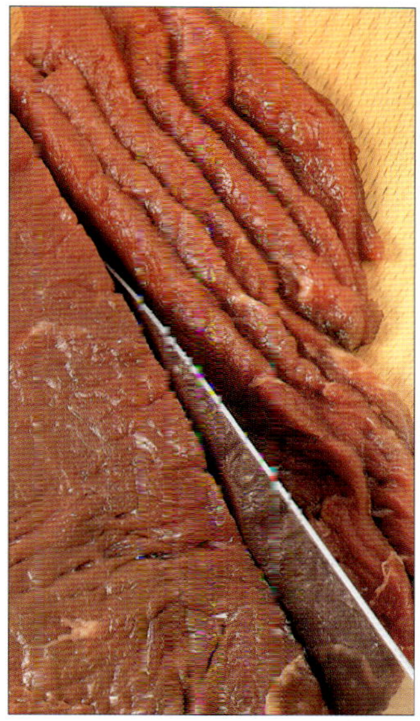

Für Pfannengerichte Fleisch klopfen (siehe links) und quer zur Faser in etwa 5 mm dünne Scheiben schneiden.

Niere & Leber

Niere und Leber sind reich an Eisen und Proteinen und erfordern kaum Vorbereitung. Beide müssen sorgfältig und rasch durchgebraten werden (höchstens einige Minuten), da sie sonst zäh werden.

Nieren

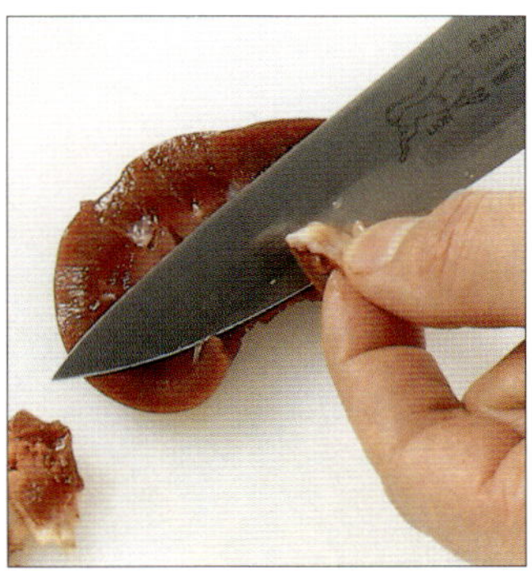

Die feine Membran entfernen und die Niere längs halbieren. Fett und die Röhre im Inneren mit einem Messer entfernen.

Leber

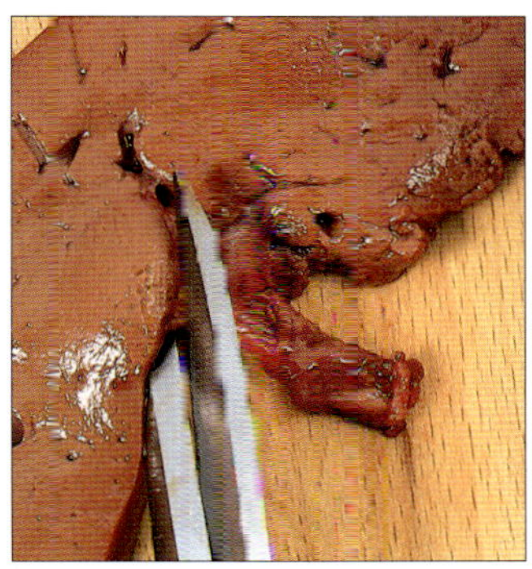

Unansehnliche Ränder von der Leber mit der Schere abschneiden und alle Röhren mit dem Messer entfernen.

FLEISCH

LAMMKEULE BRATEN

NEHMEN SIE DAS FLEISCH aus dem Kühlschrank und lassen Sie es etwa 30 Minuten zugedeckt bei Raumtemperatur stehen. Es kann Ihnen sonst passieren, daß das Fleisch ungleichmäßig gar wird. Hinweise auf Brattemperaturen und -zeiten finden Sie auf S. 160.

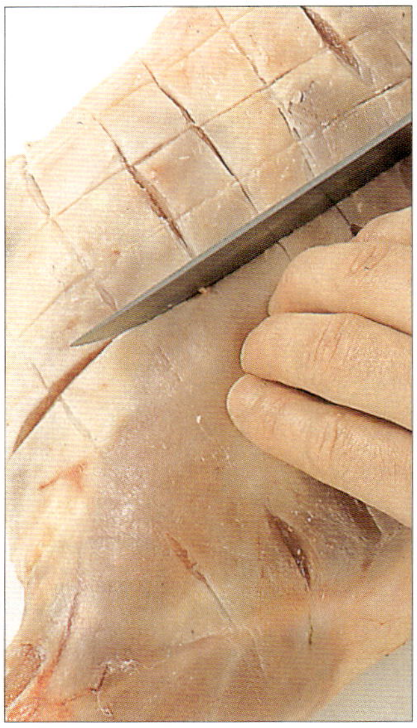

1 Mit dem Küchenmesser Quadrate ins Fett ritzen. Nach Geschmack geschälte Knoblauchzehen oder frischen Rosmarin in die Ritzen geben.

2 Das Bratenthermometer (falls vorhanden) in das dickste Fleischstück stechen. Das Fleisch mit Olivenöl, Salz und Pfeffer einreiben.

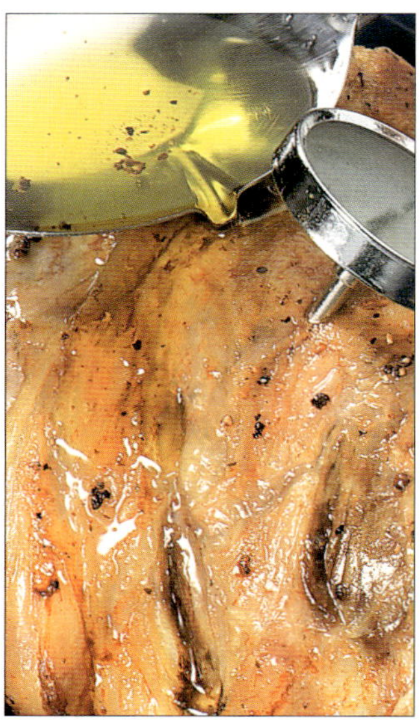

3 Auf dem Rost, der auf einem Blech liegt, braten. Nach halber Bratzeit mit Bratensaft begießen. Am Ende der Bratzeit mit dem Messer testen.

4 Das Fleisch ist gar, wenn der austretende Saft klar ist, davor ist er noch rosig. Am Fleischthermometer die Temperatur überprüfen.

LAMMKEULE SCHNEIDEN

DAS FLEISCH sollte nach dem Braten immer etwas ruhen, damit die Säfte einziehen und sich das Fleisch leichter schneiden läßt. Außerdem haben Sie dann Zeit, aus dem Bratensaft eine Soße zuzubereiten (S. 103). Das Fleisch mit Fleischgabel und Tranchiermesser schneiden.

1 Das Lamm mit zwei großen Löffeln vom Rost heben. Locker in Folie wickeln, etwa 15 Minuten an einem nicht zu kühlen Ort ruhen lassen.

2 Keule mit der Fleischseite nach oben legen und einen v-förmigen Keil am Gelenk ausschneiden. So nach oben hin weiterarbeiten.

3 Ist die gesamte fleischige Seite der Keule aufgeschnitten, wenden und horizontale Scheiben parallel zum Knochen schneiden.

EINEN BRATEN ZUBEREITEN

BRATEN WIRD OFT AUSGELÖST und mit einer Schnur zusammengehalten angeboten, so daß er einfach zuzubereiten und zu schneiden ist. Gut eignen sich zum Braten Rinderlende und Oberschale sowie Lende, Keule und Schulter von Lamm oder Schwein. Vor dem Braten das Fleisch bei Raumtemperatur lagern. Sie können ein Bratenthermometer verwenden. Wir haben die Schweineschulter vor dem Braten mit Olivenöl, Pfeffer und Salz eingerieben. Bratzeiten und -temperaturen auf S. 160.

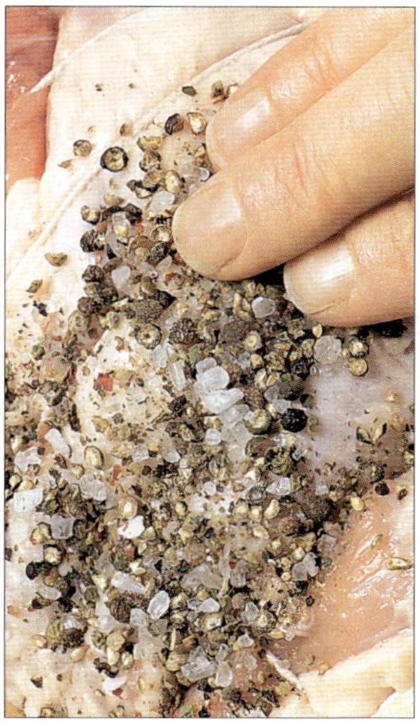

1 Das Fleisch mit etwas Olivenöl, 4 EL zerdrückten, gemischten Pfefferkörnern und 2 EL grobem Salz einreiben.

2 Auf dem Rost in einer Bratenform in den Ofen geben, mit Bratensaft übergießen. Am Schluß Schnüre abschneiden.

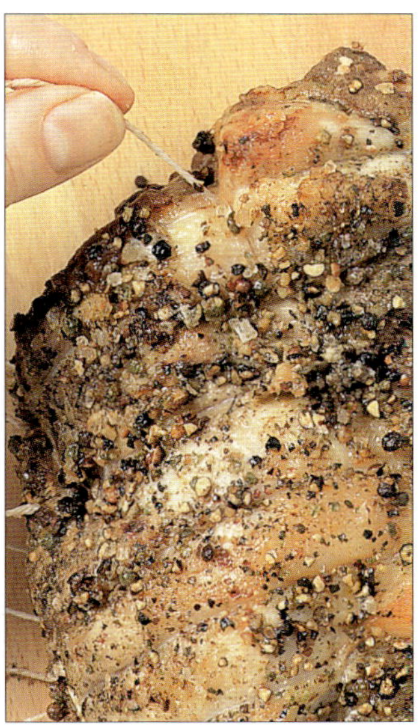

3 Die Schnüre abziehen und wegwerfen. Den Braten in Folie wickeln und 15 Minuten ruhen lassen. In dieser Zeit die Sauce zubereiten (siehe S. 103).

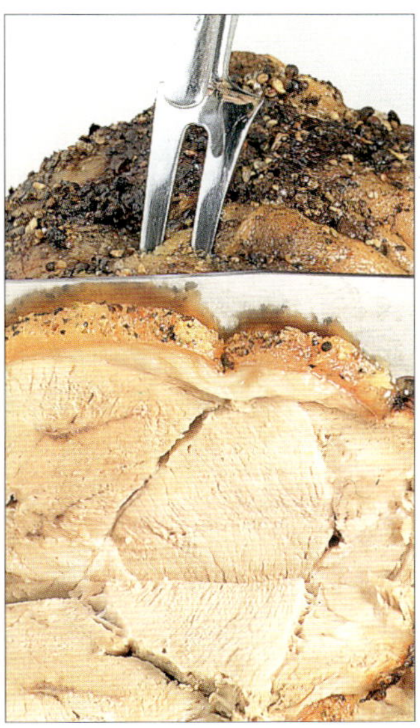

4 Das Fleisch mit einer Spickgabel oben festhalten und mit einem Tranchiermesser in Sägebewegung dünne Scheiben abschneiden.

EIN RIPPENSTÜCK BRATEN

DIESES STÜCK EIGNET SICH hervorragend zum Braten: Da die Rippenknochen Wärme leiten, brät das Fleisch rasch, ohne dabei auszutrocknen. Nehmen Sie das Fleisch vor der Zubereitung aus dem Kühlschrank. Lassen Sie nur eine dünne Fettschicht am Fleisch; reiben Sie es mit Olivenöl, Salz und zerstoßenen Pfefferkörnern ein. Sie können ein Bratenthermometer verwenden. Bereiten Sie die Soße zu, während das Fleisch in Folie ruht (siehe S. 103). Bratzeiten finden Sie auf S. 160.

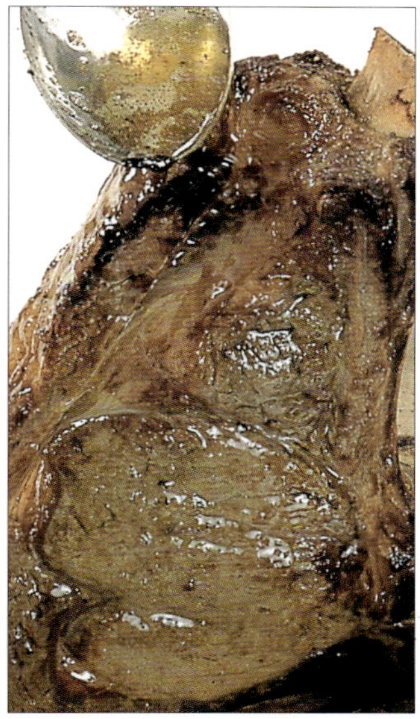

1 Das Fleisch mit den Rippen nach oben in einer Form braten. Nach halber Garzeit mit Bratensaft übergießen.

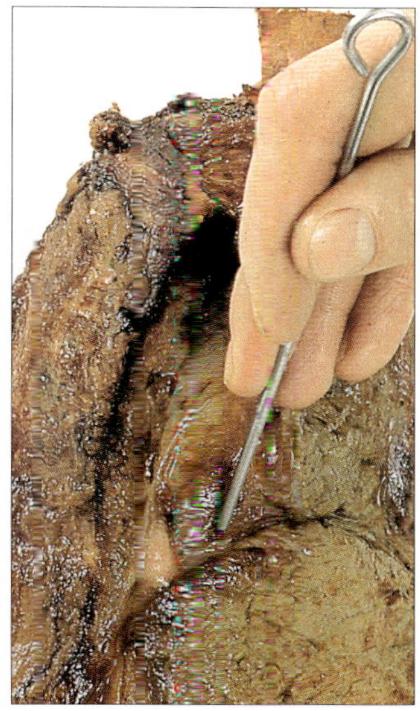

2 Das Fleisch ist gar, wenn der austretende Saft klar, nicht rosig ist. Braten in einer Folie 15 Minuten ruhen lassen.

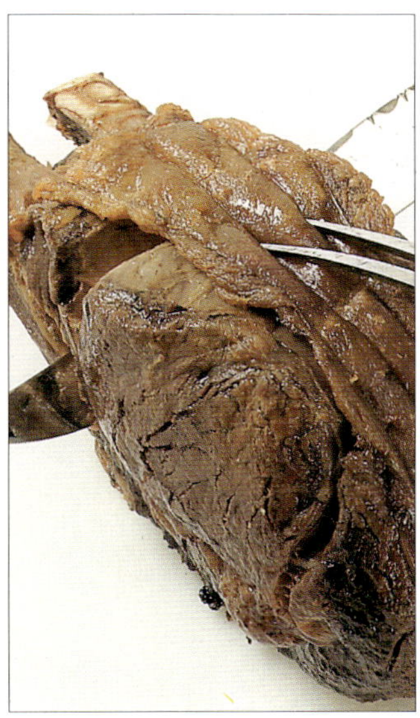

3 Vor dem Aufschneiden das Fleisch von den Rippen lösen. Zwischen Rippen und Fleisch sägend von einem Ende zum anderen durcharbeiten.

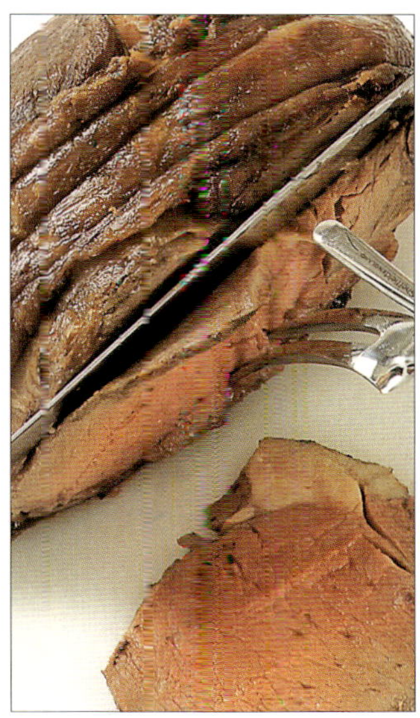

4 Danach das Fleisch mit der Fettschicht nach oben auflegen und mit einem Tranchiermesser vertikal in dünne Scheiben schneiden.

GEMÜSE

Kaufen Sie Gemüse nicht auf Vorrat ein! Frisch schmeckt es nicht nur viel besser, es ist auch gesünder: Je älter ein Gemüse ist, desto weniger Nährstoffe enthält es.

ZWIEBELN

MIT DIESER EINFACHEN TECHNIK schneiden Küchenchefs Zwiebeln gleichmäßig auf. Unregelmäßig geschnittene Zwiebeln stören Aussehen und Konsistenz des Gerichts.

1 Die Spitze der Zwiebel abschneiden und die äußere Schale mit einem Gemüsemesser abschälen. Die Wurzel stutzen, aber daran lassen.

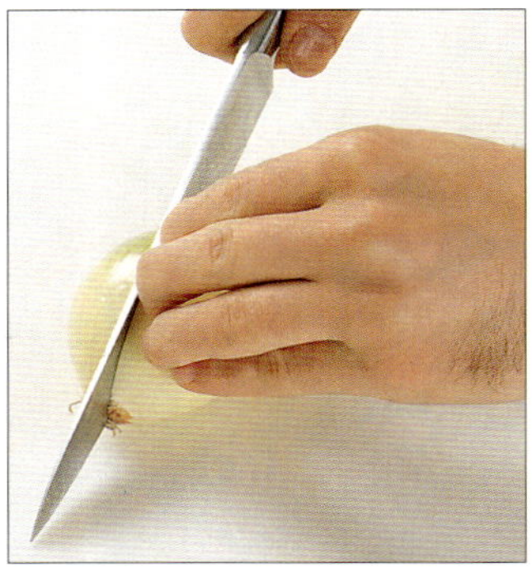

2 Die Zwiebel mit einem Küchenmesser der Länge nach halbieren. Eine Hälfte auf ein Brett legen und mit einer Hand halten.

3 Die Zwiebel bis kurz vor der Wurzel horizontal durchschneiden. Danach der Länge nach vertikal bis knapp vor der Wurzel durchschneiden.

4 Die Zwiebel fest halten und in kleine Würfel schneiden. Je dünner die Scheiben, desto kleiner die Würfel. Die Wurzel für Brühe verwenden.

KNOBLAUCH

EINE KNOBLAUCHKNOLLE besteht aus vielen Zehen. Brechen Sie die gewünschte Anzahl an Zehen mit den Fingern heraus und zerdrücken Sie sie wie abgebildet.

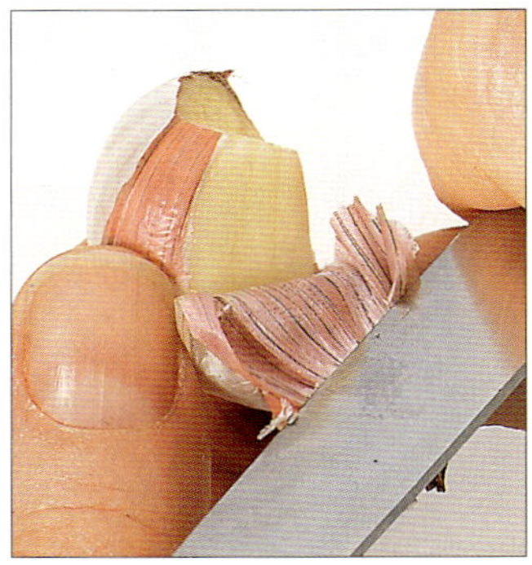

1 Vor dem Schälen den Rand mit der flachen Klinge eines Küchenmessers drücken, um die Haut zu lockern. Mit einem Gemüsemesser schälen.

2 Die Zehe in eine Knoblauchpresse geben und die Griffe zusammendrücken. Das Fleisch tritt durch die Löcher im Gitternetz aus.

LAUCH

HÄUFIG IST ERDE zwischen den Lauchblättern versteckt. Braucht man für ein Gericht Lauchhälften, sollte man den Lauch vorher gut waschen. Wird der Lauch gehackt, waschen Sie ihn besser nach dem Schneiden.

1 Wurzel und Ende abschneiden und für Brühe aufbewahren. Das Ende von jungem Lauch zusammen mit den weißen Teilen kochen.

2 Den Lauch längs halbieren und unter fließendem kaltem Wasser gründlich abspülen, bis die Blätter völlig von Erde befreit sind.

Paprika

Süsser Paprika gedeiht in vielen Farben: Rot und grün sind die häufigsten, wobei rote Paprika gereifte grüne Sorten sind, doch gibt es auch gelbe, orange und sogar purpurne Sorten. Alle schmecken ähnlich; grüne Paprika sind am wenigsten süß. Entkernen Sie die Paprika von oben, wenn Sie sie füllen oder in Ringe schneiden wollen, ansonsten können Sie sie halbieren.

Ganz entkernen

Mit einem Gemüsemesser tief um den Stiel herum einschneiden. Den Stiel mit dem daranhängenden gesamten Kerngehäuse herauslösen.

Halbieren & Entkernen

Den Paprika der Länge nach halbieren und Kerngehäuse und Stiel mit einem Gemüsemesser entfernen. Die weißen Rippen herauskratzen.

Tomaten

Bekommen Sie keine saftigen, frischen Tomaten, verwenden Sie zum Kochen Dosentomaten. Helle Tomaten aus dem Gewächshaus sind oft geschmacklos, haben eine harte Haut, und die Kerne sind schwer zu entfernen. Für gehäutete und entkernte Tomaten entfernen Sie zuerst den Stielansatz. Ritzen Sie ein Kreuz unten in die Tomate. Dann folgen Sie untenstehender Anweisung.

1 Die Tomaten 8–15 Sekunden in kochendes Wasser geben, bis die Haut springt. Dann mit einem Schaumlöffel in kaltes Wasser legen.

2 Die Hautränder jeder Tomate mit einem Messer aufheben und abziehen. Zum Entkernen die Tomaten halbieren und ausdrücken.

Chilis

Je kleiner die Chilischote, desto schärfer ist sie. Vermeiden Sie beim Schneiden Augenkontakt, und waschen Sie danach gründlich Hände, Messer und Brett ab. Zusätzlichen Schutz bieten Gummihandschuhe.

1 Den Chili der Länge nach mit einem Gemüsemesser halbieren. Samen und Membran mit der Messerspitze herauskratzen und entfernen.

2 Den Chili mit der Hand niederdrücken und der Länge nach in Scheiben schneiden. Diese bei Bedarf in kleine Würfel schneiden.

Sellerie

Wählen Sie eine möglichst feste Selleriestange mit leuchtend grünen Blättern. Frischer Sellerie bricht leicht; läßt er sich biegen, ist er schon alt. Entfernen Sie bei jeder Stange die fasrige äußere Schicht.

1 Die oberen Blätter und die Wurzel wegschneiden, so daß Sie lose Stengel erhalten. Die beschädigten Seitenäste vom Stengel entfernen.

2 Jeden Stengel am unteren Ende mit einem Sägemesser leicht einschneiden. Von dort aus die äußere Hautschicht bis zum Ende abziehen.

GEMÜSE

AVOCADOS

FÜR AVOCADOVINAIGRETTE und gefüllte Avocados bereiten Sie das Gemüse wie hier gezeigt vor. Für einen Salat halbieren und entkernen, schälen und zerschneiden Sie die Avocado. Für einen Dip zerdrücken Sie das Fleisch. Zitronensaft schützt die Avocado vor Verfärbung.

1 Mit einem Küchenmesser die Avocado der Länge nach um den Kern herum einschneiden. Die Hälften entgegengesetzt drehen, um sie zu trennen.

2 Die Hälfte mit dem Kern halten, mit der Spitze eines Gemüsemessers unter den Kern fahren und ihn sehr vorsichtig herausheben.

KÜRBIS

ALLE KÜRBISSE haben eine harte Schale, die ungenießbar ist. Zudem ist sie sehr schwer zu schneiden. Zerteilen Sie deshalb den Kürbis erst, bevor Sie ihn schälen. Das feste Fruchtfleisch kann man braten, kochen oder dünsten.

1 Mit einem Küchenmesser Stiel und Ansatz entfernen, den Kürbis der Breite nach halbieren, die Kerne mit einem Löffel auskratzen, schneiden.

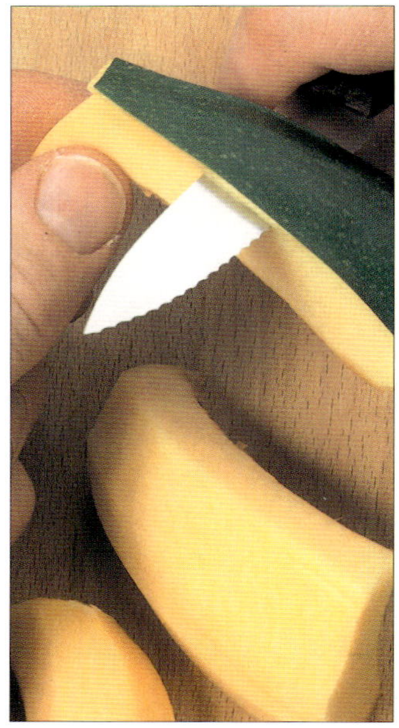

2 Mit einem Gemüsemesser die Haut von jedem Stück sorgfältig entfernen, dann das Fleisch, wie im Rezept angegeben, in Stücke schneiden.

AUBERGINEN

SALZT MAN AUBERGINEN vor dem Braten, werden Bitterstoffe entzogen; zudem saugen sie weniger Öl auf. Bei saftreichen Gerichten wie Ratatouille ist das nicht nötig. Auberginen kann man braten, grillen oder überbacken.

Die ungeschälte Aubergine in 1cm dicke Scheiben schneiden. Die Endstücke entfernen. Die Scheiben nebeneinander auf einen großen Teller legen und kräftig salzen. Danach etwa 30 Minuten stehenlassen, bis an der Aubergine Tropfen austreten. Die Scheiben in ein Sieb geben und unter kaltem Wasser das Salz abspülen. Vor dem Kochen die Scheiben mit Küchenpapier trockentupfen.

ZUCCHINI

DAS SIND BABYKÜRBISSE mit weicher, genießbarer Schale und Kernen. Das zarte Fleisch hat hohen Wassergehalt und ist rasch gar. Zucchini eignen sich zum Braten, Grillen und Backen.

Die Enden mit einem Küchenmesser abschneiden. Kleine Zucchini werden meist in gleichmäßige runde Scheiben geschnitten; große Zucchini der Länge nach halbieren und dann in Scheiben schneiden. Große Zucchini können auch der Länge nach halbiert und ausgehöhlt werden. Zwei Minuten kochen, danach die Zucchinihälften füllen und überbacken.

PILZE

DA PILZE RASCH VERDERBEN, sollten Sie sie so bald wie möglich verwenden und erst direkt vor der Zubereitung putzen. Pilze saugen Wasser leicht auf und sollten nicht gewaschen, sondern nur feucht abgewischt werden. Sie können auch einfach die schmutzigen Teile wegschneiden. Die meisten Pilze, die in Supermärkten und Gemüseläden verkauft werden, wachsen ohnehin in steriler Erde. Kochen Sie die Pilze so kurz wie möglich.

CHAMPIGNONS

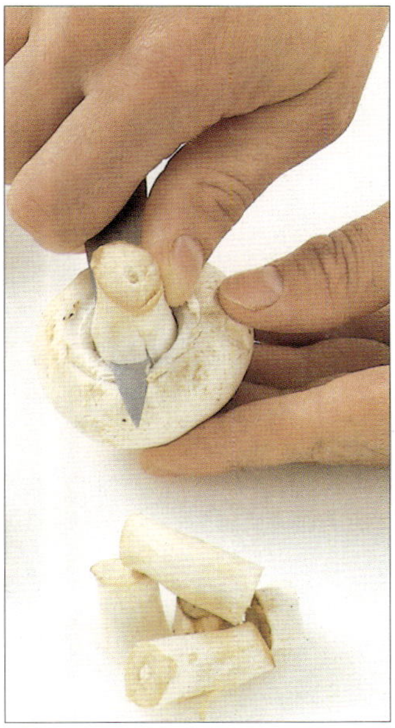

1 Mit einem feuchten Tuch die Erde von den Pilzen abwischen. Stiele mit einem Gemüsemesser abschneiden.

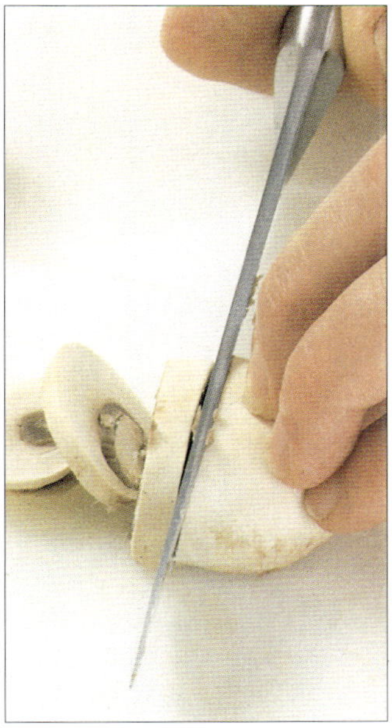

2 Die Pilze auf ein Brett legen und mit einem Küchenmesser in gleichmäßige Scheiben schneiden.

WILDE PILZE

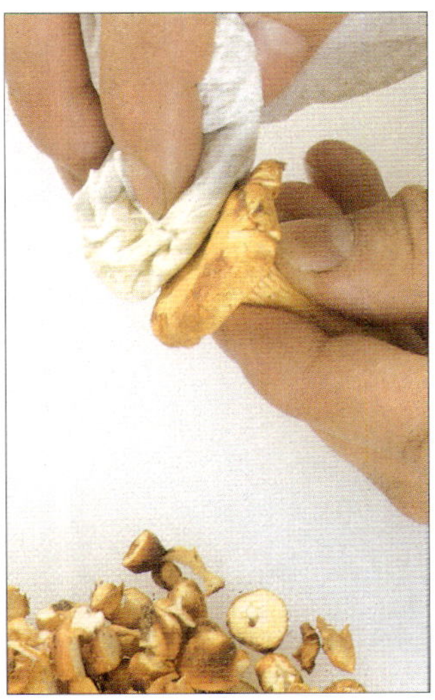

1 Frisch gepflückte Pilze sind köstlich. Mit einem feuchten Tuch abwischen und die holzigen Stiele abschneiden.

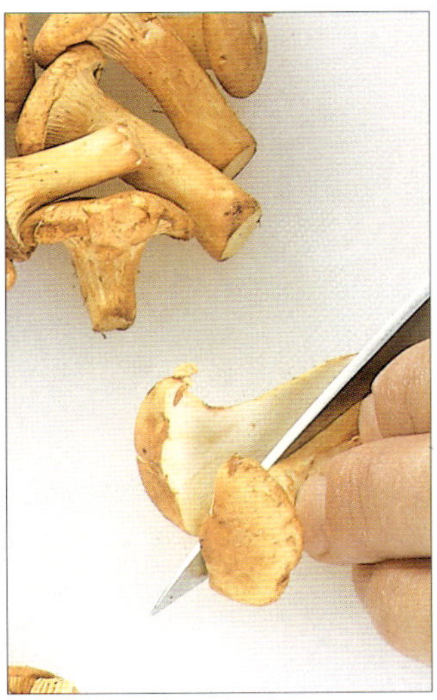

2 Die Pilze der Länge nach mit einem Küchenmesser halbieren, damit ihre attraktive Form erhalten bleibt.

KAROTTEN & PASTINAKEN

ALLE WURZELGEMÜSE haben eine fasrige Struktur und einen süßen Geschmack. Entfernen Sie die Schale vor der Zubereitung mit einem Gemüseschäler, schneiden Sie die Enden mit einem Messer ab. Karottenstifte und -scheiben kann man roh essen oder in Pfannengerichten verarbeiten. Pastinaken werden immer gekocht und zerdrückt oder vorgekocht und geröstet. Die Kochanleitungen und -zeiten finden Sie auf S. 161.

KAROTTEN

Für Stifte die Karotten mit einem Küchenmesser halbieren und der Länge nach in dünne Streifen schneiden.

Für Scheiben mit einem Küchenmesser quer schnippeln. Für rasches Kochen etwa 5 mm dick schneiden.

PASTINAKEN

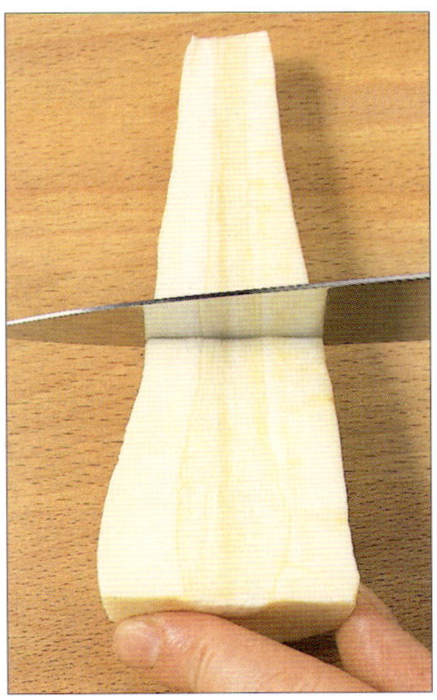

1 Die Pastinake mit einem Küchenmesser längs und quer in zwei breite und zwei schmale Stücke schneiden.

2 Bei älteren Pastinaken die Stücke aufstellen und halbieren, dann das holzige Dreieck in der Mitte wegschneiden.

GEMÜSE

KOHL & BROCCOLI

BROCCOLI gehört zur Familie der Kohlgewächse. Sie alle sind sehr nährstoffreiche Nahrungsmittel. Roh gegessen, sind Broccoli und Rosenkohl besonders gesund. Kochanleitungen und -zeiten finden Sie auf S. 161.

BLATTKOHL

Der Länge nach vierteln und das Herz von jedem Stück entfernen. Die Blätter trennen und von jedem Blatt auch das Mittelstück entfernen.

WEISSKOHL

Der Länge nach mit einem Küchenmesser vierteln und das Herz von jedem Stück entfernen. Die Teile quer in Streifen schneiden.

BROCCOLI (CALABRESE)

Die Röschen mit der Hand vom Stamm abbrechen. Mit einem Gemüsemesser in 2–3 kleinere Teile trennen, die Stiele dünn zerschneiden.

ROSENKOHL

Den Boden abschneiden und verfärbte Blätter entfernen. Damit große Rosen nicht zu lange kochen, mit dem Gemüsemesser ein Kreuz einritzen.

SPINAT

SPINAT wiegt sehr wenig und fällt beim Kochen stark zusammen. Für vier Personen reichen 600 g. Junge, zarte Blätter können roh in einen Salat geschnitten werden. Nehmen Sie dafür 200 g für vier Personen.

1 Die Blätter falten, so daß die Rippe nach außen blickt. Diese mit der Hand vom Blatt abziehen und wegwerfen.

2 Die Blätter unter kaltem Wasser abspülen, noch feucht in einen Topf geben, zusammendrücken und salzen.

3 Den Topf gut zudecken und bei mittlerer Hitze 3–5 Minuten weich kochen. Topf beim Kochen mehrmals schütteln, dabei den Deckel halten.

4 Spinat in ein Sieb geben, mit einem Spachtel möglichst viel Wasser ausdrücken. Wieder in den heißen Topf geben, unter Rühren trocknen.

Grüne Bohnen

Grüne Bohnen können ganz oder zerteilt serviert werden. Stangenbohnen werden diagonal durchgeschnitten. Saubohnen werden vor dem Kochen aus der Schote gelöst. Frische grüne Bohnen müssen elastisch sein. Ist dies nicht der Fall, wurden sie zu lange am Stock gelassen oder zu lange gelagert. Alle grünen Bohnen werden möglichst kurz gekocht. Die Kochanleitungen und -zeiten finden Sie auf S. 161.

Saubohnen

Schote aufschneiden, zwischen Daumen und Zeigefinger nehmen und alle Bohnen herausdrücken. Falls sichtbare Haut vorhanden, diese abschälen.

Stangenbohnen

Bohnen an beiden Enden abschneiden und den Faden mit einem Sägemesser entfernen. Diagonal mit einem Gemüsemesser durchschneiden.

Grüne Bohnen

1 Mit den Fingern beide Enden abklippen. Nach Belieben ganz lassen oder in kürzere Stücke schneiden (Anleitung siehe rechts).

2 Mehrere gleich lange Bohnen zusammenlegen und mit einem Küchenmesser diagonal in gleich große Stücke schneiden.

Erbsen

Junge, frische Erbsen sind besonders zart, süß und knackig. Zuckererbsen werden geerntet, bevor sich die Erbse voll entwickelt hat, und sie können mitsamt der Schote verarbeitet werden. Manche ganz junge Erbsen haben keinen Faden und brauchen daher überhaupt keine Vorbereitung. Sie eignen sich hervorragend für Pfannengerichte. Alle Kochanleitungen finden Sie auf S. 161.

Zuckererbsen

1 Den Stiel mit den Fingern abzwicken und sanft den Faden abziehen. Je nach Größe ganz lassen oder diagonal durchschneiden.

2 Mit einem Küchenmesser die Schoten diagonal in gleich große Stücke schneiden. Für Pfannengerichte sind diamantförmige Stücke hübsch.

Erbsen enthülsen

Frische Erbsen über einer großen Schüssel aus der Schote lösen. Dazu die Schoten aufbrechen und mit dem Daumen unter die Erbsen fahren, bis sie sich lösen.

Gemüse

Kartoffeln schälen

FÜR KARTOFFELPÜREE oder Röstkartoffeln werden die Kartoffeln ohne Schale gekocht. Kartoffeln der Saison brauchen nur geputzt zu werden. Sicherheitshinweise S. 162.

1 Benutzen Sie einen Gemüseschäler, mit dem Sie die Schale unter festem Andrücken in dünnen Streifen herunterschälen.

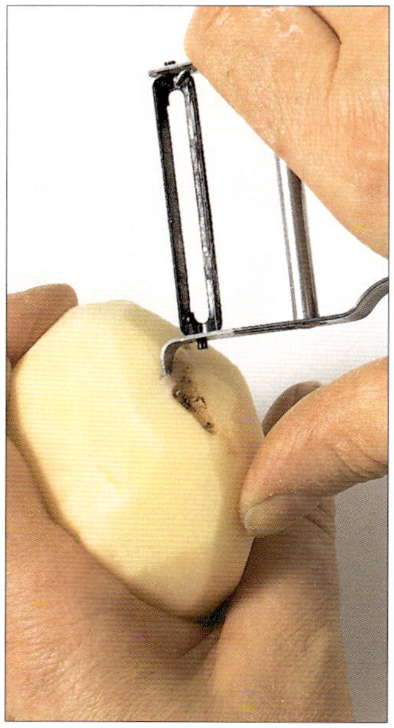

2 Mit dem dreieckigen Metallstück am Schäler die übrigen eingewachsenen Stükke – die „Augen" – aus der Kartoffel herausstechen.

Kartoffeln kochen

DAS WASSER soll die Kartoffeln fast bis oben bedecken. Die Kochzeit beginnt erst dann, wenn das Wasser kocht. 1 kg Kartoffeln und 1 TL Salz für 4–6 Personen.

1 Die Kartoffeln in gleich große Stücke schneiden. Alte Kartoffeln in kaltes, Kartoffeln dieser Saison in kochendes Salzwasser geben.

2 Zudecken und 15–20 Minuten köcheln lassen, bis die Kartoffeln weich sind. Mit einem Gemüsemesser prüfen und sofort abseihen.

Kartoffelpüree

FÜR KARTOFFELPÜREE eignen sich mehlige Kartoffeln besonders gut. Verwenden Sie für 4–6 Personen 1 kg Kartoffeln, 1 TL Salz, 200 ml Milch und 50–75 g Butter.

1 Die Kartoffeln schälen, kochen und abseihen (siehe links). Die Milch in einem Milchtopf erhitzen und über die Kartoffeln gießen.

2 Nach Belieben Butter oder 2–3 EL Olivenöl hinzufügen. Mit einem Kartoffelstampfer oder einem Stabmixer gründlich zerquetschen.

3 Fahren Sie fort, bis das Püree völlig glatt ist und keine Klümpchen mehr bildet.

POMMES FRITES

AM SICHERSTEN GELINGEN POMMES FRITES in einer elektrischen Friteuse mit Temperaturkontrolle. Lesen Sie immer sorgfältig die Gebrauchsanweisung. Das Geheimnis guter Pommes frites ist, sie erst bei niedriger Temperatur zu kochen und dann bei großer Hitze knusprig zu backen. Verwenden Sie mehlige Kartoffelsorten. Für vier Personen benötigen Sie 750 g Kartoffeln.

1 Kartoffeln in 5 x 5 mm dicke Stifte schneiden. 10 Minuten in kaltem Wasser einweichen, abtropfen und trocknen. Das Öl auf 160 °C erhitzen.

2 Die Stifte im Fritierkorb ins Fett geben. 5–6 Minuten schwimmend backen, bis sie weich sind, mit einem Gemüsemesser prüfen.

3 Das Öl auf 190 °C erhitzen, den Korb wieder ins Öl geben und 3–4 Minuten goldbraun und knusprig backen. Auf einem Küchenpapier abtropfen lassen.

RÖSTKARTOFFELN

MEHLIGE KARTOFFELN eignen sich besonders gut. Verwenden Sie für 4–6 Personen etwa 1 kg Kartoffeln. Heizen Sie den Ofen auf 220 °C (Umluft 200 °C, Gas Stufe 7) vor. Schälen Sie die Kartoffeln und schneiden Sie sie in gleichmäßige Stücke. Kochen Sie die Kartoffeln in Salzwasser vor und seihen Sie sie ab. Heizen Sie eine Backform mit 3 EL Sonnenblumenöl etwa 5 Minuten vor.

1 Die Form aus dem Ofen nehmen, die Kartoffeln hineingeben und das heiße Öl darüber löffeln. Wieder 5–10 Minuten in den Ofen geben.

2 Die Ofenform leicht schütteln (damit die Kartoffeln nicht ankleben) und 45 Minuten unter gelegentlichem Wenden goldgelb backen.

OFENKARTOFFELN

GROSSE, MEHLIGE KARTOFFELN lassen sich gut in der Schale backen. Schneiden Sie die fertigen Kartoffeln auf, und geben Sie Butter oder eine beliebige Füllung hinein.

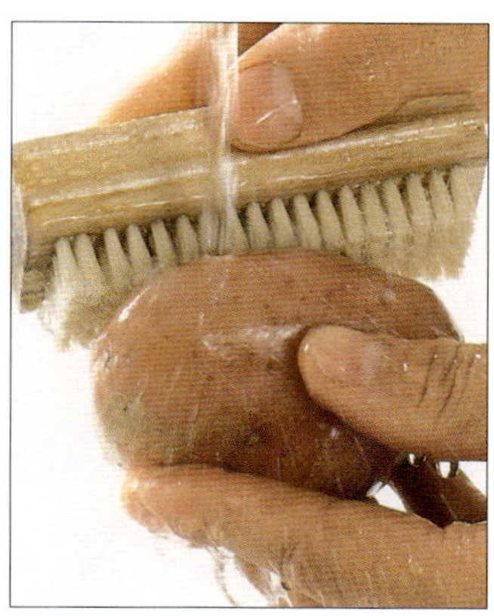

1 Den Ofen auf 220 °C (Umluft 200 °C, Gas Stufe 7) vorheizen. Die Kartoffeln unter kaltem Wasser abreiben und die „Augen" entfernen.

2 Jede Kartoffel mehrmals mit der Gabel einstechen, damit die Haut nicht platzt, und 1–1 1/4 Stunden weich backen. Mit den Fingern prüfen.

OBST

In den Supermärkten ist das ganze Jahr lang verschiedenstes Obst erhältlich. Die faser- und vitaminreichen Früchte sind für gesunde Ernährung unerläßlich und können roh oder gekocht verzehrt werden.

ÄPFEL & BIRNEN

DAMIT SICH ÄPFEL UND BIRNEN nach dem Schälen nicht verfärben, werden sie mit Zitronen- oder Limettensaft beträufelt. Das Fruchtfleisch färbt sich rasch braun, wenn es mit Luft in Berührung kommt.

GANZE ÄPFEL ENTKERNEN

1 Den Apfel mit einer Hand gut festhalten, den Entkerner über dem Stiel ansetzen und fest bis in die Mitte des Apfels hineindrücken.

2 Den Entkerner vorsichtig mit Gehäuse und Kernen herausziehen, dann das Loch sofort wie gewünscht füllen, bevor es sich braun verfärbt.

BIRNENHÄLFTEN ENTKERNEN

1 Den Stiel entfernen und die Birne längs halbieren. Den Ansatz diagonal einschneiden und entfernen.

2 Das Kerngehäuse mit einem Löffel herausschälen. Mit dem Löffelgriff die Fasern aus der Birne lösen.

ÄPFEL SCHNEIDEN

BENÖTIGEN SIE für einen Kuchen, einen Pfannkuchen oder einen Fruchtsalat Apfelspalten, sind diese mit folgender Methode rasch geschnitten. Die Technik eignet sich für Desserts mit rohen Äpfeln wie für Kompott.

1 Die Äpfel mit einem Schälmesser längs halbieren und nochmals vierteln. In der Mitte diagonal einschneiden und das Kerngehäuse entfernen.

2 Die Haut von jedem Viertel rasch mit einem Schälmesser oder einem Gemüseschäler entfernen, bevor das Fleisch sich verfärbt.

3 Jedes Apfelstück längs in gleichmäßige Spalten zerschneiden. Zum Körper hin arbeiten und der Form des Apfels folgen.

4 Die geschälten Apfelstücke in eine Schüssel mit Zitronensaft legen. So werden sie nicht braun und bleiben saftig.

Steinobst

Pflaumen, Pfirsiche, Nektarinen und Aprikosen müssen vor der Zubereitung entkernt werden. Oft haftet das Fleisch sehr fest am Kern, vor allem bei noch nicht ganz reifen Früchten. Mit folgender Technik läßt sich das Problem leicht lösen. Da sich das Fruchtfleisch schnell verfärbt, sollte es immer mit Zitronensaft beträufelt werden. Mangos haben einen großen, flachen Kern, der nur mit einer speziellen Technik entfernt werden kann.

Den Kern entfernen

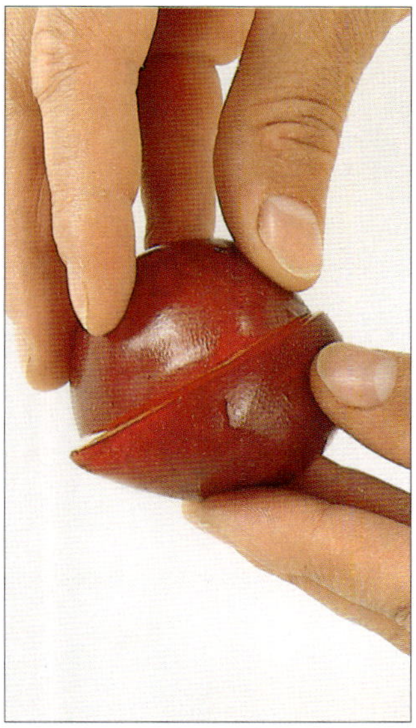

1 Die Frucht mit einem Schälmesser an der Naht bis zum Kern einschneiden. Die Hälften mit den Händen gegeneinander drehen.

2 Den Kern mit der Messerspitze lösen und mit den Fingern herausheben. Eine dünne Schale muß nicht unbedingt entfernt werden.

Mangos vorbereiten

1 Die Frucht mit einem Küchenmesser links und rechts am flachen Kern entlang durchschneiden, so daß drei Stücke entstehen.

2 Das Fruchtfleisch von dem mittleren Teil, der den Kern enthält, herunterschneiden. Alle Teile schälen, dann das Fruchtfleisch zerkleinern.

Beeren & Trauben

Zupfen Sie Trauben mit einer Gabel vom Stiel ab. Dann waschen und trocknen Sie sie, wie unten an den Beeren gezeigt. Nur die zarten, empfindlichen Himbeeren sollten nicht gewaschen werden, denn sie verlieren durch Waschen ihr Aroma. Bereiten Sie Beeren und Trauben höchstens zwei Stunden vor Verwendung vor, und lagern Sie sie zugedeckt oder unter Folie im Kühlschrank, denn sie werden sehr schnell schlecht.

Erdbeeren

1 Von jeder Beere den grünen Stiel abzupfen und wegwerfen. Wenn nötig, mit der Spitze eines Schälmessers ein wenig nachhelfen.

2 Die Beeren in einem Sieb unter kaltem Wasser kurz abspülen. Das Sieb nur sanft schütteln, damit die Beeren nicht verletzt werden.

3 Ein Blech mit einer doppelten Schicht Küchenpapier auslegen, die Beeren hineinlegen und das Blech sanft schütteln, um sie rundum zu trocknen.

OBST

ZITRUSFRÜCHTE

GLÄNZENDE, FESTE FRÜCHTE mit fester, unbeschädigter Schale eignen sich zum Reiben. Früchte mit dünner Haut geben viel Saft. Kaufen Sie zum Reiben möglichst unbehandelte Früchte. Gut waschen und abtrocknen!

GERIEBENE SCHALE

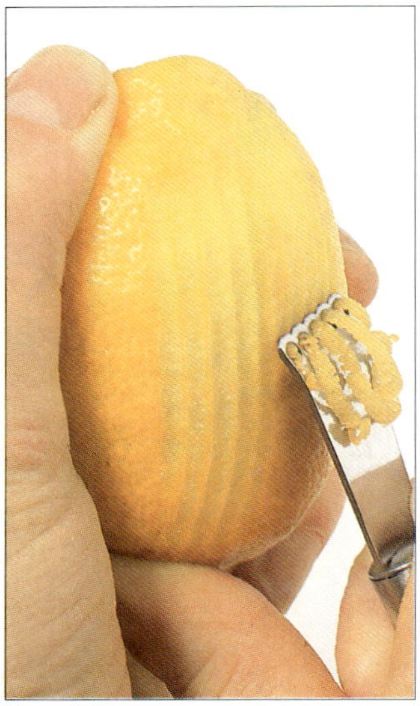

Den Schäler mit Druck über die Fruchtschale ziehen. Nicht zu fest pressen, nur die äußerste Schicht wegnehmen.

Die Frucht sanft über die feine Reibe ziehen. Die geriebene Schale mit einem Backpinsel aus der Reibe entfernen.

SAFT AUSPRESSEN

1 Mit einer Fruchtpresse fest den gesamten Saft aus der halbierten Frucht pressen. Warme Früchte geben mehr Saft als gekühlt gelagerte.

2 Den Filter von den Kernen und dem Fruchtfleisch befreien. Nicht verwendeten Fruchtsaft zugedeckt im Kühlschrank aufbewahren.

ZITRUSFRÜCHTE TEILEN

KÖCHE BEDIENEN SICH gern folgender Methode, um das bittere weiße Mark von einer Orange zu entfernen. Arbeiten Sie immer über einer Schüssel, um den Saft einzufangen. Für Scheiben die Orange quer schneiden.

ORANGE

1 Eine Scheibe der Schale an beiden Enden herunterschneiden. Restliche Frucht entlang der Spalten schälen.

2 Mit einem Gemüsemesser jede Spalte einschneiden und herausheben. Immer über einer Schüssel arbeiten.

GRAPEFRUIT

1 Die Frucht quer halbieren. Mit einem kleinen Sägemesser zwischen Fleisch und Mark fahren und das Fleisch rundherum ablösen.

2 Mit der Messerspitze, von der Mitte der Frucht ausgehend, jede Spalte einschneiden, damit man die Teile leichter herauslöffeln kann.

ANANAS

DIE HARTE, FESTE SCHALE einer Ananas läßt sich nur mit einem scharfen Küchenmesser herunterschneiden. Geben Sie auf Ihre Finger acht – diese Arbeit erfordert Kraft! Zuerst legen Sie die Ananas auf ein Brett, halten sie mit einer Hand fest und schneiden beide Endstücke weg, damit die Ananas steht. Sie können die Frucht auch gleich nach diesem Schritt in Scheiben schneiden. Legen Sie dazu jede Scheibe flach auf das Brett und stechen Sie mit einer Form das Fruchtfleisch aus.

1 Die Frucht aufrecht hinstellen, festhalten, und die Schale mit so vielen Stacheln und so wenig Fleisch wie möglich herunterschneiden.

2 Die Ananas längs halbieren, und jede Hälfte flach auf das Brett legen. Nochmals längs halbieren und danach zu Vierteln zerteilen.

3 Aus jedem Stück den fasrigen Strunk herausschneiden. Bei den jungen Früchten ist der Strunk noch weich und genießbar.

4 Jedes Viertel in kleine Stücke in der gewünschten Dicke schneiden. Unter Umständen diese Stücke nochmals halbieren.

MELONE

SIE SOLLTEN MELONEN vor dem Schneiden immer einkühlen. Hüllen Sie die Melone in Plastik, damit andere Lebensmittel nicht feucht werden. Melonen können, wie dargestellt, zerschnitten und als Vorspeise oder als Fruchtsalat serviert werden. Man kann die Stücke auch der Länge nach in gleichmäßige dekorative Spalten schneiden. Kleine Melonen können halbiert und, wie im ersten Schritt beschrieben, entkernt und als Vorspeise oder mit Obst gefüllt als Dessert serviert werden.

1 Die Frucht mit einer Hand halten und mit einem Küchenmesser längs halbieren. Mit einem großen Löffel die Kerne gut herausschaben.

2 Die ausgeschabten Melonenhälften mit dem Messer in zwei Hälften schneiden, dann nochmals zu Vierteln teilen.

3 Das Fleisch mit einem Messer von der Schale lösen. In einem Zug von einem Ende zum anderen schneiden – vorsichtig arbeiten!

4 Das gelöste Fruchtfleisch in gleich dicke Stücke schneiden. Wollen Sie kleinere Stücke, können Sie diese nochmals längs halbieren.

MÜRBETEIG

Einen Teig selbst zuzubereiten wird Ihnen Spaß machen. Haben Sie erst die Technik heraus, werden Sie eine beeindruckende Vielfalt an Quiches, Kuchen und gedeckten Pies backen können.

FETT EINARBEITEN

HALTEN SIE Küche, Zutaten und Geräte kühl. Die hier angegebene Menge reicht für einen gedeckten Pie von 23 cm Durchmesser. Bei einer 20 cm großen Pieform Menge halbieren (gegenüberliegende Seite). Natürlich können Sie auch eine Küchenmaschine verwenden.

1 350 g Weizenmehl in eine Schüssel geben. 175 g harte Margarine in Würfel schneiden und dazugeben.

2 Fett und Mehl mit den Fingerspitzen verreiben. Das gesamte Mehl bis zum Schüsselboden einarbeiten.

3 Die Schüssel gelegentlich schütteln, um größere Fettklumpen an die Oberfläche zu bringen.

4 Ist das ganze Fett eingearbeitet, wirkt die Mischung bröselig. Nun das Wasser hinzufügen (siehe rechts).

WASSER HINZUFÜGEN

GIESSEN SIE nach und nach kaltes Wasser in die Mischung. Achten Sie auf die Wassermenge: Trockener Teig bricht, zu feuchter Teig klebt und kann nicht ausgerollt werden. Arbeiten Sie schnell, und verwenden Sie zum Mischen ein Buttermesser mit stumpfer Klinge.

1 Etwa 6 EL kaltes Wasser einrühren. Jedesmal mit dem Messer vermischen, dann erst neues Wasser hinzufügen.

2 Beginnt der Teig als einheitliche Masse zusammenzuhalten, haben Sie gerade genug Wasser zugeführt.

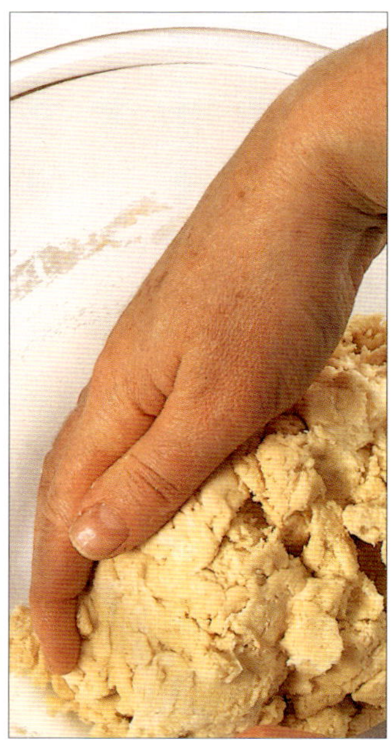

3 Mit den Fingerspitzen einer Hand sanft die Teigmasse am Rand der Schüssel zusammenschieben.

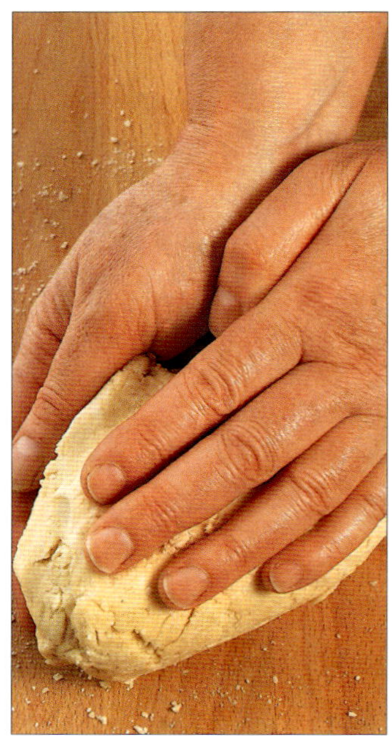

4 Teig herausnehmen, auf die Arbeitsfläche legen und sanft zu einer Kugelform drücken und ziehen.

Teigboden machen

Die halbe Menge Teig, wie auf der gegenüberliegenden Seite angegeben, reicht leicht für eine 20 cm große Form. Achten Sie darauf, den Teig beim Ausrollen oder Auslegen in der Form nicht zu dehnen, damit er beim Auskühlen nicht wieder eingeht. Kühlen Sie den Teig, wenn er in der Backform ausgelegt ist, 30 Minuten im Kühlschrank oder 15 Minuten im Gefrierfach ein – so verliert er beim Backen nicht mehr seine Form .

1 Den Ring und den Boden der Backform mit Mehl bestäuben. Den Boden aus der Form lösen, Teig darauflegen.

2 Den Teig ausrollen, bis er gleichmäßig 5 cm über den Rand des Boden ragt. Überstehenden Teil einschlagen.

3 Den Boden wieder in die Form geben. Den überstehenden Teig über den Rand der Form schlagen.

4 Mit dem Teigroller fest über die Form rollen, um den restlichen überstehenden Teig abzutrennen.

Teig blindbacken

Damit der Teig einer Quiche oder eines Kuchens knusprig wird, kann man den Teigboden auch ohne eine Füllung backen. Legt man den Boden mit Alufolie aus und füllt die Form mit Backbohnen, kann der Teig nicht aufgehen. Diese Technik bezeichnet man als „Blindbacken". Als Backbohnen gibt es eigene Keramikbohnen, aber auch getrocknete Bohnen aus dem Vorratsschrank können Sie immer wieder verwenden.

1 Den Teig am Boden mit einer Gabel mehrmals einstechen und mit einem großen Stück Alufolie abdecken.

2 Die Folie mit den Backbohnen füllen. Bei 220 °C (Umluft 210 °C, Gas Stufe 7) etwa 10 Minuten backen.

3 Färbt sich der Teigrand leicht, den Teig aus dem Ofen nehmen. Danach die Folie mit den Bohnen entfernen.

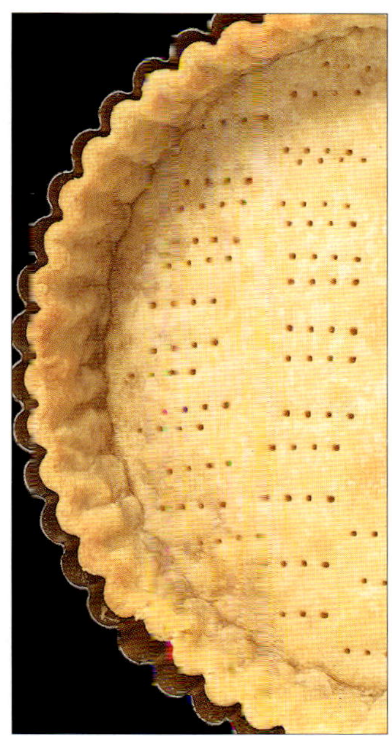

4 Den leeren Teigboden nochmals 10 Minuten hellbraun backen. In der Form abkühlen lassen.

SOSSEN

Selbstgemachte Soßen schmecken besser als gekaufte. Folgende Basissoßen sind einfach herzustellen und als Beilage oder für gängige Rezepte unverzichtbar. Fleischsoßen finden Sie auf S. 103.

BECHAMELSAUCE

DIESE SOSSE HAT mittlere Konsistenz. Verwenden Sie für eine dünne Soße 30 g Butter und Mehl, für eine dicke 50 g Butter und Mehl. Angaben für etwa 600 ml Soße:

ZUTATEN

40 g Butter

40 g Weizenmehl

600 ml heiße Milch

Gewürze

1 Die Butter in einer Kasserole bei mittlerer Hitze zum Schäumen bringen. Das Mehl hineinstreuen.

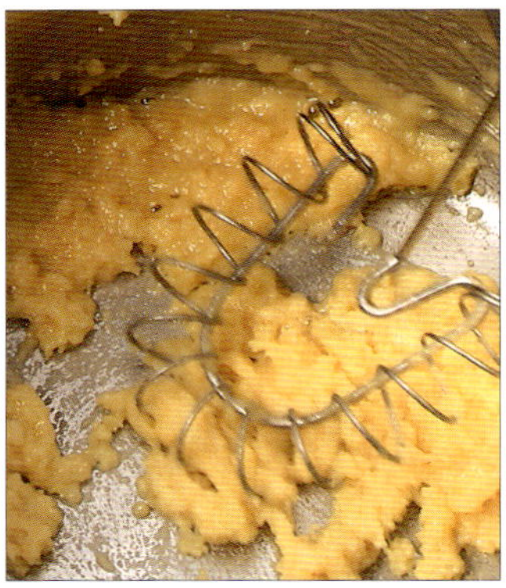

2 Die Mischung mit einem Soßenquirl 1–2 Minuten gut rühren. Den Topf vom Herd nehmen.

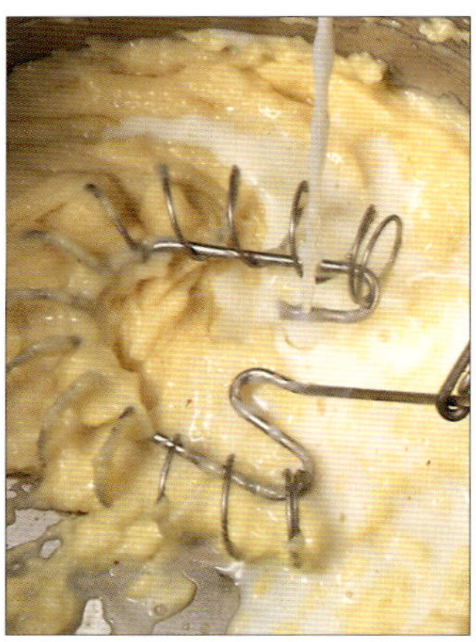

3 Unter ständigem Rühren langsam heiße Milch aufgießen. Bei mittlerer Hitze unter Rühren eindicken lassen.

4 Ist die Soße glatt, nach dem jeweiligen Rezept mit Salz, Pfeffer, Senf oder Muskatnuß würzen.

VANILLESOSSE

SO GELINGT IHNEN aus Eiern und einer Vanillestange eine echte cremige Vanillesoße. Für etwa 500 ml Soße:

ZUTATEN

400 ml Milch

1 Vanillestange, längs aufgeschlitzt

3 große Eigelb

50 g Feinkristallzucker

2 TL Maismehl

1 Die Milch erhitzen. Vom Herd nehmen, die Vanillestange hinzufügen und 20 Minuten ziehen lassen.

2 Eigelb, Zucker und Maismehl mit einem Ballonbesen schaumig rühren. Die Vanillestange aus der Milch nehmen.

3 Die Milch in die Eiermischung einrühren. Wieder in den Topf gießen und auf kleiner Flamme erhitzen.

4 Unter ständigem Rühren etwa 5 Minuten kochen lassen, bis die Soße glatt ist und am Kochlöffel haftet.

Mayonnaise

Wir machen die Mayonnaise in einer Küchenmaschine, doch können Sie sie auch von Hand schlagen. In diesem Fall sollten Sie aber nur das Eigelb, nicht das ganze Ei verwenden. Auch sollten alle Zutaten Raumtemperatur haben. Geben Sie Eigelb, Senf, Weinessig und Gewürze in einen Topf, und fügen Sie unter ständigem Rühren tropfenweise das Öl hinzu, bis die Masse fest wird. Rühren Sie ständig weiter; geben Sie Öl mit einem Ballonbesen ein, bis die Mayonnaise glatt und dick ist. Rühren Sie dann den Zitronensaft ein. Sicherheitshinweise zu rohen Eiern finden Sie auf S. 162.

Zutaten

1 großes Ei

1 TL Dijonsenf

1 EL Weißweinessig

Salz und Pfeffer

300 ml Sonnenblumenöl

Saft einer ½ Zitrone

1 Ei, Senf, Essig und Gewürze in eine Küchenmaschine mit Metallblatt geben; alles gut vermixen.

2 Die Maschine auf die höchste Stufe schalten, und das Öl durch den Einfüllhals stetig einträufeln lassen.

3 Ist die Mayonnaise fest, den Deckel entfernen und den Zitronensaft einrühren. Abschmecken. In einem verschlossenen Behälter höchstens 3 Tage im Kühlschrank aufbewahren.

French Dressing

Dieses klassische Salatdressing, in Frankreich *Vinaigrette* genannt, ist rasch und einfach zuzubereiten. Da es bis zu einem Monat im Kühlschrank haltbar bleibt, kann es in großen Mengen vorbereitet werden. Vor Verwendung schütteln Sie die Mischung auf. Besonders guten Geschmack verleihen kaltgepreßtes Olivenöl und guter Weinessig. Man kann statt feinem Dijonsenf auch grobkörnigen Senf verwenden. Als Kräuter eignen sich Estragon, Basilikum und Petersilie. Die hier angegebene Menge reicht als Dressing für zwei grüne oder gemischte Salate für je 4–6 Personen.

Zutaten

2 EL Weinessig

2 TL Dijonsenf

1–2 TL Feinkristallzucker

Salz und Pfeffer

6 EL kaltgepreßtes Olivenöl

1 EL gehackte frische Kräuter

1 Essig, Senf, 1 TL Zucker, Salz und Pfeffer in einer Schüssel mit einem Soßenquirl fest vermischen.

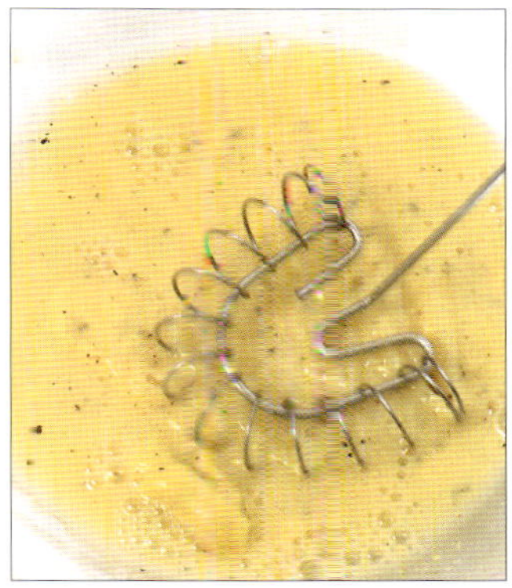

2 Die Mischung fest weiter rühren, bis sich alle Zutaten zu einer dicken Soße verbunden haben.

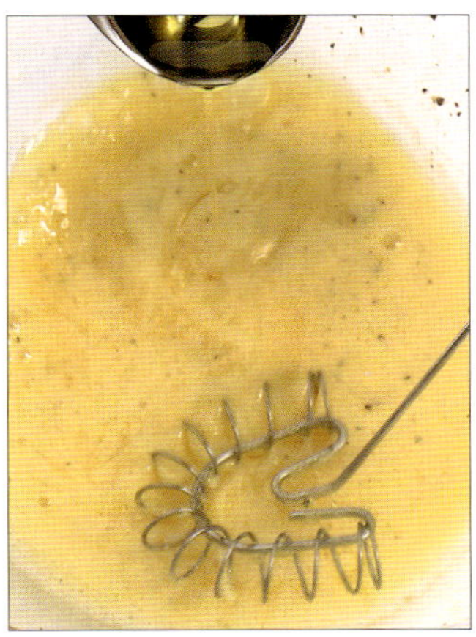

3 Das Olivenöl langsam in einem dünnen Strahl, ohne abzusetzen, unter kräftigem Schlagen einrühren.

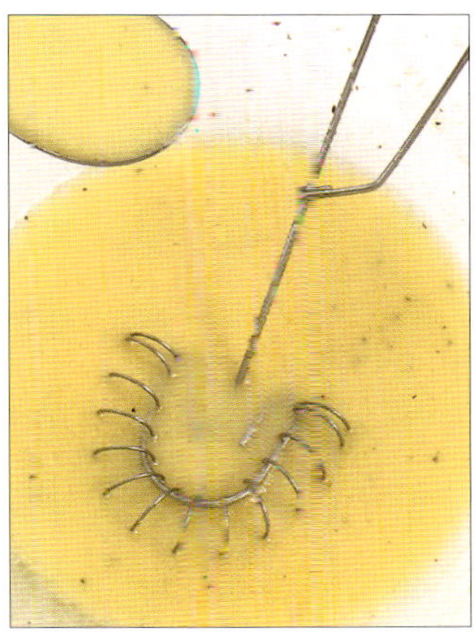

4 Die Soße abschmecken und bei Bedarf nachwürzen. Kurz vor dem Servieren die Kräuter einrühren.

Brösel & Croûtons

Weißbrotreste sollten Sie nie wegwerfen – man kann daraus Semmelbrösel zum Panieren, für Geflügel- und Fleischfüllungen oder auch Croûtons für Salate und Suppen machen.

Semmelbrösel

Feine Brösel zum Panieren und für Füllungen reiben Sie am besten in der Küchenmaschine. Verwenden Sie immer altes Weißbrot, da frisches klebt. Gröbere Brösel können Sie auch mit der Reibe oder dem Sieb machen.

1 Zum Panieren sind helle Brösel hübscher: Schneiden Sie also erst die Kruste ab. Für Füllungen verleiht die Kruste Farbe und Struktur.

2 3 Scheiben Brot in die Küchenmaschine geben und mit dem Metallblatt fein reiben. So gewinnen Sie etwa 75 g Brösel.

Getrocknete Brösel

Eine Panade aus getrockneten Bröseln wird knuspriger, und das Trocknen braucht kaum Zeit. Sie können auch erst die Brotscheiben im Ofen trocknen und dann zu Bröseln verarbeiten – das Ergebnis bleibt gleich.

1 Altes Brot zu feinen Bröseln verarbeiten (siehe oben) und auf ein Backblech streuen. Die Brösel gleichmäßig verteilen.

2 Bei 150 °C (Umluft 140 °C, Gas Stufe 2) etwa 20 Minuten goldgelb backen. Das Blech ein- bis zweimal schütteln, um die Brösel zu verteilen.

Croûtons

Sie können Croûtons auch kaufen, doch lassen sie sich ohne Aufwand auch selbst herstellen. Mit der hier gezeigten Technik können Sie wunderbar knusprige Croûtons mit sehr wenig Öl vorbereiten.

1 2 Scheiben altes Weißbrot übereinanderlegen und die Kruste abschneiden. Das Brot in Würfel schneiden.

2 Die Brotwürfel mit 1–2 EL Sonnenblumenöl in eine Plastiktüte geben, verschließen und kräftig schütteln.

3 Croûtons in einer beschichteten Pfanne bei mittlerer Hitze goldgelb braten.

SALATE & KRÄUTER

Grüne Blattsalate und Kräuter sind köstlich, doch sind die Blätter sehr empfindlich und sollten vorsichtig behandelt werden. Im Kühlschrank bleiben sie gartenfrisch.

BLATTSALAT

UM DIE EMPFINDLICHEN BLÄTTER nicht zu beschädigen, sollten sie mit der Hand und nicht mit dem Messer abgetrennt werden. Blattsalat hält im Kühlschrank in einer Plastiktüte bis zu 12 Stunden frisch.

1 Mit einem Sägemesser den Strunk unten am Salat keilförmig ausschneiden, mit der Messerspitze herausheben und wegwerfen.

2 Den Salatkopf mit den Daumen vom weggeschnittenen Strunkende aus vorsichtig zerteilen und die Blätter einzeln abzupfen.

3 Die Blätter in einem Sieb unter kaltem Wasser abwaschen. Das Sieb sanft schütteln, damit sich die Blätter umdrehen.

4 Die Blätter im Sieb trockenschütteln, bis keine Wassertropfen zu sehen sind, dann mit den Fingern auseinanderzupfen.

FRISCHE KRÄUTER

FRISCHE KRÄUTER bereiten Sie am besten knapp vor Verwendung zu, damit sie nicht austrocknen oder an Farbe verlieren. Werden sie zu lange gekocht, verlieren sie an Geschmack – also erst gegen Ende zufügen.

HACKEN

Bei robusten Sorten die Blätter vom Stengel zupfen. Das Küchenmesser an Griff und Spitze halten und die Klinge am Brett wiegen.

SCHNEIDEN

Schnittlauchstengel mit einer Küchenschere schneiden. Einen kleinen Bund über eine Schüssel halten und feine Röllchen abschneiden.

BASILIKUM HACKEN

Die weichen Basilikumblätter in Zigarrenform aufrollen, um sie nicht zu beschädigen, dann mit einem Gemüsemesser in feine Streifen schneiden.

KRÄUTERSTRÄUSSCHEN

2–3 Zweige Thymian, 1 Lorbeerblatt und 5–6 Stengel Petersilie zu einem Kräutersträußchen bündeln, mit einer Schnur zusammenbinden.

MEISTERREZEPTE

DIE ZWÖLF MEISTERREZEPTE in diesem Kapitel vermitteln Ihnen Kochkünste, mit denen Sie für jede Gelegenheit gerüstet sind. Hier lernen Sie, wie Sie ohne Streß ein einfaches Mahl für sich selbst oder ein opulentes Abendessen für Familie und Freunde zubereiten. Am Anfang jedes Rezeptes finden Sie detaillierte Informationen über Zubereitung, Zutaten und Kochtechniken sowie ein Foto von dem fertigen Gericht. Danach wird die Zubereitung Schritt für Schritt anhand von Fotos und Anleitungen erklärt. Folgen Sie jedem Schritt der Anleitung genau. Haben Sie mehr Erfahrung, können Sie Varianten ausprobieren oder eigene Kombinationen zusammenstellen.

MEISTER REZEPT

FRANZÖSISCHES OMELETTE

Kein anderes Gericht ist so rasch und einfach zubereitet wie ein Omelette. Aus nur wenigen Zutaten können Sie ein köstliches, improvisiertes Mahl zaubern. Das klassische französische Omelette ist nicht gefüllt, doch gibt es unendliche Varianten. Wir haben das Omelette mit französischen Kräutern gewürzt.

ANMERKUNGEN

Vorbereitungszeit
3 Minuten

Kochzeit
Höchstens 1¼–1½ Minuten

Utensilien
16 cm große beschichtete Pfanne mit schrägem Rand

Nährwert
Kalorien: 281 (1166 kJ)
Gesamtes Fett: 23 g, davon ungesättigte Fettsäuren: 10 g
gesättigte Fettsäuren: 10 g
Natrium: 327 mg

Serviertips
Die französische Kräutermischung besteht aus Schnittlauch, Kerbel, Petersilie und Estragon. Schneiden Sie den Schnittlauch und hacken Sie die anderen Kräuter fein.

TIPS AUS MEISTERHAND

- Die Pfanne muß die richtige Größe haben. Verwenden Sie pro Person 2 Eier und eine 16 cm große Pfanne, 3 Eier für ein gehaltvolleres Mahl. Ist die Pfanne zu groß, wird das Omelette dünn und trocken, ist sie zu klein, wird es unten zäh und bleibt oben roh.
- Die Eier sanft verrühren. Werden sie zu fest geschlagen, führen Sie der Mischung zu viel Luft zu, so daß das Omelette zäh wird.
- Die Pfanne bei starker Hitze vorwärmen und das französische Omelette rasch darin braten.
- Ein Omelette ist nur frisch wirklich gut. Sobald es aus der Pfanne ist, kühlt es rasch ab und wird zäh. Deshalb sollte man ein Omelette sofort servieren und essen.

ZUTATEN

FÜR 1 PERSON

2 große Eier
1 EL gehackte frische Kräuter
1 EL Wasser
Salz und Pfeffer
1 walnußgroßes Stück Butter

OMELETTE AUX FINES HERBES *ist ein klassisches französisches Omelette mit Kräutern, hier mit Blattsalat serviert.*

TECHNIKEN

Eier aufschlagen: S. 34
Kräuter hacken und schneiden: S. 71

FRANZÖSISCHES OMELETTE

1 DIE EIER in eine Schüssel schlagen, die gehackten Kräuter, Wasser, Salz und Pfeffer untermischen. Mit einer Gabel schlagen, bis sich Eiweiß und Eigelb vermischen.

2 DIE OMELETTEPFANNE 30 Sekunden bei starker Hitze vorwärmen. Die Butter zum Schäumen bringen, dabei die Pfanne schwenken, damit die Butter den ganzen Boden bedeckt.

5 ETWA 1–1¼ Minuten fortfahren, bis das Omelette fest ist und nicht mehr genug Flüssigkeit da ist, die unter das Omelette fließt. Oben ist das Omelette leicht flüssig.

6 DIE OMELETTEPFANNE neigen und ein Drittel des Omelettes mit dem Spachtel umschlagen. Die Pfanne leicht schütteln, damit das Omelette an den Pfannenrand rutscht.

3 Ist die ganze Butter geschmolzen (sie hört auf zu brutzeln), die Eiermischung in die Pfanne gießen. Die Pfanne schwenken, um die Mischung zu verteilen.

4 Nach etwa 10 Sekunden die feste Masse mit einem Holzspachtel vom Rand in die Mitte ziehen, damit die noch flüssige Masse auf den Pfannenboden fließen kann.

7 Einen Teller zur Pfanne halten. Die Pfanne aufkippen, so daß sich das Omelette überschlägt und mit der größeren Seite nach oben auf den Teller gleitet.

Varianten

Hartkäse
Die Kräuter weglassen. Das Omelette nach Schritt 5 mit 30 g geriebenem Hartkäse bestreuen.

Brunnenkresse & Schimmelkäse
Die Kräuter weglassen. Das Omelette nach Schritt 5 mit 4 EL gehackter Brunnenkresse und 30 g gehacktem Schimmelkäse bestreuen.

Schinken & Gruyère
Die Kräuter weglassen. Das Omelette nach Schritt 5 mit 50 g fein gehacktem Schinken und 30 g geriebenem Gruyère bestreuen.

MEISTER REZEPT

KARTOFFEL-LAUCH-SUPPE

Eine gute, selbstgemachte Suppe schmeckt viel besser als eine gekaufte und ist leicht und rasch zubereitet. Zudem läßt diese sich auch gut einfrieren, so daß Sie größere Portionen machen können. Servieren Sie die Suppe mit knusprigem Brot. Mit einem Sahnehäubchen serviert, wird die Suppe zur eleganten Vorspeise.

ANMERKUNGEN

Aufbewahrung
Die Suppe hält zugedeckt im Kühlschrank etwa 3 Tage, im Kühlfach etwa 3 Monate lang.

Vorbereitungszeit
10–15 Minuten, um das Gemüse vorzubereiten.

Kochzeit
30 Minuten, um die Suppe zu kochen und nach dem Pürieren nochmals aufzukochen.

Utensilien
5-Liter-Topf
elektrischer Handmixer

Nährwert
Kalorien: 293 (1225 kJ)
Gesamtes Fett: 13 g, davon
ungesättigte Fettsäuren: 4 g
gesättigte Fettsäuren: 8 g
Natrium: 349 mg

Serviertips
Die gekühlte Kartoffel-Lauch-Suppe ist unter dem Namen Vichyssoise bekannt. Wirklich glatt wird sie, wenn man sie nach dem Pürieren durch ein Sieb drückt und im Kühlschrank zugedeckt mindestens 4 Stunden einkühlt. Da das Aroma durch das Einkühlen schwächer wird, sollten Sie die Suppe vor dem Servieren immer abschmecken und notfalls mit Salz, Pfeffer, Muskat oder Sahne nachwürzen. Mit gehackter Petersilie servieren.

TECHNIKEN

Lauch: S. 54
Zwiebeln: S. 54
Kartoffeln schälen: S. 60
Hühnerbrühe: S. 49
Zitronen pressen: S. 64
Kräuter hacken: S. 71

TIPS AUS MEISTERHAND

- Verwenden Sie nach Möglichkeit selbstgemachte Brühe, diese ist viel geschmacksintensiver als Instantbrühe. Gut, aber teuer ist auch die vorgefertigte Brühe vom Handel. Ansonsten lösen Sie 2 Suppenwürfel in 1,2 Liter kochendem Wasser auf. Gemüsebrühe verleiht der Suppe einen zarteren Geschmack als Hühnerbrühe.
- Wirklich zart und cremig wird die Suppe nur, wenn alle Zutaten vor dem Pürieren weichgekocht sind. Mit zu hartem Gemüse wird die fertige Suppe klumpig.
- Pürieren Sie die Suppe mit dem Handmixer, verwenden Sie einen möglichst großen Topf, und ziehen Sie den Quirl nicht aus der Suppe, um Spritzer weitgehend zu vermeiden.
- Haben Sie keinen Handmixer, können Sie das Gemüse auch in der Küchenmaschine oder mit dem Stabmixer pürieren. Lassen Sie das Gemüse aber erst etwas abkühlen und mixen Sie es in Teilen. Notfalls können Sie die Suppe auch mit der Rückseite eines Löffels durch ein Sieb streichen.

ZUTATEN

3 Lauchstangen (etwa 250 g)
1 mittelgroße Zwiebel
25 g Butter
500 g Kartoffeln
1,2 Liter Hühnerbrühe
Salz und Pfeffer
Muskatnuß
150 ml Sahne
1 TL Zitronensaft
2 EL gehackte Petersilie zum Garnieren

EINE GUTE, SELBSTGEMACHTE SUPPE *kommt als Mittagessen ebenso gut an wie bei einer Dinnerparty für Familie oder Freunde.*

KARTOFFEL-LAUCH-SUPPE

1 DEN LAUCH PUTZEN, aber etwas Grün daran lassen, damit die Suppe nicht zu blaß wird. Längs halbieren, dann in 5 mm dicke Scheiben schneiden. In einem Sieb gut waschen.

2 DIE ZWIEBEL SCHÄLEN und so dick wie den Lauch schneiden. Die Butter in einem 5-Liter-Topf schmelzen, bis sie schäumt, Lauch und Zwiebel dazugeben.

5 SOFORT NACH Beigabe der Kartoffeln mit Brühe aufgießen und mit Salz und Pfeffer würzen. Vorsichtig salzen – die Brühe könnte bereits Salz enthalten.

6 EIN WENIG MUSKATNUß hineinreiben und die Suppe zum Kochen bringen. Die Hitze reduzieren, den Topf zudecken, und das Gemüse etwa 10 Minuten weich kochen.

3 DAS GEMÜSE umrühren, den Topf zudecken und bei mittlerer Hitze etwa 10 Minuten glasig dünsten. Gelegentlich umrühren, damit das Gemüse nicht braun wird.

4 WÄHREND LAUCH und Zwiebel dünsten, die Kartoffeln schälen und in 5 mm dicke Scheiben schneiden. Ist das Gemüse fertig, die Kartoffeln hinzufügen.

7 DEN TOPF vom Herd nehmen. Die Suppe mit einem Mixer etwa 3 Minuten pürieren, bis sie glatt ist. Den Mixer ausschalten, bevor Sie ihn aus der Suppe herausziehen.

8 DIE SUPPE unter ständigem Rühren aufkochen lassen. Vom Herd nehmen. Sahne und Zitronensaft unterrühren und bei Bedarf nachwürzen. Mit Petersilie garniert servieren.

MEISTER REZEPT

TAGLIATELLE BOLOGNESE

Die Fleischsauce Bolognese, die nach der Stadt Bologna in Norditalien benannt ist, wird aus Rindfleisch und *soffritto*, einer fein gehackten Mischung aus Sellerie, Zwiebeln, Karotten und Knoblauch, gemacht. Traditionell reicht man dazu Tagliatelle, doch können Sie auch andere Pasta wie Spaghetti verwenden.

ANMERKUNGEN

Aufbewahrung
Die Sauce hält zugedeckt im Kühlschrank etwa 3 Tage, im Gefrierfach etwa 3 Monate lang.

Vorbereitungszeit
10 Minuten, um das Gemüse vorzubereiten

Kochzeit
Etwa 1¼ Stunden

Utensilien
2,5-Liter-Topf für die Sauce
5-Liter-Topf zum Kochen der Pasta
Spaghettizange: sie ist bei langen Nudeln nützlich, aber nicht unerläßlich

Nährwert
Kalorien: 567 (2389 kJ)
Gesamtes Fett: 29 g, davon ungesättigte Fettsäuren: 16 g
gesättigte Fettsäuren: 10 g
Natrium: 173 mg

Einkaufstips
Frischer Parmesan ist teuer, doch unvergleichlich besser als billiger geriebener Parmesan. Kaufen Sie ein Stück frischen Parmesan, und reiben Sie ihn je nach Bedarf auf. Verwenden Sie eine spezielle Reibe (fein oder grob), oder schaben Sie ihn mit einem Gemüseschäler.

TECHNIKEN

Sellerie: S. 55
Zwiebeln: S. 54
Karotten: S. 57
Knoblauch: S. 54
Pasta kochen: S. 39

TIPS AUS MEISTERHAND

- In einer schweren, tiefen Pfanne dickt die Sauce nicht so schnell ein.
- Kochen Sie das Gemüse langsam bei kleiner Flamme, damit es seinen vollen Geschmack entfalten kann.
- Das Geheimnis der Bolognese ist, die Kochzeit nicht zu verkürzen.
- Bildet sich ein Fettfilm auf der fertigen Sauce, können Sie diesen mit Küchenpapier aufsaugen.

ZUTATEN

FÜR 6 PERSONEN

1 kleine Selleriestange, geputzt
1 mittelgroße Zwiebel, geschält
1 mittelgroße Karotte, geschält
2 große Knoblauchzehen, geschält
2 EL Olivenöl
25 g Butter
500 g Hackfleisch (mittelgrob)
1 EL Weizenmehl
3 EL Tomatenpüree
150 ml Rinderbrühe
150 ml Rotwein
400 g gehackte Tomaten aus der Dose
Muskatnuß, Salz, Pfeffer
500 g Tagliatelle
frischer Parmesan

Sauce Bolognese mit *Tagliatelle und frischem Parmesan gehört zu den beliebtesten italienischen Gerichten.*

TAGLIATELLE BOLOGNESE

1 ALLE HOLZIGEN FÄDEN von der Selleriestange entfernen. Sellerie, Zwiebel und Karotten mit einem Küchenmesser fein hacken, Knoblauch durch die Presse drücken.

2 DAS ÖL in einen Topf mit 2,5 Liter Faßvolumen geben, die Butter hinzufügen. Die Butter bei mittlerer Hitze schmelzen, bis sie schäumt. Die Hitze reduzieren.

5 TOMATENPÜREE, Rinderbrühe, Rotwein und Tomaten hinzufügen. Mit der Muskatnußreibe etwas Muskatnuß in die Mischung reiben. Salzen und pfeffern.

6 UNTER STÄNDIGEM RÜHREN zum Kochen bringen, die Hitze reduzieren und köcheln lassen. Den Topf nicht ganz abdecken, damit der Dampf entweichen kann.

3 SELLERIE, ZWIEBEL, Karotte und Knoblauch in die Pfanne geben und unter ständigem Rühren bei mittlerer Hitze etwa 5 Minuten weich dünsten. Nicht bräunen.

4 DAS FLEISCH zu dem weichen Gemüse geben, mit einem Kochlöffel zerteilen und unter Rühren anbraten, bis es die rosige Farbe verliert. Mit Mehl bestäuben.

7 DIE SAUCE etwa 1 Stunde kochen, alle 15 Minuten umrühren, damit sich die Sauce nicht am Boden absetzt. Bei Bedarf etwas Wasser hinzufügen und gut verrühren.

8 DIE FERTIGE SAUCE ist dick und glänzt. Kosten und bei Bedarf nachwürzen. Die Sauce warmstellen, und die Pasta kochen (siehe S. 39). Die Sauce über die Pasta gießen.

MEISTER REZEPT

LAMMKOTELETT MIT ZWIEBELSOSSE

Proteinreiche Lammkoteletts sind rasch in der Pfanne gebraten und perfekt für einen Abend zu zweit. Die schmackhafte Zwiebelsoße läßt sich schnell aus dem Bratensaft zubereiten. Die Lammkoteletts schmecken frisch zubereitet am besten, daher gleich nach Fertigwerden der Zwiebelsoße servieren.

ANMERKUNGEN

Vorbereitungszeit
5 Minuten, um die Koteletts vorzubereiten und die Zwiebel zu hacken.

Bratzeit
Etwa 6 Minuten

Utensilien
Tiefe, 20 cm große, beschichtete Stielpfanne

Nährwert
Kalorien: 646 (2669 kJ)
Gesamtes Fett: 76 g, davon ungesättigte Fettsäuren: 34 g
gesättigte Fettsäuren: 38 g
Natrium: 213 mg

Einkaufstips
Rote Zwiebeln sind milder und süßer als braune. Bekommen Sie jedoch keine roten Zwiebeln, kaufen Sie die größten braunen, die Sie finden, oder greifen Sie zu „milden" Sorten. Grundsätzlich sind Zwiebeln um so milder je größer sie sind.

TECHNIKEN

Kotelett zubereiten: S. 51
Zwiebeln: S. 54

TIPS AUS MEISTERHAND

- Verwenden Sie eine beschichtete, schwere Pfanne. Das Fleisch brät so in seinem Saft und braucht kein Fett.
- Salzen Sie das Fleisch immer erst gebraten. Salz entzieht dem Fleisch Flüssigkeit, die sich an der Oberfläche sammelt. Das Fleisch bräunt schlecht.
- Die Bratzeit gilt für leicht rosa Fleisch. Soll das Fleisch ganz durch sein, braten Sie es 1–2 Minuten länger.

ZUTATEN

FÜR 2 PERSONEN

4 Lammkoteletts

Salz und frisch gemahlener Pfeffer

ZWIEBELSOSSE

1 kleine rote Zwiebel, geschält und gehackt

100 ml Rotwein

1 TL Dijonsenf

1 TL Honig

GEBRATENE KOTELETTS *mit Saisonkartoffeln, Karotten und Zwiebelsoße sind äußerst nahrhaft.*

1 DAS FETT von den Koteletts schneiden und die leere beschichtete Bratpfanne etwa 2 Minuten vorwärmen. Das Kotelett auf beiden Seiten pfeffern und in die heiße Pfanne geben.

2 DIE HITZE um die Hälfte reduzieren, den Timer auf 3 Minuten stellen. Nach dieser Zeit Koteletts umdrehen, weitere 3 Minuten braten. Die Koteletts herausnehmen.

3 DIE GEHACKTE ROTE ZWIEBEL zum Bratensaft in der Pfanne geben. Bei mittlerer Hitze unter ständigem Rühren 4 Minuten anbraten, Wein, Senf und Honig dazugeben.

4 DIE MISCHUNG 1 Minute auf 5–6 EL einkochen lassen. Salzen und pfeffern, mit einem Kochlöffel umrühren, abschmecken und mit den Koteletts servieren.

MEISTER REZEPT

CHINESISCHES HUHN MIT INGWER

In der chinesischen Küche werden fein geschnittene Zutaten in wenig Öl kurz im Wok gebraten. Durch die große Hitze sind die Zutaten rasch gar und die Nährstoffe bleiben erhalten. Dieses klassische chinesische Gericht mit Hühnerfleisch und Ingwer ist wunderbar aromatisch.

ANMERKUNGEN

Vorbereitung
Das Gemüse kann bis zu 3 Stunden im voraus vorbereitet und zugedeckt im Kühlschrank aufbewahrt werden.

Vorbereitungszeit
Etwa 15 Minuten

Kochzeit
4–6 Minuten

Utensilien
Großer Wok
Wokschaufel oder Spachtel (mit zwei Schaufeln oder Spachteln kann man die Zutaten leichter vermischen)

Nährwert
Kalorien: 545 (2289 kJ)
Gesamtes Fett: 21 g, davon ungesättigte Fettsäuren: 15 g
gesättigte Fettsäuren: 4 g
Natrium: 1074 mg

Einkaufstips
Frischer Ingwer ist scharf. Er hat Knollenform und eine dünne, hellbraune Schale. Man kann ihn in verschiedener Größe kaufen und einfach soviel abbrechen, wie man benötigt. Schälen Sie ihn erst mit einem Gemüseschäler oder einem kleinen Messer und schneiden Sie ihn dann in dünne Stifte oder reiben Sie ihn grob.

TECHNIKEN

Nudeln einweichen: S. 39
Karotten: S. 57
Paprika: S. 55
Huhn klopfen und schneiden: S. 51

TIPS AUS MEISTERHAND

- Schneiden Sie die Zutaten in höchstens 5 mm dicke und 5 cm lange Stücke. Wenn Sie das Huhn klopfen und quer zu den Fasern schneiden, wird das Fleisch weicher.
- Bereiten Sie alle Zutaten vor und mischen Sie sie. Sobald Sie mit dem Braten beginnen, haben Sie keine Zeit mehr zum Schneiden, da die Zutaten sehr schnell gar sind.
- Haben Sie keinen Wok mit Schaufel, verwenden Sie eine große, tiefe beschichtete Pfanne und einen Holzspachtel, um die Pfanne nicht zu zerkratzen.
- Der Wok sollte nie mehr als ein Drittel gefüllt sein, damit alle Zutaten an die heißen Wände des Wok gelangen können.

ZUTATEN

250 g chinesische Eiernudeln

3 EL Sonnenblumenöl

6 Frühlingszwiebeln, diagonal in kurze Stücke geschnitten

2,5 cm großes Stück frischer Ingwer, geschält und in Stifte geschnitten

4 Karotten, in Stifte geschnitten

2 mittelgroße Paprika (rot und gelb), entkernt und in Stifte geschnitten

350 g Hühnerbrust ohne Haut und Knochen, geklopft und geschnitten

2 EL trockener Sherry

4 EL dunkle Sojasauce

frische Korianderblätter zum Garnieren

Für Rolf & Elke

DIESES FARBENFROHE Wok-Gericht ist rasch und einfach zuzubereiten.

CHINESISCHES HUHN MIT INGWER

1 DIE NUDELN EINWEICHEN (siehe S. 39). Den Wok 1–2 Minuten stark erhitzen. Als Temperaturtest einen Tropfen Öl hineingeben: zischt es, ist der Wok bereit.

2 DAS RESTLICHE ÖL in den heißen Wok geben und verteilen. Das Öl erhitzen, bis es zu rauchen beginnt. Das geht sehr schnell, seien Sie also vorsichtig.

5 DAS GEMÜSE auf die Seite schieben, dann das Fleisch nach und nach in den Wok geben. Kurz anbraten lassen, mit den anderen Zutaten mischen und 1–2 Minuten braten.

6 MIT SHERRY aufgießen und kurz kochen lassen, damit der Alkohol verbrennt, doch das Aroma erhalten bleibt. Die Sojasauce unter das Huhn und das Gemüse mischen.

3 DIE GESCHNITTENE Frühlingszwiebel und den Ingwer in das Öl geben. Etwa 1 Minute kräftig mit der Schaufel umrühren, bis die Zwiebel glasig geworden ist.

4 FRÜHLINGSZWIEBEL und Ingwer auf die Seite schieben. Karotten und Paprika hinzufügen und 1–2 Minuten unter Rühren anbraten, dann Zwiebel und Ingwer untermischen.

7 DIE NUDELN ABSEIHEN (siehe S. 39), in den Wok geben und untermischen. Abschmekken und bei Bedarf mehr Sojasauce hinzufügen. Mit Koriander garniert servieren.

VARIANTEN

GARNELEN & SPARGEL
Karotten, Paprika und Huhn weglassen. Bei Schritt 4: 200 g geputzten, geschnittenen Spargel beimischen. Bei Schritt 7: 400 g geschälte, gekochte Garnelen einrühren.

RIND & ZUCKERERBSEN
Huhn und Nudeln weglassen. Bei Schritt 5: 350 g geklopftes, geschnittenes Rindfleisch untermischen. Vor Sherry und Sojasauce im sechsten Schritt 100 g Erbsen beimengen.

ORIENTALISCHER FISCH
Karotten, gelben Paprika, Huhn und Nudeln weglassen. Bei Schritt 4: 2 rote Paprika beimengen. Schritt 5: 350 g Kabeljaufilet und 250 g Chinakohl einrühren.

GEGRILLTE LACHSFILETS

Grillen in einer gerillten Gußeisenpfanne ist eine interessante Variante des Kochens und geht schnell. Bei dieser Methode bleiben die Speisen saftig, sie behalten ihren natürlichen Geschmack und sind fettarm. Mit dem Streifenmuster sehen die Gerichte zudem hübsch aus. Für ein perfektes Ergebnis ist gutes Timing unerläßlich.

ANMERKUNGEN

Vorbereitungszeit
5 Minuten

Bratzeit
Etwa 6 Minuten

Utensilien
Eine gerillte Grillpfanne für den Herd. Die meisten Pfannen sind nur für zwei Portionen gedacht. Legen Sie auch nicht mehr hinein, denn wenn der Fisch zu wenig Platz hat, wird er nicht gleichmäßig gegrillt. Haben Sie keine Grillpfanne, braten Sie die Lachsfilets ebensolange in einer Bratpfanne.

Nährwert
Kalorien: 342 (1419 kJ)
Gesamtes Fett: 26 g, davon ungesättigte Fettsäuren: 19 g
gesättigte Fettsäuren: 5 g
Natrium: 61 mg

Serviertips
Zitronenscheiben eignen sich gut als Beilage zu Lachsfilets.

TIPS AUS MEISTERHAND

- Die trockene Pfanne vorwärmen. Erhitzt man Öl in der kalten Pfanne, verbrennt es und beginnt zu rauchen. Testen Sie, ob die Pfanne heiß genug ist, indem Sie Wasser daraufspritzen. Verdampft es, ist die Pfanne bereit.
- Den Fisch beim Grillen nicht auf der Pfanne herumschieben, damit das fertige Gericht das charakteristische Rillenmuster behält.
- Die angegebenen Garzeiten gelten für dicke Lachsstücke. Lange, dünne Lachsfilets müssen auf jeder Seite nur je 2 Minuten braten.
- Lassen Sie die Pfanne nach Verwendung etwas abkühlen, bevor Sie Wasser darauf gießen. Heißes Gußeisen kann springen, wenn es in kaltes Wasser getaucht wird. Die Rillen mit einer steifen Bürste reinigen.

ZUTATEN

FÜR 2 PERSONEN

2 dicke Lachsfilets mit Haut, 125–175 g pro Stück

2–3 EL Sonnenblumenöl

Salz und Pfeffer

GEGRILLTER LACHS *mit gekochten Kartoffeln und Zuckererbsen ist ein gesundes Hauptgericht.*

TECHNIKEN

Lachs zubereiten: S. 43

1 DEN LACHS von allen Gräten befreien, putzen, abspülen und trockentupfen (siehe S. 43). Danach die leere Grillpfanne etwa 10 Minuten bei starker Hitze vorwärmen.

2 WÄHREND DIE PFANNE vorheizt, die Lachsfilets auf beiden Seiten gut mit Sonnenblumenöl bestreichen und kräftig mit Salz und Pfeffer würzen.

3 DIE HITZE auf die Hälfte reduzieren. Den Lachs mit der Haut nach oben in die Pfanne legen und 3 Minuten braten. Vorsichtig mit einer Fischschaufel wenden.

4 DEN TIMER nochmals auf 3 Minuten einstellen und weiterbraten. Dann nachprüfen, ob der Fisch an allen Schnittflächen hell geworden ist, sonst kurz weiterbraten.

MEISTER REZEPT

GEGRILLTE GEMÜSESPIESSE

Beim Grillen bräunen die Zutaten rasch an der Außenseite, während die Säfte konzentriert und eingeschlossen werden. Das verleiht gegrillten Speisen ihr spezielles Aussehen und den besonderen Geschmack. Eine Marinade erhöht Geschmack und Feuchtigkeit noch zusätzlich.

ANMERKUNGEN

Vorbereitungszeit
5 Minuten für die Marinade
15 Minuten für das Gemüse
1–4 Stunden zum Marinieren

Kochzeit
8–10 Minuten

Utensilien
Acht Spieße. Am besten eignen sich flache Metallspieße, doch wenn sie nur Holzspieße haben, weichen Sie diese etwa 30 Minuten vor Verwendung in warmem Wasser ein, damit sie nicht verkohlen.

Nährwert
Kalorien: 403 (1675 kJ)
Gesamtes Fett: 27 g, davon
ungesättigte Fettsäuren: 15 g
gesättigte Fettsäuren: 10 g
Natrium: 456 mg

Einkaufstips
Halloumi ist halbharter griechischer Käse. Er ist etwas zäh und eignet sich ideal zum Grillen, da er die Fom hält. Er ist leicht salzig und sollte vor Verwendung mit Wasser abgespült werden.
Wenn Sie Mozzarella verwenden, greifen Sie zu dänischem, der in Blöcken verkauft wird. Der runde italienische ist zu weich.

TECHNIKEN

Paprika: S. 55
Zwiebeln: S. 54
Zucchini: S. 56
Pilze: S. 57
Kräuter hacken: S. 71
Knoblauch: S. 54

TIPS AUS MEISTERHAND

- Schneiden Sie Gemüse und Käse in gleich große Stücke, damit die Spieße gleichmäßig gar werden.
- Legt man die Grillpfanne mit Folie aus, ist sie leichter zu reinigen. Vor dem Grillen 5 Minuten vorheizen.

ZUTATEN

2 große Paprika (1 roter, 1 grüner)
1 große Zwiebel, mild
2 mittelgroße Zucchini
16 große Champignons oder ähnliche Pilze
8 Babymaiskolben
250 g Halloumi oder Mozzarella
6 EL Olivenöl
1 EL Weinessig
3 EL frische Kräuter, gehackt
2 große Knoblauchzehen, geschält und fein gehackt oder zerdrückt
Salz und Pfeffer

GEMÜSESPIESSE *mit Couscous sind ein leichtes und farbenfrohes vegetarisches Hauptgericht.*

1 PAPRIKA ENTKERNEN, Zwiebeln schälen, Zucchini putzen (siehe S. 54–56). In 2,5 cm große Stücke schneiden. Pilze entstengeln, Maiskolben ganz lassen. Käse in Stücke schneiden.

2 OLIVENÖL, ESSIG, Kräuter und Knoblauch in einer Schüssel mischen. Gemüse, Käse, Salz und Pfeffer untermischen. Zugedeckt und gekühlt 1–4 Stunden marinieren.

3 GEMÜSE UND KÄSE aus der Marinade nehmen. Auf die acht Spieße stecken, Gemüse und Käse immer abwechseln. Den Grill auf höchster Stufe 5 Minuten vorheizen.

4 DIE HITZE auf die Hälfte reduzieren, den Grillrost mit Öl einstreichen und die Spieße darauflegen. 8–10 Minuten etwa in 10 cm Höhe grillen, zweimal wenden.

MEISTER REZEPT

CHILI CON CARNE

Es gibt viele verschiedene Chili-Rezepte. Dieses beliebte Rezept enthält frische Chilischoten und Pulver. Seien Sie beim Würzen vorsichtig – es ist schwierig einzuschätzen, wie scharf Chili ist. Finden Sie die Soße am Ende der Kochzeit zu mild, würzen Sie mit einigen Tropfen Tabasco nach.

TIPS AUS MEISTERHAND

- Rascher geht Chili, wenn Sie im sechsten Schritt 800 g rote Bohnen aus der Dose zusammen mit den Paprikaschoten in das Chili geben.
- Es ist wichtig, das Fleisch anzubräunen. Geben Sie das Fleisch portionsweise ins Fett und lassen Sie genug Platz um jedes Stück herum. Kommt zuviel Fleisch auf einmal in den Topf, sinkt die Temperatur, so daß sich das Fleisch nicht schließen kann.
- Kochen Sie das Chili langsam bei niedriger Temperatur, damit das Fleisch weich, zart und saftig wird. Ist die Temperatur zu hoch, wird das Fleisch zäh.

ZUTATEN

225 g getrocknete rote Bohnen
700 g Schmorbraten, in Würfel geschnitten
2 EL Sonnenblumenöl
2 mittelgroße Zwiebeln, geschält und fein gehackt
1 Knoblauchzehe, geschält und zerdrückt
1–2 frische Chilischoten, entkernt und fein gehackt
25 g Weizenmehl
1 EL Chilipulver
400 g Tomaten aus der Dose
2 EL Tomatenmark
425 ml Wasser
1 Suppenwürfel, Rinderbrühe
1 großer roter Paprika, entkernt, gewürfelt
Salz und Pfeffer

ANMERKUNGEN

Aufbewahrung
Chili con carne wird mit der Zeit besser: Es profitiert vom Abkühlen und Aufwärmen. Sie können Chili nach dem Abkühlen 3 Tage im Kühlschrank oder 3 Monate im Gefrierfach aufbewahren.

Vorbereitungszeit
Getrocknete Bohnen über Nacht einweichen, 20 Minuten zum Vorbereiten der anderen Zutaten.

Kochzeit
Etwa 1¾ Stunden für die Bohnen
Etwa 2½ Stunden für das gesamte Gericht

Utensilien
2,5-Liter-Topf

Nährwert
Kalorien: 577 (2424 kJ)
Gesamtes Fett: 23 g, davon ungesättigte Fettsäuren: 14 g
gesättigte Fettsäuren: 7 g
Natrium: 628 mg

Serviertips
Wollen Sie Abwechslung, reichen Sie geriebenen Käse, saure Sahne, gehackte Zwiebel, gehackten frischen Koriander, Salsa und Avocadostückchen zum Chili. Auch Tortillachips oder frische Tortillas können als Beilage serviert werden.

TECHNIKEN

getrocknete Bohnen: S. 41
Fleisch putzen: S. 51
Zwiebeln: S. 54
Knoblauch: S. 54
Chilis: S. 55
Paprika: S. 55

CHILI CON CARNE mit gekochtem Reis ist ein hervorragendes Partygericht.

CHILI CON CARNE

1 DIE GETROCKNETEN BOHNEN einweichen. 10 Minuten wallend, dann $1^1/_2$ Stunden leicht kochen (siehe S. 41), abseihen, kalt abspülen. Den Ofen auf 150 °C (Gas Stufe 2) vorheizen.

2 DAS FETT wegschneiden. Die Hälfte des Öls in einen 2,5 Liter großen Topf gießen, bei mittlerer Hitze erwärmen. Ein Viertel des Fleischs hinzufügen und anbraten.

5 MEHL UND CHILIPULVER hinzufügen, alles 3–4 Minuten verrühren. Bohnen, Tomaten und Fleisch, dann Tomatenmark, Wasser und den Suppenwürfel hineingeben.

6 RÜHREN, BIS DAS CHILI gerade aufkocht, würzen, zudecken und in den Ofen stellen. $1^1/_2$ Stunden kochen, dann den Paprika hinzufügen. Nochmals 30 Minuten kochen.

3 Bei starker Hitze 2–3 Minuten anbraten, wenden und bräunen lassen. Die Stücke mit einer Backschaufel auf einen Teller geben. Mit dem restlichen Fleisch wiederholen.

4 Das restliche Öl in den Topf geben, bei mittlerer Hitze 1 Minute erwärmen, Zwiebeln, Knoblauch und Chilis hinzufügen. 3 Minuten unter Rühren anbraten lassen.

7 Vor dem Servieren ein Stück Fleisch und einige Bohnen kosten, um zu prüfen,ob alles weich geworden ist. Die Soße abschmecken, bei Bedarf noch etwas nachwürzen.

Vegetarisches Chili

1 Statt des Fleisches 700 g gemischtes Gemüse und 800 g rote Bohnen aus der Dose verwenden. Als Gemüsechili eignen sich Broccoli, Paprika, Auberginen und Zucchini ausgezeichnet.

2 Das Gemüse mit Zwiebeln, Knoblauch und Chilis in Sonnenblumenöl weich dünsten. Mit Mehl und Chilipulver bestäuben und mit dem fünften Schritt des Hauptrezepts fortfahren.

3 Die roten Bohnen abseihen und abspülen. Mit Tomaten, Tomatenmark, Wasser, Suppenwürfel (Gemüsesuppe) und Gewürzen in den Topf geben und nicht zugedeckt 45 Minuten kochen lassen.

MEISTER REZEPT

BRATHUHN MIT KRÄUTERBUTTER

Ein Brathuhn ist nicht nur ganz einfach zu machen, sondern auch äußerst beliebt. Sie können das ganze Huhn auf einer großen Platte servieren und bei Tisch tranchieren oder bereits in der Küche vorschneiden und auf vorgewärmten Tellern servieren. Reichen Sie das Gemüse ebenso wie die selbstgemachte Soße extra.

ANMERKUNGEN

Vorbereitung
Das Huhn kann im voraus vorbereitet und mit Kräuterbutter bestrichen werden. Mit Folie abgedeckt hält es 8–12 Stunden im Kühlschrank. Lassen Sie es vor dem Braten etwa 30 Minuten bei Raumtemperatur stehen.

Vorbereitungszeit
10 Minuten für die Kräuterbutter
15 Minuten für das Huhn
5 Minuten für die Soße

Kochzeit
1¼–1½ Stunden plus 15 Minuten Ruhezeit

Utensilien
Grillpfanne mit v-förmigem Rost für das Huhn. Haben Sie einen flachen Rost, braten Sie das Huhn erst 20 Minuten auf einer Seite und wenden Sie es dann. Braten Sie es zum Schluß mit der Brust nach oben.

Nährwert
Kalorien: 662 (2743 kJ)
Gesamtes Fett: 49 g, davon ungesättigte Fettsäuren: 26 g
gesättigte Fettsäuren: 20 g
Natrium: 390 mg

TECHNIKEN

Huhn vorbereiten: S. 47
Kräuter hacken und schneiden: S. 71
Zitrone auspressen: S. 64
Huhn zerteilen: S. 48

TIPS AUS MEISTERHAND

- Tauen Sie ein gefrorenes Huhn rechtzeitig auf, sonst wird es nicht gleichmäßig gar. Öffnen Sie die Verpackung, legen Sie das Huhn auf Küchenpapier in einen Behälter, den Sie über Nacht kalt stellen. Im Kühlschrank dauert es 36 Stunden, bis das Huhn dann aufgetaut ist.
- Die Haut wird nur knusprig, wenn sie vor dem Braten völlig trocken ist. Tupfen Sie die Haut deshalb sorgfältig mit Küchenpapier ab. Das ist vor allem bei aufgetauten Hühnern sehr wichtig.
- Wird die Haut an der Brust beim Braten zu braun, nehmen Sie das Huhn aus dem Ofen, überziehen es mit einer Alufolie und schieben es wieder in den Ofen zurück.

ZUTATEN

1,5–1,8 kg Huhn

1 mittelgroße Zwiebel, geschält und längst in Scheiben geschnitten

4 EL trockener Weißwein

KRÄUTERBUTTER

85 g weiche Butter

3 EL fein gehackte frische Petersilie

1 EL fein gehackter Schnittlauch oder fein gehackte Frühlingszwiebel

1 TL frischer Estragon oder Thymian, fein gehackt

1 TL Zitronensaft

Salz und Pfeffer

Ein Brathuhn *mit frischem gekochten Gemüse und selbstgemachter Soße schmeckt immer.*

BRATHUHN MIT KRÄUTERBUTTER

1 KRÄUTERBUTTER ZUBEREITEN: Die Butter in einer Schüssel mit einem Kochlöffel schlagen. Die gehackten Kräuter dazugeben mit Zitronensaft, Salz und Pfeffer abschmecken.

2 ALLE ZUTATEN VERMISCHEN. So lange fest verrühren, bis eine glatte Masse entsteht. Den Ofen auf 200 °C (Umluft 190 °C, Gas Stufe 6) vorheizen.

5 DAS HUHN mit der Unterseite nach oben etwa 20 Minuten lang braun braten, dann umdrehen, so daß die Brustseite nach unten weist, und mit dem Bratensaft übergießen.

6 DAS HUHN wieder in den Ofen schieben und weitere 55–70 Minuten braten, bis der Fleischsaft klar ist. Zur Probe mit einem Messer zwischen Körper und Bein anstechen.

3 DAS HUHN VORBEREITEN (siehe S. 47), mit zwei Zwiebelvierteln füllen und die Beine mit einer Schnur zusammenbinden. Die restliche Zwiebel in die Pfanne geben.

4 DEN ROST in die Ofenform geben, und das Huhn darauflegen. Kräftig mit Kräuterbutter bestreichen, dann den Weißwein in die Form gießen.

7 DAS HUHN in eine große Folie wickeln und etwa 15 Minuten stehen lassen. Den Rost und die Zwiebel aus der Form nehmen und die Soße zubereiten (siehe rechts).

SOSSE ZUBEREITEN

1 Die Pfanne kippen, damit der Saft zusammenrinnt, und das Fett abschöpfen, bis nur der dunkle Saft bleibt. Die Form bei mittlerer Hitze auf den Herd stellen.

2 Den Saft mit 2 TL Mehl bestäuben und mit einem Quirl 2–3 Minuten schlagen, bis das Mehl leicht braun wird.

3 300 ml heiße Brühe aufgießen, unter ständigem Rühren zum Kochen bringen. Nach Geschmack 4 EL Weiß- oder Rotwein hinzufügen. 2 Minuten köcheln lassen, abschmecken. Ergibt etwa 300 ml Soße.

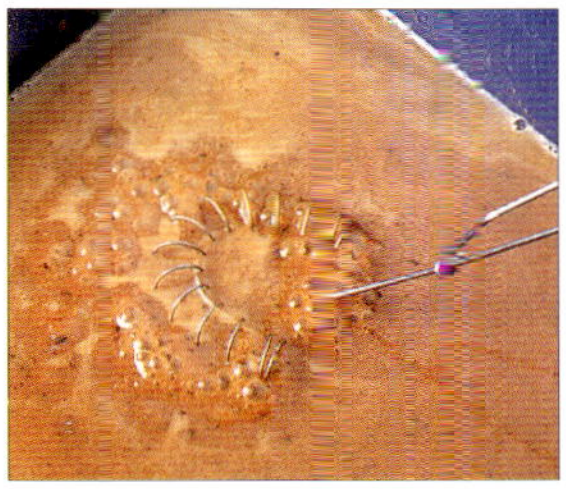

MEISTER REZEPT

GEDECKTER APFELKUCHEN

Ein hausgemachter Apfelkuchen (auch Apple Pie genannt) ist das perfekte Dessert für besondere Anlässe. Er kommt immer an und ist zudem auch für Anfänger leicht zuzubereiten. Allerdings muß der Teig knusprig und goldbraun sein, und die zarten, saftigen Früchte sollten nicht zerfallen.

ANMERKUNGEN

Vorbereitung
Der Teig kann in Frischhaltefolie gewickelt bis zu 24 Stunden im Kühlschrank aufbewahrt werden.

Vorbereitungszeit
10 Minuten für den Teig
30 Minuten Kühlzeit
10 Minuten für die Füllung
15 Minuten für die Zubereitung des Pies

Backzeit
Etwa 45 Minuten

Utensilien
23 cm große Pieform
flaches Backblech

Nährwert
Kalorien: 546 (2292 kJ)
Gesamtes Fett: 25 g, davon ungesättigte Fettsäuren: 13 g
gesättigte Fettsäuren: 11 g
Natrium: 241 mg

Einkaufstips
Für den Pie kann man Apfelsorten je nach Belieben verwenden. Gut eignen sich zum Beispiel Granny Smith und McIntosh. Das Dunkeln der Apfelschnitze verhindert man, indem man sie sofort mit Zitronensaft beträufelt. Manche Äpfel sind weniger süß als andere – stellen Sie immer Zucker auf den Tisch.

TECHNIKEN

Mürbeteig: S. 66
Äpfel schneiden: S. 62
Zitrone auspressen: S. 64

TIPS AUS MEISTERHAND

- Arbeiten Sie in einer kühlen Küche mit kühlen Zutaten und Utensilien, damit der Teig knusprig wird.
- Dehnen Sie den Teig beim Ausrollen nicht auseinander, damit er beim Backen nicht wieder eingeht.
- Verwenden Sie nicht mehr Zucker als im Rezept angegeben, sondern stellen Sie lieber eine Zuckerdose auf den Tisch. Zucker entzieht dem Obst Saft. Ist zu viel davon vorhanden, kann er beim Backen auslaufen und am Boden des Ofens ankleben. Maismehl saugt den überschüssigen Saft auf.
- Heizen Sie im Ofen ein Backblech vor, auf das Sie die Pieform stellen. Dadurch wird der Teig knuspriger und ausrinnender Saft wird aufgefangen.
- Backen Sie den Pie bei hoher Temperatur, damit der Teig goldbraun wird, und reduzieren Sie dann die Hitze, damit die Füllung weich werden kann.

ZUTATEN

FÜR 6 STÜCKE

350 g Weizenmehl
175 g harte Margarine
etwa 6 EL kaltes Wasser
1 kg Äpfel
Saft von 1 kleinen Zitrone
85 g Kristallzucker
1½ EL Maismehl

GLASUR

1 EL Milch
1 EL Kristallzucker

Ein selbstgemachter Pie mit *Sahne, Vanillesoße oder Eiscreme ist der perfekte Abschluß eines gelungenen Mahls.*

GEDECKTER APFELKUCHEN *Teig machen und Form auslegen*

MÜRBETEIG

1 Das Mehl in eine große Schüssel geben, die Margarine in Stücke schneiden und dazugeben.

2 Margarine und Mehl mit den Fingerspitzen verreiben, bis die Masse Semmelbröseln gleicht.

3 Wasser hinzufügen und mit einem Buttermesser vermischen, bis sich der Teig zu binden beginnt.

4 Die Masse mit einer Hand am Schüsselrand zusammenschieben und zu einer Kugel formen.

1 WIE LINKS BESCHRIEBEN, den Teig machen (genauere Anleitungen auf S. 66). Den Teig in Frischhaltefolie wickeln und 30 Minuten im Kühlschrank ruhen lassen.

4 DEN TEIG beim Ausrollen immer um ein Viertel drehen. Beginnt er zu kleben, den Teigroller nochmals bemehlen. Den Teig nicht dehnen oder wenden.

5 DEN AUSGEROLLTEN TEIG mit bemehlten Händen vorsichtig einmal in der Mitte, dann nochmals falten. So können Sie ihn leichter in die Form legen.

2 DIE ARBEITSFLÄCHE mit Mehl bestäuben. Den Teig auswickeln und halbieren. Ein Stück wieder einwickeln, damit es nicht austrocknet, das andere zu einer Kugel formen.

3 DEN TEIGROLLER bemehlen und den Teig ausrollen. Von der Mitte ausgehend zum Rand arbeiten. Einen Kreis von etwa 35 cm Durchmesser ausrollen.

6 DIE PIEFORM mit geschmolzener Margarine einfetten. Den Teig in die Form legen. Dabei die Spitze genau in die Mitte geben, damit Sie ihn nicht dehnen müssen.

7 DEN TEIG ÖFFNEN und sanft, ohne zu ziehen oder zu reißen, in der Form verteilen. Kümmern Sie sich nicht um überhängende Teigränder – diese werden später entfernt.

GEDECKTER APFELKUCHEN *Füllung zubereiten und Pie fertigstellen*

1 DAS BACKBLECH in den Ofen schieben und auf 220 °C (Umluft 200 °C, Gas Stufe 7) vorheizen. Die Äpfel vierteln, entkernen und schälen, mit Zitronensaft beträufeln, zuckern und bemehlen.

2 DIE ÄPFEL in die ausgelegte Form geben, mit einer Gabel verteilen, dabei zur Mitte immer mehr Äpfel anhäufen. Den Teigrand mit etwas Milch einstreichen.

5 TEIGRAND mit dem Messerrücken abflachen (kleines Bild). Die Kante mit den Fingerspitzen formen, Teig mit Milch bestreichen. In die Mitte ein 1 cm großes Loch stechen.

6 DIE ABGESCHNITTENEN RÄNDER ausrollen, in dekorative Stücke schneiden und auf den Pie legen. Das Loch freilassen. Mit Milch bestreichen und mit Zucker bestäuben.

3 Die zweite Teighälfte auf etwa dieselbe Größe wie das erste Teigstück ausrollen. Wieder in die gleiche Form falten und die Spitze genau in die Mitte des Pies legen.

4 Den Teig über die Füllung auslegen und die Ränder mit den Daumen sanft andrücken. Die Form mit einer Hand halten und die Teigränder mit einem Messer abschneiden.

7 15 Minuten backen, Hitze auf 180 °C (Umluft 170 °C, Gas Stufe 4) reduzieren, weitere 30–35 Minuten backen, bis der Pie außen goldbraun und innen (einstechen) weich ist.

Varianten

Rhabarber-Orangen-Pie
Äpfel und Zitronensaft weglassen. 1 kg Rhabarber putzen und in 2,5 cm lange Stücke schneiden. Die geriebene Schale 1 Orange im ersten Schritt mit Zucker und Maismehl mischen.

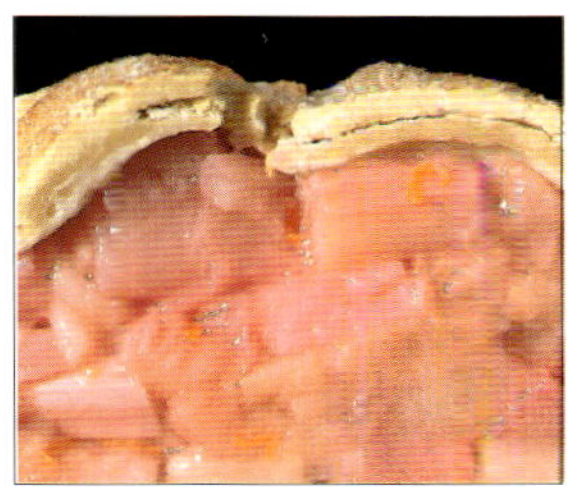

Holländischer Apfelpie
Dieselben Zutaten wie im Hauptrezept verwenden. Im ersten Schritt 1 TL gemahlenen Zimt zum Zucker und dem Maismehl geben. 85 g Sultaninen unter die Äpfel mischen.

Pfirsich-Mandel-Pie
Äpfel und Zitronensaft weglassen. 800 g Pfirsiche aus der Dose abseihen. Am Ende des ersten Schritts Zucker, Maismehl und 1/2 TL Mandelextrakt untermischen.

MEISTER REZEPT

VICTORIA SANDWICH

Natürlich gibt es gute Fertigkuchen zu kaufen. Haben Sie aber einmal selbst einen Kuchen gebacken, werden Sie Kuchen aus dem Regal nicht mehr wollen. Selbstgemachtes ist viel frischer und besser als Fertigware. Und der Duft von frischem Kuchen in der Küche ist einfach unwiderstehlich.

ANMERKUNGEN

Aufbewahrung
Diese Torte schmeckt frisch am besten, doch bleibt sie in einem luftdicht abgeschlossenen Behälter 1–2 Tage frisch. Eingefroren hält sie etwa 3 Monate lang. Frieren Sie die nicht gefüllten Teile einzeln ein, wickeln Sie jedes Teil in Folie und geben ihn in einen Gefrierbeutel.

Vorbereitungszeit
10 Minuten zum Auslegen der Form und Zubereiten des Teigs
5 Minuten zur Fertigstellung nach dem Backen

Backzeit
20–30 Minuten

Utensilien
2 Tortenformen (je 18 cm Durchmesser) mit losem Boden
Handmixer

Nährwert
Kalorien: 511 (2143 kJ)
Gesamtes Fett: 27 g, davon ungesättigte Fettsäuren: 17 g
gesättigte Fettsäuren: 8 g
Natrium: 513 mg

Einkaufstips
Haben Sie es eilig, können Sie auch vorgeschnittenes Backpapier verwenden, das in Fachgeschäften für Haushaltsware erhältlich ist.

TECHNIKEN

Eier aufschlagen: S. 34

TIPS AUS MEISTERHAND

- Entfernen Sie den Boden der Tortenform. Schneiden Sie einen Kreis und einen Streifen aus dem Backpapier, legen Sie Boden und Seiten der Form genau aus. Die Form muß gut eingefettet werden, da der Kuchen sonst nicht richtig aufgeht.
- Weiche Backmargarine eignet sich am besten für diese schnelle Backmethode. Verwenden Sie sie direkt aus dem Kühlschrank, und nehmen Sie keine fettarme Margarine, da ihr Wassergehalt zu hoch ist. Das macht den Kuchen zu wässrig.
- Gibt man Backpulver zum griffigen Mehl, geht der Kuchen gut auf, ohne daß Sie den Teig endlos lange kneten müssen. Ein Handmixer ist dafür ideal, doch kann man auch einen Kochlöffel verwenden, wenn die Margarine nicht zu hart ist.
- Die Backzeit ist eine Richtzeit. Ist der Kuchen nach der Mindestzeit bereits braun, in der Mitte aber noch weich, decken Sie ihn ab und backen Sie ihn weitere 5–10 Minuten.

ZUTATEN

FÜR 6 GROSSE STÜCKE

175 g weiche Backmargarine
175 g Feinkristallzucker
175 g Weizenmehl
1½ TL Backpulver
3 große Eier

FÜLLUNG & GARNIERUNG

etwa 4 EL Himbeer- oder Erdbeermarmelade
etwas Puderzucker

EIN VICTORIA-SANDWICH mit *Marmeladenfüllung und Puderzucker ist sehr schnell und einfach zubereitet.*

VICTORIA-SANDWICH

1 DEN OFEN AUF 180 °C (Umluft 170 °C, Gas Stufe 4) vorheizen. Aus dem Backpapier zwei Kreise ausschneiden, die Formen einfetten und mit Backpapier auslegen. Nochmals einfetten.

2 MARGARINE, Zucker, Mehl und Backpulver in eine mittlere Rührschüssel geben. Die Eier einzeln aufschlagen und zu den anderen Zutaten dazugeben.

5 DIE KUCHEN sind fertig, wenn sie aufgegangen, goldbraun und zart sind. Aus dem Ofen nehmen, etwa 2 Minuten abkühlen lassen und die Ränder mit einem Messer lockern.

6 DIE KUCHEN mit dem Boden aus der Form heben und den Boden ablösen. Die Kuchen auf einem Rost abkühlen lassen. Die Marmelade mit einem Spachtel glattrühren.

3 Die Zutaten mit dem Handmixer auf niedriger Stufe 2 Minuten glattrühren. Die Mischung sollte von den Quirlen tropfen, wenn man diese heraushebt.

4 Die Masse gleichmäßig auf die beiden Formen verteilen und mit einem Spachtelmesser oder einem Holzspachtel glattstreichen. Im Ofen 20–30 Minuten backen.

7 Ist der Kuchen kalt, das Backpapier entfernen. Einen Teil umgedreht auf einen Teller legen, mit Marmelade bestreichen, den anderen darauflegen, mit Puderzucker bestreuen.

Varianten

Zitronenkuchen
Saft 1 Zitrone mit 2 Eiern verrühren. 75 g Zucker und 50 g Butter dazurühren. Im Wasserbad 20 Minuten eindicken lassen. Nach dem Abkühlen 150 ml Sahne unterheben.

Schokoladenkuchen
2 EL Kakaopulver mit 3 EL kochendem Wasser verrühren und vor dem Schlagen zu den Zutaten für den Teig mischen. Für die Füllung 140 g weiche Schokolade mit 150 ml Sahne mischen.

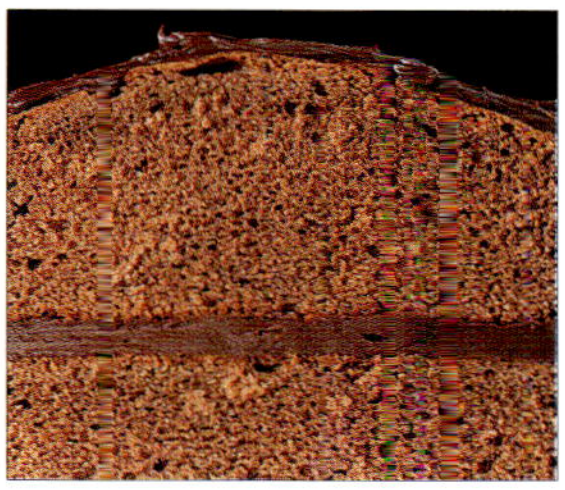

Glasierte Limettentorte
Im zweiten Schritt die Schale von 2 Limetten einmischen. Für die Füllung 4 EL Limettenmarmelade verwenden. 100 g Puderzucker in etwas Limettensaft auflösen; auf die Torte streichen.

MEISTER REZEPT

DREIKORN-BROT

Ist dies Ihr erster Versuch, eigenes Brot zu backen, ist Ihnen mit diesem simplen Rezept der Erfolg sicher. Sie werden auf Ihren ersten selbstgemachten Laib Brot stolz sein können. Wir verwenden die einfache Trockenhefe, die viel unkomplizierter – und rascher – zu handhaben ist als frische Hefe.

ANMERKUNGEN

Vorbereitung
Der Teig kann am Vortag zubereitet werden. Mit Folie abdecken und über Nacht in den Kühlschrank stellen. Am nächsten Tag lassen Sie den Teig bei Raumtemperatur auf die doppelte Größe aufgehen und fahren mit dem sechsten Schritt fort.

Vorbereitungszeit
15 Minuten zum Mischen und Kneten
2–2½ Stunden zum Aufgehen

Backzeit
Etwa 30 Minuten

Utensilien
20 cm große Springform oder Tortenform mit losem Boden

Nährwert
Kalorien: 265 (1120 kJ)
Gesamtes Fett: 9 g, davon ungesättigte Fettsäuren: 7 g
gesättigte Fettsäuren: 1 g
Natrium: 393 mg

Tips
Leichter wird das Brot, wenn man das Vollkornmehl zur Hälfte durch weißes Brotmehl ersetzt. Die Garnierung kann nach Geschmack und Inhalt des Vorratsschrankes verändert werden. Neben den hier verwendeten Körnern eignen sich auch Haferflocken und Kümmel.

TIPS AUS MEISTERHAND

- Besonders wichtig ist, daß Sie spezielles Brotmehl, das Roggenmehl, verwenden. Sein hoher Glutengehalt macht den Teig geschmeidig.
- Achten Sie gut darauf, daß das Wasser nur lauwarm ist. Zu heißes Wasser tötet die Hefe ab.
- Kneten Sie den Teig gründlich mit der Hand, oder schlagen Sie ihn in einer Küchenmaschine mit einer Teigscheibe. Der fertige Teig sollte klebrig sein. Ist er zu trocken, wird auch das Brot trocken.
- Hefe geht bei jeder Temperatur auf, besonders gut aber bei 25 °C. Je kälter es in Ihrer Küche ist, desto länger dauert es, bis der Teig aufgeht.
- Heizen Sie den Ofen ordentlich vor: 230 °C (Umluft 220 °C, Gas Stufe 8) ist die richtige Temperatur.
- Das Brot muß vor dem Abkühlen durchgebacken sein. Nehmen Sie es aus der Form und klopfen Sie auf den Boden: Klingt es hohl, ist das Brot fertig. Anderenfalls legen Sie es verkehrt herum nochmals in den Ofen.

ZUTATEN

FÜR EINEN 20 CM GROSSEN LAIB AUS 8 BRÖTCHEN

500 g Vollkornmehl
2 TL Salz
6 g Trockenhefe
300 ml lauwarmes Wasser
2 EL klarer Honig
2 EL und 1 TL Sonnenblumenöl
125 g Sonnenblumenkerne
25 g Mohnsamen
25 g Sesamkörner

VOLLKORNBRÖTCHEN *in Scheiben sehen mit Butter und Käse serviert köstlich aus.*

DREIKORNBROT

1 MEHL ABWIEGEN und mit Salz und Hefe in eine große Schüssel geben. Das Wasser abmessen, Honig und 2 EL Sonnenblumenöl einrühren. Die Flüssigkeit über das Mehl gießen.

2 DIE ZUTATEN zu einem weichen Teig vermischen, der an der Schüssel kleben bleibt. Bei Bedarf mehr lauwarmes Wasser hinzufügen. Den Teig auf eine bemehlte Fläche legen.

5 DEN TEIG im Öl wenden, die Schüssel mit Frischhaltefolie abdecken. An einen warmen Ort stellen und 1½ Stunden auf die doppelte Größe aufgehen lassen.

6 DEN TEIG aus der Schüssel nehmen, flachklopfen. Mit 100 g Sonnenblumenkernen bestreuen, aufrollen und 20–30 mal durchkneten. Achteln und zu Kugeln formen.

3 DEN TEIG 10 Minuten kneten. Dafür das Körpergewicht auf die Handflächen verlagern, auf den Teig stützen, Handflächen mit dem Teig vom Körper weg schieben.

4 DEN TEIG zurückschlagen, um ein Viertel drehen und in einer gleichmäßigen Wiegebewegung fortfahren. Eine große Schüssel mit 1 TL Öl einfetten.

7 3 KUGELN in Mohn, 2 in Sesam, 2 in Sonnenblumen, 1 in Vollkornmehl wälzen. Brötchen auf dem eingefetteten Blech 35–40 Minuten aufgehen lassen. Rohr vorheizen (S. 114).

8 10 MINUTEN BACKEN. Die Hitze auf 200 °C (Umluft 190 °C, Gas Stufe 6) reduzieren, weitere 20 Minuten backen. Aus dem Ofen nehmen und testen. Auf einem Rost abkühlen.

REZEPTSAMMLUNG

JEDER KOCH benötigt ein Repertoire von erprobten Rezepten, und genau das finden Sie in diesem Kapitel. Die Auswahl reicht von Suppen, Eiergerichten und Pasta über Hauptgerichte mit Fisch, Geflügel und Fleisch zu vegetarischen Speisen, Obstdesserts, Puddings und Mehlspeisen wie Muffins und Brownies. Alle diese Rezepte sind einfach und basieren auf den Techniken, die in den Meisterrezepten vermittelt wurden. Erfolg ist also garantiert! Je öfter Sie diese Rezepte zubereiten, desto größer wird Ihr Vertrauen in Ihre Kochkünste. Sie werden mit eigenen Ideen zu experimentieren beginnen und einen eigenständigen Kochstil entwickeln.

EIERGERICHTE

Aus Eiern lassen sich rasch und problemlos nahrhafte und leichte Gerichte sowie Snacks zubereiten. Die folgenden Rezepte sind unkompliziert und basieren auf einfachen Kochtechniken.

QUICHE LORRAINE

175 g durchwachsener Speck ohne Knorpel und Rinde

Teigboden (20 cm), blindgebacken in der Form (siehe S. 66–67)

1 mittelgroße Zwiebel, geschält und gehackt

125 g Gruyère, gerieben

2 große Eier

250 ml Sahne

Salz und Pfeffer

gesättigte Fettsäuren 26 g • ungesättigte Fettsäuren 25 g • Natrium 1012 mg • Kalorien 742

1 Den Ofen auf 180 °C (Umluft 170 °C, Gas Stufe 4) vorheizen. Den Speck in einer beschichteten Bratpfanne bei mittlerer Hitze 10 Minuten anbraten. Abgetropft auf den Teigboden legen.

2 Die Zwiebel bei mittlerer Hitze in dem Speckfett 8 Minuten goldbraun braten. In die Quiche geben, mit Käse bestreuen.

3 Eier, Sahne, Salz und Pfeffer mischen und über die Quiche gießen. 25–30 Minuten goldbraun backen und warm servieren.

PILZ-SPINAT-QUICHE

300 g frischer junger Spinat

40 g Butter

200 g Champignons, geputzt und in Scheiben geschnitten

1 große Knoblauchzehe, geschält und zerdrückt

2 große Eier

250 ml Sahne

2 TL Zitronensaft

Salz und Pfeffer

Teigboden (20 cm), blind gebacken in der Form (siehe S. 66–67)

gesättigte Fettsäuren 22 g • ungesättigte Fettsäuren 19 g • Natrium 433 mg • Kalorien 579

1 Den Ofen auf 180 °C (Umluft 170 °C, Gas Stufe 4) vorheizen. Den Spinat und die Hälfte der Butter in eine beschichtete Pfanne geben. Bei mittlerer Hitze unter ständigem Rühren den Spinat zusammenfallen lassen, in eine Schüssel geben und abkühlen lassen.

2 Die restliche Butter in derselben Pfanne schmelzen, Pilze und Knoblauch hinzufügen. Bei mittlerer Hitze unter ständigem Rühren 3–5 Minuten braten, bis die Flüssigkeit verdampft ist. Zum Spinat geben und abkühlen lassen.

3 Eier, Sahne und Zitronensaft in einer großen Schüssel vermischen. Spinat, Pilze, Salz und Pfeffer unterrühren und die Mischung auf den Teigboden gießen. 25–30 Minuten goldbraun backen und warm servieren.

EIER AUFBRECHEN & TRENNEN

Versuchen Sie immer, das Ei in zwei gleich große Teile aufzubrechen. Genauere Informationen finden Sie auf S. 34–36.

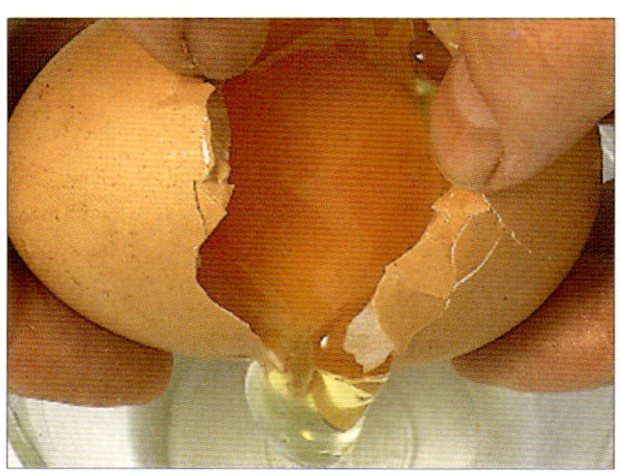

Die Schale am Rand einer Schüssel anbrechen und mit den Daumen öffnen.

Das Ei in die Hälfte brechen, die Schale neigen und das Eiweiß ausrinnen lassen.

Käsesoufflé

Sie können auch 1 großes Soufflé in einer Souffléform für 600 ml machen. 30 Minuten backen.

40 g Butter

40 g Weizenmehl

300 ml heiße Milch

150 g fester Hartkäse, gerieben

1 TL Dijonsenf

Salz und Pfeffer

4 große Eier, getrennt

gesättigte Fettsäuren 18 g • ungesättigte Fettsäuren 12 g • Natrium 496 mg • Kalorien 409

1 Den Ofen auf 180 °C (Umluft 170 °C, Gas Stufe 4) vorheizen. Vier 150 ml große Souffléformen mit Butter einfetten.

2 Die Butter bei mittlerer Hitze in einem Topf schmelzen lassen, mit Mehl bestäuben und 1–2 Minuten gut rühren. Vom Herd nehmen, die heiße Milch langsam einrühren. Bei mittlerer Hitze ständig weiterrühren, bis die Soße kocht und eindickt. Vom Herd nehmen, den Käse hinzufügen und unter Rühren schmelzen lassen. Mit Senf, Salz und Pfeffer würzen.

3 Die Soße etwas abkühlen lassen, dann die 4 Eigelb einrühren. Die Eiweiß in einer großen Schüssel steif schlagen. 2 gehäufte Eßlöffel Eischnee in die Soße rühren, dann den Rest unterheben.

4 Die Mischung in die Formen geben. Etwa 15 Minuten backen, bis das Soufflé aufgegangen und braun ist. Sofort servieren.

Crêpes Suzette

8 Pfannkuchen (16 cm) (siehe S. 37)

Für die Sosse

Saft von 2 Orangen

125 g Butter

60 g Feinkristallzucker

4 EL Orangenlikör oder Brandy

gesättigte Fettsäuren 19 g • ungesättigte Fettsäuren 11 g • Natrium 60 mg • Kalorien 489

1 Für die Soße Orangensaft, Butter und Zucker in eine große beschichtete Bratpfanne geben. Bei mittlerer Hitze unter ständigem Rühren die Butter schmelzen lassen und 5 Minuten köcheln.

2 Die Hitze reduzieren. Den Pfannkuchen in der Soße wenden, zweimal in der Mitte zusammenfalten und an der Seite der Pfanne liegenlassen.

3 Die weiteren Pfannkuchen in der Soße wenden und falten. Alle Pfannkuchen dachziegelartig übereinanderschichten.

4 Likör oder Brandy über die Pfannkuchen in der Pfanne löffeln und sofort servieren.

Pfannkuchen mit Apfelfüllung

55 g Butter

geriebene Schale von 1 Zitrone

Saft von ½ Zitrone

500 g Äpfel

50 g Rohzucker

8 Pfannkuchen (23 cm) (siehe S. 37)

gesättigte Fettsäuren 1 g • ungesättigte Fettsäuren 7 g • Natrium 53 mg • Kalorien 336

1 25 g Butter in einer großen beschichteten Bratpfanne bei geringer Hitze schmelzen. Zitronenschale und -saft in die Pfanne geben, gut umrühren und vom Herd nehmen.

2 Die Äpfel vierteln, entkernen und schälen, in dicke Scheiben schneiden und in der Zitronenbutter wenden.

3 Die Äpfel bei niedriger Hitze in der Pfanne 5–10 Minuten weich dünsten. Sie sollen aber nicht zerfallen. Vom Herd nehmen und die Hälfte des Zuckers vorsichtig unterrühren.

4 Den Ofen auf 200 °C (Umluft 190 °C, Gas Stufe 6) vorheizen. Die Apfelfüllung auf die Pfannkuchen verteilen, die Pfannkuchen einschlagen, zu einem Quadrat falten und in eine eingefettete Backform geben.

5 Die restliche Butter schmelzen, über den Pfannkuchen gleichmäßig verstreichen und mit Rohzucker bestreuen. Nicht zugedeckt 20 Minuten backen. Heiß mit Vanilleeis oder frischer Schlagsahne servieren.

Spanische Tortilla

Ein dickes Omelette mit Kartoffelfüllung.

500 g mittlere bis große Kartoffeln, geschält

1 große milde Zwiebel, geschält und grob gehackt

Salz und Pfeffer

5 EL Olivenöl

5 große Eier, geschlagen

gesättigte Fettsäuren 5 g • ungsättigte Fettsäuren 21 g • Natrium 113 mg • Kalorien 370

1 Die Kartoffeln in der Küchenmaschine mit einer Messerscheibe oder mit einem Küchenmesser in 3–5 mm dicke Scheiben schneiden. In einer großen Schüssel mit Zwiebel, Salz und Pfeffer gut vermischen.

2 3 EL Öl in einer 23 cm großen beschichteten Omelettepfanne erhitzen, Kartoffeln und die Zwiebel dazugeben und mit einem Deckel oder einer Folie abdecken. Bei kleiner Flamme etwa 15 Minuten weich braten, gelegentlich umrühren.

3 Das restliche Öl in der Pfanne bei mittlerer Hitze erwärmen. Die geschlagenen Eier salzen und pfeffern, in die Pfanne gießen und gleichmäßig verteilen.

4 Etwa 10 Minuten braten, bis das Omelette unten gestockt und oben noch leicht flüssig ist.

5 Die Tortilla auf einen Teller gleiten lassen, wenden und umgedreht wieder in die Pfanne gleiten lassen. Nochmals 1–2 Minuten goldbraun braten. Heiß, warm oder kalt servieren.

Italienische Kräuterfrittata

Eine *frittata* ist ein gebackenes Omelette. Verwenden Sie eine feuerfeste Omelettepfanne, die in den Ofen paßt. Decken Sie die Griffe, wenn nötig, mit Folie ab.

8 große Eier

150 ml Sahne

50 g Hartkäse, gerieben

25 g Parmesan, gerieben

2 EL gehackte frische Kräuter

Salz und Pfeffer

2 EL Olivenöl

gesättigte Fettsäuren 13 g • ungesättigte Fettsäuren 19 g • Natrium 339 mg • Kalorien 400

1 Den Ofen auf 180 °C (Umluft 160 °C, Gas Stufe 4) vorheizen. Die Eier mit Sahne, Käse, Kräutern, Salz und Pfeffer aufschlagen.

2 Das Öl in einer 23 cm großen beschichteten Pfanne bei mittlerer Hitze erhitzen. Dann die Eiermischung hineingießen und gleichmäßig verteilen.

3 20 Minuten im Ofen backen, bis das Omelette in der Mitte gerade gestockt ist.

4 Einen erwärmten Teller verkehrt auf die Pfanne legen, gemeinsam wenden, so daß das Omelette auf dem Teller liegt. Heiß oder warm servieren.

Eiermayonnaise mit Kräutern

Dies ist die fettarme Version eines klassischen Rezepts. Die Soße kann bis zu 3 Stunden im Kühlschrank aufbewahrt werden.

6 große Eier

60–70 g Winterkresse

1–2 EL französisches Dressing (siehe S. 69)

Für die Sauce

200 ml fettarme Crème fraiche oder fettarmen Joghurt

200 ml kalorienarme Mayonnaise

1 EL Zitronensaft

½ TL Feinkristallzucker

1 EL Petersilie, Minze, Basilikum und Estragon, fein gehackt

Salz und Pfeffer

gesättigte Fettsäuren 5 g • ungesättigte Fettsäuren 24 g • Natrium 643 mg • Kalorien 364

1 Für die Soße alle Zutaten vermischen und abschmecken. Zudecken und einkühlen.

2 Die Eier hart kochen, schälen, kühlen, abseihen und trocknen. Jedes Ei längs halbieren.

3 Vor dem Servieren die Kresse auf einem Servierteller anrichten und gleichmäßig mit französischem Dressing beträufeln.

4 Je 3 Eierhälften pro Person mit der Schnittfläche nach oben kleeblattförmig auf der Kresse anrichten. Die Soße darübergießen.

Rührei mit würzigem Paprika

4 EL Olivenöl

1 große milde Zwiebel, geschält und gehackt

3 mittelgroße Paprika (jede Farbe), entkernt, in dünne Scheiben geschnitten

2 Knoblauchzehen, zerdrückt

½ kleine Chilischote, entkernt und fein gehackt

8 große Eier

Salz und Pfeffer

4 mittelgroße Tomaten, halbiert, entkernt und gehackt

gesättigte Fettsäuren 6 g • ungesättigte Fettsäuren 21 g • Natrium 180 mg • Kalorien 376

1 2 EL Öl in einer Pfanne erhitzen. Die Zwiebel bei mittlerer Hitze etwa 5 Minuten braten, Paprika, Knoblauch und Chilischote unterrühren. Das Gemüse zugedeckt bei niedriger Hitze 10 Minuten weich dünsten.

2 Die Eier aufschlagen, in eine große Schüssel geben, mit Salz und Pfeffer würzen und gut mit einer Gabel vermischen. Die restlichen 2 EL Öl in einer 20 cm großen beschichteten Pfanne bei niedriger Hitze erwärmen. Die Eiermasse hineingießen.

3 3 Minuten braten, bis die Eier leicht stocken. Die Mischung unter ständigem Rühren vom Pfannenboden lösen. Nicht zu lange braten: Rühreier sollten cremig, nicht fest sein.

4 Die Tomaten zu den Paprikastücken geben und abschmecken. Die Mischung über die Rühreier gießen und sofort servieren.

SUPPEN

Einige dieser Suppen sind leicht und sämig, andere kompakt und kräftig. Aber alle sind sie leicht herzustellen und können als Vorspeise oder mit Brot als Hauptspeise serviert werden.

SUPPEN PÜRIEREN

Die folgenden 3 Rezepte zeigen Ihnen Suppen, die mit einem Stabmixer püriert werden. Sie können auch eine Küchenmaschine oder einen Mixer verwenden. Kühlen Sie die Suppe aber immer leicht und pürieren Sie sie in kleinen Mengen. Haben Sie keines dieser Geräte, können Sie die Suppe in ein Sieb gießen und die festen Bestandteile mit einem Löffel durchdrücken.

SELLERIESUPPE MIT SCHIMMELKÄSE

1 Sellerieknolle, geputzt, die Blätter aufheben

50 g Butter

1 große Zwiebel, geschält und gehackt

25 g Weizenmehl

1 Suppenwürfel, Gemüsebrühe

Salz und Pfeffer

425 ml Milch

FÜR DIE KÄSECREME

50 g dänischer Schimmelkäse

150 ml Crème fraîche, halbfett

gesättigte Fettsäuren 13 g • ungsättigte Fettsäuren 7 g • Natrium 866 mg • Kalorien 253

1 Den Sellerie kreuzweise zu 5 mm dicken Scheiben zuschneiden. Die Butter in einer großen Pfanne schmelzen, Sellerie und Zwiebel anbraten. Zugedeckt bei geringer Hitze 15 Minuten kochen lassen, gelegentlich umrühren.

2 Den Suppenwürfel in 425 ml kochendem Wasser auflösen. Das Gemüse mit Mehl bestäuben, gut umrühren, mit Suppe aufgießen und bei starker Hitze unter ständigem Rühren kochen lassen. Salzen und pfeffern, zudecken und die Hitze reduzieren. Weitere 10 Minuten köcheln lassen.

3 Den Topf vom Herd nehmen. Die Suppe mit einem Stabmixer 3 Minuten pürieren. Den Stab dabei unter die Suppe halten.

4 Die Milch bei mittlerer Hitze in die Suppe gießen und gut durchrühren. Die Suppe leicht zum Kochen bringen und abschmecken. Den Topf zudecken und bei mittlerer Hitze weiter kochen lassen. Inzwischen die Käsecreme zubereiten.

5 Den Schimmelkäse in eine kleine Schüssel geben und mit einer Gabel zerdrücken. Die Crème fraîche langsam einrühren, bis eine Soße entsteht.

6 Die Suppe nochmals umrühren und in vorgewärmte Schalen schöpfen. Einen großen Löffel Käsecreme in jede Suppe geben und spiralförmig einrühren. Mit gehackten Sellerieblättern bestreut sofort servieren.

CROÛTONS ZUBEREITEN

Selbsthergestellte Croûtons machen Suppen reichhaltiger und knusprig. Genaue Informationen finden Sie auf S. 70.

Weißbrotscheiben stapeln und in Würfel schneiden.

In einer Plastiktüte mit 1–2 EL Öl vermischen.

Bei mittlerer Hitze goldbraun herausbraten.

Kressesuppe

50 g Butter

1 große Kartoffel (etwa 300 g), geschält und grob gehackt

1 große Zwiebel, geschält und gehackt

450 ml Hühnerbrühe

Salz und Pfeffer

200 g Brunnenkresse, gehackt

500 ml Milch

1–2 EL Zitronensaft

4 EL Sahne zum Garnieren

gesättigte Fettsäuren 12 g • ungesättigte Fettsäuren 6 g • Natrium 303 mg • Kalorien 314

1 Die Butter in einem großen Topf schmelzen. Kartoffel und Zwiebel dazugeben und gut rühren. Zugedeckt bei niedriger Hitze etwa 15 Minuten anschwitzen, gelegentlich umrühren.

2 Mit Brühe aufgießen und bei starker Hitze zum Kochen bringen. Salzen und pfeffern, zudecken und die Hitze reduzieren. Die Suppe etwa 10 Minuten köcheln lassen, bis die Kartoffeln sehr weich sind.

3 Den Topf vom Feuer nehmen und die Brunnenkresse hinzufügen. Die Suppe mit einem Stabmixer etwa 3 Minuten pürieren, bis sie glatt ist. Dabei die Messer unter der Suppe halten.

4 Herd wieder auf mittlere Hitze reduzieren, Milch aufgießen und gut umrühren. Suppe leicht zum Kochen bringen.

5 Den Zitronensaft nach Belieben dazugeben. Suppe vor dem Servieren abschmecken.

6 Die Suppe nochmals umrühren und in vorgewärmte Schalen schöpfen. 1 EL Sahne in jede Schale spiralförmig einrühren und sofort servieren.

Variante

Spinatsuppe

Statt der Brunnenkresse dieselbe Menge Spinat verwenden, die harten Stiele entfernen und fein hacken. In Schritt 2 Zitronensaft weglassen und mit etwas Muskatnuß, Salz und Pfeffer würzen.

Karottensuppe mit Curry

3 EL Sonnenblumenöl

1 mittelgroße Zwiebel, geschält und gehackt

1 TL Madrascurry (scharf)

10 g Weizenmehl

850 ml Gemüsebrühe

500 g Karotten, in Scheiben geschnitten

Salz und Pfeffer

1–2 TL Zitronensaft

Für den Korianderjogurt

150 g griechischer Joghurt, natur

2 EL fein gehackte frische Korianderblätter

gesättigte Fettsäuren 3 g • ungesättigte Fettsäuren 12 g • Natrium 1072 mg • Kalorien 226

1 Das Öl in einem großen Topf erhitzen. Die Zwiebel bei mittlerer Hitze etwa 5 Minuten weich dünsten.

2 Zwiebel mit Currypulver und Mehl bestäuben, gut umrühren, die Brühe aufgießen und bei starker Hitze unter ständigem Rühren zum Kochen bringen.

3 Karotten, Salz und Pfeffer dazugeben und wieder zum Kochen bringen. Die Hitze reduzieren, zudecken und 15 Minuten köcheln lassen, bis die Karotten weich sind.

4 Den Topf vom Herd nehmen. Die Suppe mit einem Stabmixer etwa 3 Minuten pürieren, bis sie glatt ist. Dabei die Messer unter die Suppe halten.

5 Die Suppe bei mittlerer Hitze nochmals zum Kochen bringen. Mit Zitronensaft abschmekken und bei Bedarf nachwürzen.

6 Den Joghurt und die gehackten Korianderblätter in einer kleinen Schüssel gut vermischen.

7 Die Suppe nochmals umrühren und in vorgewärmte Schalen schöpfen. Mit einem Löffel Korianderjoghurt garnieren und sofort servieren.

Variante

Pastinakensuppe mit Curry

Statt der Karotten im Hauptrezept dieselbe Menge Pastinaken verwenden. Die Pastinaken erst knapp vor ihrer Verwendung zubereiten, da sie sich leicht dunkel verfärben sobald sie geschält und geschnitten sind.

Tomatensuppe

1 Suppenwürfel, Gemüsebrühe

1 mittelgroße Zwiebel

25 g Butter

25 g Weizenmehl

800 g gehackte Dosentomaten

2 EL Tomatenmark

Salz und Pfeffer

1 TL Feinkristallzucker

ges. Fettsäuren 3 g • unges. Fettsäuren 2 g • Natrium 648 mg Kalorien 128

1 Den Suppenwürfel in 425 ml kochendem Wasser auflösen. Die Zwiebel hacken. Die Butter in einem großen Topf schmelzen lassen, die Zwiebel bei geringer Hitze 10 Minuten weich dünsten.

2 Die Zwiebel mit Mehl bestäuben, gut umrühren, Brühe, Tomaten, Tomatenmark, Salz und Pfeffer hinzufügen. Bei starker Hitze unter ständigem Rühren zum Kochen bringen, 2–3 Minuten köcheln lassen.

3 Ein großes Sieb über einen großen Topf hängen, Suppe hineingießen, die festen Bestandteile mit einem Löffel durch das Sieb drücken. Für diese Suppe keinen Mixer verwenden, denn die Tomatenkerne müssen entfernt werden.

4 Die Suppe wieder in den Topf gießen und aufkochen lassen. Zucker einrühren, abschmecken.

Variante

Tomaten-Pesto-Suppe

Vor dem Servieren 6–8 EL Pesto in die Suppe rühren. Mit Basilikumblättern garnieren.

Minestrone

2 EL Olivenöl

1 mittelgroße Zwiebel, geschält und gehackt

1 Karotte, gehackt

1 Selleriestange, geputzt und fein gehackt

1 Lauch, in dünne Scheiben geschnitten

25 g Weizenmehl

1,5 Liter Hühnerbrühe

400 g Dosentomaten, gehackt

Salz und Pfeffer

50 g getrocknete Spaghetti

100 g grüne Bohnen, geputzt und in 2,5 cm Länge geschnitten

100 g grüner Kohl, gehackt

geriebener Parmesan

gesättigte Fettsäuren 2 g • ungesättigte Fettsäuren 7 g • Natrium 373 mg • Kalorien 243

1 Das Öl in einem großen Topf erhitzen, Zwiebel, Karotten, Sellerie und Lauch bei niedriger Hitze 5 Minuten unter mehrmaligem Rühren weich dünsten.

2 Mit Mehl bestäuben und einmischen. Brühe, Tomaten, Salz und Pfeffer hinzufügen und bei starker Hitze unter Rühren zum Kochen bringen. Zurückdrehen und teilweise zugedeckt 20 Minuten köcheln lassen.

3 Die Spaghetti zerbrechen und in den Topf geben. Bohnen und Kohl dazugeben, gut umrühren und 10 Minuten weich kochen. Vor dem Servieren abschmecken und mit geriebenem Parmesan bestreuen.

Muscheleintopf

75 g geräucherter Speck ohne Rinde, gehackt

1 mittelgroße Zwiebel, geschält und gehackt

20 g Butter

20 g Weizenmehl

400 ml heiße Milch

300 g Kartoffeln, geschält und gewürfelt

Salz und Pfeffer

150 ml Sahne

100 g Maiskörner

290 g Venusmuscheln in Salzlake, abgetropft

gesättigte Fettsäuren 12 g • ungesättigte Fettsäuren 9 g • Natrium 785 mg • Kalorien 374

1 Einen großen Topf auf kleiner Flamme 30 Sekunden vorwärmen, Speck und Zwiebel hineingeben und 5 Minuten unter Rühren andünsten. Die Butter schmelzen lassen, mit Mehl bestäuben und zusammenrühren.

2 Den Topf vom Herd nehmen, langsam die heiße Milch einrühren. Die Mischung auf kleiner Flamme unter ständigem Rühren aufkochen und eindicken lassen.

3 Kartoffeln, Salz und Pfeffer dazugeben und 10–15 Minuten weich kochen. Sahne und Mais hinzufügen und aufkochen lassen.

4 Die Muscheln in einem Sieb abtropfen lassen. Zur Suppe geben und sanft erhitzen, aber nicht aufkochen, damit die Muscheln nicht zäh werden. Vor dem Servieren abschmecken.

Moules Marinière

Mit einer Gabel für die Miesmuscheln und einem Löffel für die Suppe servieren.

2 EL Olivenöl

6 Frühlingszwiebeln, geputzt und fein gehackt

4 Selleriestangen, geputzt und fein gehackt

2 Knoblauchzehen, zerdrückt

300 ml trockener Weißwein

1 Kräutersträußchen

2 kg lebende Miesmuscheln, geputzt (siehe S. 44)

Salz und Pfeffer

300 ml Fischfond oder Wasser

1 Stück Butter

4 EL gehackte Petersilie

gesättigte Fettsäuren 6 g • ungesättigte Fettsäuren 14 g • Natrium 1582 mg • Kalorien 544

1 Das Öl in einem großen Topf erhitzen; Gemüse und Knoblauch 5 Minuten bei mittlerer Hitze unter Rühren weich dünsten.

2 Wein, Kräutersträußchen, Miesmuscheln, Salz und Pfeffer hinzufügen. Den Topf abdecken und bei starker Hitze 5 Minuten kochen, bis sich die Muscheln öffnen; gelegentlich schütteln.

3 Die Muscheln auf 4 gewärmte Suppenteller geben, nicht geöffnete Muscheln und das Kräutersträußchen entfernen. Den Fond 3–4 Minuten einkochen lassen. Die Butter und die Petersilie dazugeben. Abschmecken und über die Muscheln gießen.

PASTA

Pasta ist schnell zu kochen und allseits beliebt. Man kann sie als Vorspeise oder mit einem einfachen Salat und knusprigem italienischen Brot oder Baguette als Hauptspeise servieren.

SPAGHETTI MIT TOMATENSOSSE

Die Soße kann bis zu einer Woche im Kühlschrank oder bis zu drei Monate im Kühlfach aufbewahrt werden.

FÜR 6 PERSONEN

500 g getrocknete Spaghetti

Blätter von 5 frischen Basilikumstengeln, gehackt

frisch geriebener Parmesan, zum Servieren

FÜR DIE TOMATENSOSSE

2 EL Olivenöl

1 große milde Zwiebel, geschält und fein gehackt

800 g Dosentomaten, gehackt

2 TL Feinkristallzucker

1 TL getrockneter Oregano

1 Lorbeerblatt

Salz und Pfeffer

gesättigte Fettsäuren 1 g • ungesättigte Fettsäuren 5 g • Natrium 56 mg • Kalorien 373

1 Für die Soße das Öl in einem mittelgroßen Topf erhitzen. Die gehackte Zwiebel bei niedriger Hitze etwa 10 Minuten dünsten, bis sie weich, aber nicht braun sind, dabei umrühren.

2 Tomaten, Zucker, Oregano, Lorbeerblatt, Salz und Pfeffer in den Topf geben, gut umrühren und bei starker Hitze zum Kochen bringen. Zurückdrehen und ohne Deckel etwa 30 Minuten köcheln lassen, bis die Soße eindickt, gelegentlich umrühren.

3 Das Lorbeerblatt entfernen und die Soße abschmecken. Warm stellen und die Spaghetti kochen (siehe unten).

4 Die Spaghetti in einem Sieb abtropfen, gut schütteln und wieder in den Topf, in dem sie gekocht wurden, oder in eine große Schüssel gießen.

5 Die Tomatensoße über die Spaghetti gießen und vermischen. Sofort mit frischem Basilikum bestreut servieren. Dazu in einer eigenen Schüssel frisch geriebenen Parmesan reichen.

VARIANTE

TOMATEN-MUSCHEL-SOSSE

Etwa 290 g kleine Muscheln in Salzlake im Sieb abtropfen lassen. Mit der Schale und dem Saft 1 Zitrone am Ende des zweiten Schritts in die Tomatensoße geben. Sanft erhitzen. Mit Zitronenscheiben servieren.

SPAGHETTI KOCHEN

Die Kochzeiten variieren je nach Sorte, lesen Sie also auf der Packung nach. Genauere Informationen finden Sie auf S. 39.

4 Liter Wasser in einem großen Topf zum Kochen bringen, 1 EL Salz dazugeben.

Die Spaghetti dazugeben, aufkochen lassen und 10–15 Minuten kochen.

Cannelloni Bolognese

1 Portion Sauce Bolognese (siehe Meisterrezept, S. 82)

175 g getrocknete Cannelloni, nicht zum Vorkochen

etwas Muskatnuß

Salz und Pfeffer

600 ml heiße Bechamelsauce, mitteldick (siehe S. 68)

50 g Parmesan, gerieben

gesättigte Fettsäuren 22 g • ungesättigte Fettsäuren 22 g • Natrium 554 mg • Kalorien 839

1 Die Sauce Bolognese in einer beschichteten Pfanne unter ständigem Rühren köcheln lassen, bis die Flüssigkeit verdampft ist. Abkühlen lassen.

2 Den Ofen auf 200 °C (Umluft 190 °C, Gas Stufe 6) vorheizen. Eine Backform (25 x 20 cm, 5 cm tief) einfetten, mit etwas Sauce Bolognese bestreichen.

3 Zum Füllen der Cannelloni eine Plastiktüte verwenden: Dazu eine Öffnung von 2 cm in eine Ecke des versiegelten Endes schneiden, 2 große Löffel Sauce Bolognese in die Tüte füllen und in die Cannelloni drücken.

4 Die gefüllten Cannelloni eng in die Form schichten. Die Bechamelsauce mit Muskatnuß, Salz und Pfeffer würzen und über die Cannelloni gießen, bis diese völlig bedeckt sind. Mit Käse bestreuen.

5 Mit Folie abdecken und 15 Minuten backen, dann die Folie entfernen und nochmals 20 Minuten goldgelb backen.

Pasta Primavera

250 g Spargelspitzen

250 g grüne Bohnen, geputzt und diagonal geschnitten

1 Zucchini, geputzt und in Stifte geschnitten

Salz und Pfeffer

150 g weicher Ziegenkäse

abgeriebene Schale und Saft von 1 kleinen Zitrone

2 EL Olivenöl

1 große Knoblauchzehe, geschält und zerdrückt

400 g getrocknete Penne

gesättigte Fettsäuren 5 g • ungesättigte Fettsäuren 10 g • Natrium 189 mg • Kalorien 531

1 Das Gemüse in einen mittelgroßen Topf mit kochendem Salzwasser geben. 2 Minuten kochen lassen, in einem Sieb abtropfen, mit kaltem Wasser abspülen und gut schütteln.

2 Den Käse mit Zitronenschale und -saft, Öl, Knoblauch, Salz und Pfeffer in einen Topf geben. Bei niedriger Hitze unter Rühren schmelzen, dann das Gemüse dazugeben. Beiseite stellen.

3 Die Penne 10–15 Minuten oder nach Beschreibung auf der Packung in Salzwasser kochen. Abseihen, in eine vorgewärmte große Schüssel geben und das Gemüse daruntermischen.

Gemüse-Nudel-Pfanne

250 g chinesische Eiernudeln

3 EL Sonnenblumenöl

8 Frühlingszwiebeln, diagonal in kurze Stücke geschnitten

2,5 cm großes Stück frischen Ingwer, fein gehackt

3 große Knoblauchzehen, geschält und dünn geschnitten

1 großer roter Paprika, entkernt und würfelig geschnitten

225 g Champignons, geputzt und halbiert

1 großes Ei, leicht geschlagen

etwas Tabascosoße

Salz und Pfeffer

gesättigte Fettsäuren 3 g • ungesättigte Fettsäuren 14 g • Natrium 156 mg • Kalorien 408

1 Die Nudeln in einen großen Topf mit kochendem Wasser geben. Vom Herd nehmen und rühren, bis sich die Nudeln trennen, dann zugedeckt 4–6 Minuten stehenlassen. Abseihen und gut schütteln. Beiseite stellen.

2 Einen Wok 1–2 Minuten bei starker Hitze erwärmen. Das Öl erhitzen, bis es raucht, dann Frühlingszwiebeln und Ingwer 1 Minute unter ständigem Rühren anbraten. Knoblauch, roten Paprika und Pilze 1–2 Minuten unter Rühren braten.

3 Die Nudeln unter das Gemüse mischen. Das geschlagene Ei, Tabascosoße, Salz und Pfeffer unterrühren, bis das Ei die Nudeln und das Gemüse bedeckt. Mit Tabasco abschmecken.

GEFÜLLTE MUSCHELNUDELN

Die Teigmuscheln müssen vor dem Backen völlig mit Soße bedeckt sein, da sie sonst hart und zäh werden.

1 Portion Tomatensoße (siehe S. 128)

12 große oder 24 mittelgroße getrocknete Teigmuscheln

FÜR DIE FÜLLUNG

500 g gefrorenen Blattspinat, aufgetaut und gut abgeseiht

250 g Mascarpone

2 große Eier, leicht geschlagen

85 g Parmesan, gerieben

1 EL frisches Basilikum, gehackt

etwas Muskatnuß

Salz und Pfeffer

gesättigte Fettsäuren 25 g • ungesättigte Fettsäuren 19 g • Natrium 389 mg • Kalorien 681

1 Die Tomatensoße in einem Topf mit dem Stabmixer pürieren. Man kann die Soße auch in einer Küchenmaschine oder einem Mixer pürieren oder durch ein Sieb drücken.

2 Für die Füllung den Spinat und den Mascarpone in einer Schüssel mit einem Löffel gut verrühren. Dann Eier, Parmesan, Basilikum, Muskatnuß, Salz und Pfeffer dazugeben und gut vermischen.

3 Den Ofen auf 200 °C (Umluft 190 °C, Gas Stufe 6) vorheizen. Eine Auflaufform (25 x 20 cm, 5 cm tief) einfetten und etwas Tomatensoße hineingeben.

4 Die Teigmuscheln in kochendem Salzwasser 10–15 Minuten nach der Anleitung auf der Packung kochen. Abseihen, den Topf mit kaltem Wasser füllen und die Pasta wieder hineingeben.

5 Die Muscheln einzeln aus dem Wasser nehmen, abseihen und mit der Spinatmischung füllen. Die Muscheln eng in die Auflaufform schichten und die Tomatensoße darauf verteilen. 35 Minuten im Ofen backen.

FLEISCHLASAGNE

Verwenden Sie vorgekochte Lasagneblätter, sollten die Soßen flüssig sein, da diese Pasta beim Backen viel Flüssigkeit aufsaugt.

1 Portion Sauce Bolognese (siehe Meisterrezept, S. 82)

600 ml heiße Bechamelsauce, mittlere Konsistenz (siehe S. 68)

etwas Muskatnuß, gerieben

Salz und Pfeffer

50 g Parmesan, gerieben

etwa 6 Lasagneblätter, die nicht vorgekocht werden müssen

gesättigte Fettsäuren 22 g • ungesättigte Fettsäuren 21 g • Natrium 550 mg • Kalorien 772

1 Den Ofen auf 190 °C (Umluft 180 °C, Gas Stufe 5) vorheizen. Eine Auflaufform (25 x 20 cm, 5 cm tief) einfetten.

2 Ein Drittel der Sauce Bolognese in die Form geben. Die Bechamelsauce mit Muskatnuß, Salz und Pfeffer würzen und ein Drittel davon über der Sauce Bolognese verteilen.

3 Mit einem Drittel Käse bestreuen. Eine Lage Lasagneblätter darübergeben. In die Form passen etwa 3 Blätter nebeneinander, aber manche werden Sie brechen müssen.

4 In dieser Reihenfolge fortfahren, bis alle Zutaten aufgebraucht sind. Mit Sauce Bolognese, Bechamelsauce und Käse zuoberst abschließen.

5 Die Lasagne etwa 30 Minuten backen, bis sie goldbraun ist und die Flüssigkeit blubbert.

VARIANTE

FETTARME LASAGNE

Die Hälfte der Bechamelsauce durch 250 g Magerquark ersetzen und gut mit der Sauce vermischen. Mit 1 gehäuften TL Dijonsenf, Salz und Pfeffer würzen, und wie die Bechamelsauce im Hauptrezept verwenden.

Vegetarische Lasagne

500 g gefrorener Blattspinat, aufgetaut und gut abgetropft

600 ml heiße Bechamelsauce, mittlere Konsistenz (siehe S. 68)

etwas Muskatnuß, gerieben

200 g Emmentaler, gerieben

etwa 6 Lasagneblätter, die nicht vorgekocht werden müssen

Für die Pilzsoße

2 EL Olivenöl

1 große Zwiebel, geschält und gehackt

350 g Champignons, geputzt und in Scheiben geschnitten

2 große Knoblauchzehen, geschält und zerdrückt

40 g Weizenmehl

400 g Dosentomaten, gehackt

1 TL Zucker

Salz und Pfeffer

1 EL frisches Basilikum, gehackt

gesättigte Fettsäuren 20 g
ungesättigte Fettsäuren 17 g
Natrium 604 mg
Kalorien 668

1 Für die Pilzsoße das Öl in einer beschichteten Bratpfanne erhitzen und die Zwiebel darin bei mittlerer Hitze 5 Minuten hellbraun braten. Pilze und Knoblauch dazugeben und unter Rühren 5 Minuten braten. Mit Mehl bestäuben und gut umrühren.

2 Tomaten, Zucker, Salz und Pfeffer dazugeben. Zum Kochen bringen, die Hitze reduzieren und nicht zugedeckt etwa 15 Minuten köcheln lassen, bis die Soße eingedickt ist.

3 Den Ofen auf 190 °C (Umluft 180 °C, Gas Stufe 5) vorheizen. Eine Auflaufform (25 x 20 cm, 5 cm tief) einfetten.

4 Das Basilikum in die Pilzsoße einrühren. Ein Drittel davon in die Form geben.

5 Mit den Fingern ein Drittel des Spinats über der Pilzsoße verteilen. Die Bechamelsauce mit Muskatnuß, Salz und Pfeffer würzen und ein Drittel über den Spinat geben, mit einem Drittel Käse bestreuen.

6 Eine Lage Lasagneblätter darüberlegen. In die Form passen etwa 3 Blätter nebeneinander, aber manche werden Sie brechen müssen.

7 In dieser Reihenfolge fortfahren, bis alle Zutaten aufgebraucht sind. Mit Pilzsoße, Spinat, Bechamelsauce und dem Käse als oberste Schicht abschließen. Dann etwa 30 Minuten im Ofen goldbraun backen.

GETREIDE & HÜLSENFRÜCHTE

Aus Getreide und Hülsenfrüchten kann man nicht nur nahrhafte Hauptgerichte zubereiten, sondern auch schmackhafte Beilagen zu gegrilltem und gebratenem Fisch, Geflügel und Fleisch.

SAFRANREIS

60 g Butter

1 mittelgroße Zwiebel, geschält und gehackt

225 g Arborio- oder Risottoreis

850 ml heiße Hühnerbrühe

eine kräftige Brise Safran

Salz und Pfeffer

40 g Parmesan, gerieben

gesättigte Fettsäuren 11 g • ungesättigte Fettsäuren 5 g • Natrium 416 mg • Kalorien 410

1 Die Hälfte der Butter in einem mittelgroßen Topf zergehen lassen. Die Zwiebel bei mittlerer Hitze 5 Minuten weich dünsten.

2 Den Reis einrühren, mit einem Schöpfer Brühe aufgießen und so lange rühren, bis die Flüssigkeit verdampft ist.

3 Safran, Salz und Pfeffer dazugeben, mit einem Schöpfer Brühe aufgießen. Rühren, bis die Flüssigkeit verdampft ist. Der Reis sollte nur schwach kochen.

4 Unter ständigem Rühren die restliche Brühe aufgießen und kochen (20–25 Minuten), bis der Reis cremig und *al dente* ist. Danach die restliche Butter und den Parmesan einrühren. Abschmecken.

DHAL

250 g rote oder orange Linsen

600 ml Wasser

2,5 cm großes Stück Ingwer, geschält und gerieben

1 große Knoblauchzehe, geschält und zerdrückt

1 TL geriebene Gelbwurz

1½ TL Salz

FÜR DIE GARNIERUNG

2 EL Sonnenblumenöl

1 Tomate, in 8 Stücke zerteilt

1 Zwiebel, in Scheiben geschnitten

½ TL getrocknete Chiliflocken

frischer Koriander zum Garnieren

gesättigte Fettsäuren 1 g • ungesättigte Fettsäuren 7 g • Natrium 613 mg • Kalorien 283

1 Die Linsen mit Wasser, Ingwer, Knoblauch, Gelbwurz und Salz in einem mittelgroßen Topf bei geringer Hitze 20–30 Minuten weichkochen lassen.

2 Vom Herd nehmen und die Linsen mit dem Kartoffelstampfer zerdrücken. Bei Bedarf etwas Wasser hinzufügen. Warm stellen.

3 Für die Garnierung das Öl in einer Bratpfanne erhitzen, Tomaten, Zwiebel und Chili dazugeben und unter Rühren bei mittlerer Hitze 2 Minuten braten.

4 Den Dhal in eine Servierschüssel geben, die Tomaten-Zwiebel-Mischung darauffüllen und mit Koriander garnieren. Sofort servieren.

TABBOULEH

100 g Bulgur

10 Frühlingszwiebeln, gehackt

1 kleiner Bund frische Petersilie

10 frische Minzestämmchen

3 EL Zitronensaft

3 EL Olivenöl

Salz und Pfeffer

gesättigte Fettsäuren 2 g • ungesättigte Fettsäuren 10 g • Natrium 8 mg • Kalorien 203

1 Den Bulgur in einer Schüssel mit reichlich kaltem Wasser abdecken und 20–30 Minuten quellen lassen. Bulgur abseihen, das restliche Wasser ausdrücken und in eine Schüssel geben.

2 Frühlingszwiebel und Kräuter fein hacken, mit Zitronensaft, Öl, Salz und Pfeffer gut unter den Bulgur mischen. Zugedeckt vor dem Servieren etwa 2 Stunden kühl stellen.

SOMMERCOUSCOUS

1 Suppenwürfel, Gemüsebrühe

150 g Spargelspitzen, in 2,5 cm lange Stücke geschnitten

250 g Couscous

Salz und Pfeffer

Saft von 1 Zitrone

3 EL Olivenöl

6 Frühlingszwiebeln, gehackt

150 g Erbsenschoten

50 g Pinienkerne, geröstet

je 3 EL frische Petersilie und Minze

Zitrone und Minze

gesättigte Fettsäuren 2 g
ungesättigte Fettsäuren 19 g
Natrium 432 mg
Kalorien 374

1 Den Suppenwürfel in einen mittelgroßen Topf mit 400 ml Wasser bröseln und unter Rühren auflösen. Den Spargel in die kochende Brühe geben und zugedeckt 3 Minuten kochen.

2 Den Couscous in eine große Schüssel geben. Ein Sieb über die Schüssel halten, und die Spargelbrühe über den Couscous gießen. Spargelstücke aufheben. Couscous salzen und pfeffern, zugedeckt auskühlen lassen.

3 Den Spargel unter kaltem Wasser abkühlen und mit Küchenpapier trockentupfen.

4 Den Zitronensaft und das Olivenöl zum Couscous geben, durch Schütteln mischen.

5 Spargel, Frühlingszwiebeln, Erbsen, Pinienkerne und gehackte Kräuter unter den Couscous mischen und abschmecken. Bei Raumtemperatur mit Zitrone und Minze garniert servieren.

Gebratene Gerichte

Gebratene Gerichte sind perfekt, wenn Sie wenig Zeit haben. Sie sind in wenigen Minuten fertig und werden direkt aus der Pfanne serviert. Am besten eignen sich beschichtete Qualitätspfannen.

Knoblauchgarnelen

16–20 rohe Garnelen, ohne Schale und Vene

5 EL Olivenöl

3 Knoblauchzehen, geschält und zerdrückt

Salz und Pfeffer

250 ml Tomatenpassata

Saft von ½ Zitrone

1 TL Feinkristallzucker

3 EL grob gehackte frische Petersilie

geriebene Schale von 1 Zitrone

gesättigte Fettsäuren 3 g • ungesättigte Fettsäuren 16 g • Natrium 416 mg • Kalorien 340

1 Die Garnelen in einer großen Schüssel mit Öl, Knoblauch, Salz und Pfeffer gut mischen.

2 Eine große beschichtete Pfanne 2 Minuten stark erhitzen, Öl, Garnelen und Knoblauch 2 Minuten braten, bis die Garnelen rosa sind. Hitze reduzieren, Passata, Zitronensaft und Zucker einrühren. Unter Rühren 3–4 Minuten kochen, mit Petersilie und Zitronenschale abschmecken.

Fisch mit Kräuterkruste

75 g frische Brösel

2 EL frischen Estragon, Dill und Kerbel, gehackt

abgeriebene Schale von 1 Zitrone

4 Schellfischfilets (je 125–175 g), ohne Haut

Salz und Pfeffer

2 EL Weizenmehl

1 großes Ei, geschlagen

2 EL Olivenöl

Zitronenspalten zum Servieren

gesättigte Fettsäuren 2 g • ungesättigte Fettsäuren 8 g • Natrium 286 mg • Kalorien 348

1 Brösel, Kräuter und Zitronenschale in einer Küchenmaschine fein zerkleinern. Für eine gröbere Kruste die Zutaten nur in einem flachen Gefäß mischen.

2 Jedes Filet salzen und pfeffern und in Mehl wenden. In das geschlagene Ei tauchen und mit der Bröselmischung panieren.

3 Das Öl in einer großen beschichteten Bratfanne erwärmen. Den Fisch bei mittlerer Hitze auf jeder Seite 3 Minuten goldbraun und knusprig braten. Heiß, mit Zitronenspalten zum Ausdrücken, servieren.

Truthahn Sevilla

4 Truthahnbrust-Filets

Salz und Pfeffer

2 EL Olivenöl

12 große frische Salbeiblätter

25 g Butter

4 EL Sherry

150 ml Crème double

gesättigte Fettsäuren 17 g • ungesättigte Fettsäuren 18 g • Natrium 126 mg • Kalorien 492

1 Die Truthahnfilets klopfen und in jeweils 3 Teile schneiden. Jedes Stück mit Salz und Pfeffer würzen.

2 Das Öl in einer großen beschichteten Bratpfanne erhitzen. Den Salbei bei starker Hitze knusprig braten, aus der Pfanne nehmen und beiseite stellen.

3 Die Butter in der Pfanne schmelzen, den Truthahn bei starker Hitze auf jeder Seite 2 Minuten weich braten. In einer Servierschüssel warm stellen. Sherry und Crème double in der Pfanne aufkochen, abschmecken und über den Truthahn gießen. Mit Salbeiblättern garnieren.

Huhn nach Cajun-Art

2 TL getrockneter Oregano

2 TL süßer Paprika

½ TL gemahlener Ingwer

½ TL schwarzer Pfeffer

¼ TL Cayennepfeffer

1 EL Olivenöl

4 Hühnerbrüste ohne Haut und Knochen

Salz

Thymian zum Garnieren

gesättigte Fettsäuren 2 g • ungesättigte Fettsäuren 5 g • Natrium 80 mg • Kalorien 173

1 Oregano, Kräuter und Öl in einer Schüssel mischen. Damit die Hühnerbrüste einreiben.

2 Eine große beschichtete Bratpfanne 2 Minuten stark erhitzen, das Huhn auf der weichen Seite 2–3 Minuten braten, bis die Oberfläche dunkel ist.

3 Das Huhn umdrehen, die Hitze reduzieren und 3–6 Minuten braten, bis der Fleischsaft klar wird. Vor dem Servieren mit Salz und Thymian bestreuen.

Variante

Seebarsch nach Cajun-Art

Statt des Huhns 4 dicke Seebarschfilets ohne Haut verwenden. Mit derselben Kräutermischung panieren und auf jeder Seite 3 Minuten braten. Prüfen, ob der Fisch an der gesamten Schnittfläche glanzlos ist, sonst noch etwas länger braten.

PFANNENGERICHTE

Bunte, frische Pfannengerichte sind gesund und schnell zubereitet. Traditionell werden sie in einem Wok gebraten, doch können Sie auch eine große, tiefe beschichtete Pfanne verwenden.

WÜRZIGE MUSCHELN & GARNELEN

1 EL Sonnenblumenöl

2 große Karotten, geschält und in Streifen geschnitten

400 g rohe Riesengarnelen, ohne Schale und Vene

200 g Kammuscheln

6–8 Frühlingszwiebeln, gehackt

250 ml Kokosmilch

1 TL Feinkristallzucker

Salz

frische Korianderblätter

FÜR DIE GEWÜRZMISCHUNG

3 Knoblauchzehen, geschält

2,5 cm großes Stück Ingwer, geschält

2 TL milder Curry

2 EL Sonnenblumenöl

gesättigte Fettsäuren 9 g • ungesättigte Fettsäuren 12 g • Natrium 312 mg • Kalorien 368

1 Für die Gewürzmischung alle Zutaten in einer Küchenmaschine mit der Metallscheibe glattrühren oder im Mörser mit dem Stößel zerstoßen.

2 Den Wok bei starker Hitze 1–2 Minuten vorwärmen. Das Öl hineingeben und erhitzen, bis es zu rauchen beginnt.

3 Die Hitze reduzieren, die Karotten 1 Minute unter Rühren braten. Die Gewürzmischung dazugeben und 2 Minuten rühren. Garnelen, Muscheln und Zwiebeln etwa 3 Minuten unter Rühren braten, bis die Garnelen rosa sind.

4 Kokosmilch, Zucker und Salz einrühren und aufkochen lassen. Mit Koriander garnieren.

GEMÜSE MIT MARINIERTEM TOFU

500 g fester Tofu

2 Knoblauchzehen, geschält und fein gehackt

2 EL frischer Thymian, gehackt

1 EL Sesamöl

Salz und Pfeffer

1 Suppenwürfel, Gemüsebrühe

2 EL Sonnenblumenöl

2 mittelgroße Zwiebeln, geschält und in dünne Scheiben geschnitten

250 g Champignons, geputzt und in dünne Scheiben geschnitten

300 g Blumenkohl

300 g Broccoli

150 ml trockener Weißwein

1 EL Maismehl

gesättigte Fettsäuren 3 g • ungesättigte Fettsäuren 15 g • Natrium 447 mg • Kalorien 319

1 Den Tofu abtropfen, würfeln und in eine Schüssel geben. Mit Knoblauch, Thymian, Sesamöl, Salz und Pfeffer würzen. Zugedeckt 20 Minuten marinieren.

2 Den Suppenwürfel in 150 ml kochendem Wasser auflösen. Den Wok 1–2 Minuten stark erhitzen, Tofu und Marinade hineingeben und bei mittlerer Hitze unter Rühren leicht bräunen lassen. Auf einen Teller legen.

3 Das Sonnenblumenöl im Wok erhitzen und die Zwiebeln unter Rühren 3–4 Minuten anbraten. Erst die Pilze, dann den Rosenkohl und den Broccoli je 2 Minuten unter Rühren braten. Mit Wein und Brühe aufgießen.

4 Das Maismehl in 2 EL Wasser auflösen und mit 100 ml Wasser verdünnen. Im Wok aufkochen lassen und rühren, bis das Gemüse weich ist. Mit Salz und Pfeffer würzen und mit Tofu bestreuen.

VARIANTE

GEMÜSE MIT MARINIERTEM STEAK

Den Tofu durch 2 Filetsteaks (insgesamt etwa 300 g) und die Gemüsebrühe durch Rinderbrühe ersetzen. Die Steaks quer zu den Fasern in dünne Streifen schneiden und unter Rühren 2–3 Minuten braten.

Schweinefleisch Hoisin

2 mittelgroße Karotten

200 g Babymais

4–6 Frühlingszwiebeln

8 dünne Zitronenscheiben

3 EL Sonnenblumenöl

400 g Schweinefilet, geklopft

1 Knoblauchzehe, zerdrückt

5 EL Hoisinsoße

2 EL trockener Sherry

100 g frische Sojasprossen

frischer Koriander

gesättigte Fettsäuren 4 g
ungesättigte Fettsäuren 15 g
Natrium 1168 mg
Kalorien 348

1 Die Karotten schälen und in Streifen schneiden. Den Mais in 4 cm lange Stücke und die Frühlingszwiebel in feine Ringe schneiden. Das Fleisch in dünne Streifen schneiden und die Zitronenscheiben vierteln.

2 Den Wok 1–2 Minuten stark erhitzen. 2 EL Öl erhitzen, bis es zu rauchen beginnt. Karotten, Mais, Frühlingszwiebeln und Zitrone bei mittlerer Hitze 2 Minuten rühren, bis der Mais weich ist.

3 Das Gemüse mit einem Schaumlöffel herausnehmen. Das halbe Schweinefleisch 3 Minuten unter Rühren braten, herausnehmen. Das restliche Öl erhitzen und das übrige Fleisch mit dem Knoblauch 3 Minuten braten.

4 Gemüse und Fleisch im Wok mit der Hoisinsoße und dem Sherry unter Rühren aufkochen lassen. Die Sojasprossen unterrühren. Heiß, mit Koriander garniert, servieren.

Gegrillte Pfannengerichte

Für diese Gerichte benötigt man unbedingt eine gerillte Gußeisenpfanne (siehe S. 139). Damit kann man schnell mit einem Minimum an Fett braten, und die Speisen bekommen attraktive Streifen.

Gemüse mit Salsa verde

1 kleine Aubergine

2 mittelgroße Zucchini

4 mittelgroße Paprika (2 rote, 2 gelbe)

1 große milde Zwiebel

1 EL Olivenöl

2 TL Balsamico

Parmesan zum Garnieren

Für die Salsa verde

1 mittelgroße Zwiebel, geschält und fein gehackt

2 EL gehackte frische Petersilie

2 EL fein gehacketes Basilikum

100 ml Olivnöl

2 EL Kapern, abgetropft und fein gehackt

Salz und Pfeffer

gesättigte Fettsäuren 4 g • ungesättigte Fettsäuren 2 g • Natrium 66 mg • Kalorien 370

1 Für die Salsa verde Zwiebel, Kräuter, Olivenöl, Kapern, Salz und Pfeffer in einer großen Schüssel gut vermischen und mit den Gewürzen abschmecken. Die Schüssel mit Frischhaltefolie abdecken und in den Kühlschrank stellen. Während die Soße kühlt, das Gemüse vorbereiten und kochen.

2 Der Aubergine die Enden abschneiden, längs halbieren und in 1 cm dicke Scheiben schneiden. In eine Schüssel geben.

3 Die Zucchini putzen und diagonal in 1 cm dicke Scheiben schneiden. In die Schüssel mit den Auberginen geben.

4 Die Paprika halbieren, das Kerngehäuse entfernen, längs in 3 Streifen schneiden und die weißen Rippen entfernen. In die Schüssel dazugeben.

5 Die Zwiebel schälen und der Länge nach in 8 gleich große Keile schneiden. In die Schüssel geben, mit Olivenöl, Salz und Pfeffer bestreuen und alle Zutaten gut vermischen.

6 Die Grillpfanne bei starker Hitze 10 Minuten vorwärmen. Die Hitze auf die Hälfte reduzieren und das Gemüse in jeweils einer Schicht hineinlegen. Etwa 2 Minuten auf jeder Seite grillen, bis es leicht gefärbt, doch knusprig ist. Das fertige Gemüse in eine große Schüssel geben.

7 Ist das gesamte Gemüse fertig gegrillt, mit Balsamico beträufeln und gut vermischen. Das Gemüse auf eine große Servierplatte legen, mit der Salsa verde übergießen und mit geriebenem Parmesan bestreuen. Warm oder kalt servieren.

Schweinekoteletts in Fruchtsoße

4 Schweinekoteletts, ohne Fett

1 EL Olivenöl

Salz und Pfeffer

Für die Fruchtsoße

75 g Rosinen

1 Speiseapfel, fein gehackt

1 Orange, geschält und fein gehackt

2 EL Zucker

1 EL Weißweinessig

2 EL gehackte frische Minze

gesättigte Fettsäuren 3 g • ungesättigte Fettsäuren 7 g • Natrium 91 mg • Kalorien 286

1 Für die Soße die Rosinen 10 Minuten in kochendem Wasser einweichen, abseihen und mit den übrigen Zutaten mischen. Kühl stellen.

2 Die Koteletts mit Öl bestreichen, die Grillpfanne 10 Minuten bei starker Hitze erwärmen, die Hitze reduzieren und die Koteletts auf jeder Seite 5 Minuten grillen, bis klarer Fleischsaft austritt. Würzen und mit der Fruchtsoße servieren.

Steak mit Zwiebelmus

Mit dem Begriff Mus bezeichnet man Obst oder Gemüse, das langsam sehr weich gedünstet wurde. Servieren Sie Wein zum Essen, geben Sie einen Schuß davon zum Mus.

4 Rump- oder Lendensteaks (je 125–175 g), ohne Fett

1 EL Olivenöl

Zwiebelmus

2 EL Olivenöl

3 große milde Zwiebeln (700 g), in dünne Ringe geschnitten

1 EL gehackter frischer Thymian

Salz und Pfeffer

gesättigte Fettsäuren 7 g • ungesättigte Fettsäuren 17 g • Natrium 89 mg • Kalorien 409

1 Für das Mus das Öl in einer beschichteten Bratpfanne erhitzen, die Zwiebeln darin bei mittlerer Hitze 10 Minuten unter Rühren weichdünsten.

2 Die Hitze reduzieren und die Pfanne zudecken. Nochmals 5–10 Minuten braten, bis die Zwiebeln sehr weich und goldgelb sind, gelegentlich umrühren. Mit Thymian, Salz und Pfeffer würzen, umrühren, wieder abdekken und vom Herd nehmen.

3 Eine Grillpfanne bei starker Hitze etwa 10 Minuten vorwärmen.

4 Das Mus wieder auf den Herd stellen, die Steaks mit Olivenöl einstreichen. Die Hitze reduzieren und die Steaks in die Pfanne legen. 2 Minuten braten, umdrehen und nochmals 3 Minuten braten. (Ein Steak einschneiden, um zu sehen, wieweit das Fleisch gar ist.)

5 Die Steaks vor dem Servieren mit Salz und Pfeffer würzen, die Zwiebeln darauflegen.

GRILLGERICHTE

Grillen erhält den natürlichen Geschmack der Zutaten und gehört zu den raschesten und einfachsten Kochmethoden. Jede Grillvorrichtung funktioniert anders, daher können die Zubereitungszeiten variieren.

HUHN TANDOORI

4 Hühnerbrüste ohne Haut und Knochen

FÜR DIE TANDOORIMARINADE

100 ml Naturjoghurt

3 EL Sonnenblumenöl

2 EL kaltes Wasser

1 kleine Zwiebel, fein gehackt

1 Knoblauchzehe, zerdrückt

2 TL gemahlener Ingwer

1 TL gemahlene Gelbwurz

1 TL Madrascurry (scharf)

gesättigte Fettsäuren 2 g • ungesättigte Fettsäuren 6 g • Natrium 110 mg • Kalorien 195

1 Für die Marinade alle Zutaten in einer großen Schüssel mischen, die Hühnerbrüste darin wenden. Die Schüssel mit Folie abdecken und die Hühnerbrüste 8–24 Stunden marinieren lassen.

2 Die Grillpfanne mit Folie auslegen und 5 Minuten auf höchster Stufe vorheizen.

3 Die Hühnerbrüste abtropfen lassen und auf den Rost der Grillpfanne legen. Die Hühner bei mittlerer Hitze etwa 10 cm vom Feuer entfernt grillen. Auf jeder Seite etwa 6 Minuten grillen, bis der Fleischsaft klar ist, wenn man die Hühnerbrust anschneidet.

GEGRILLTE FORELLE

½ Gurke, geschält

40 g Butter

2 EL frischer Dill, gehackt

Saft von 1 Zitrone

Salz und Pfeffer

4 Forellen 375–425 g, ohne Gräten

gesättigte Fettsäuren 7 g • ungesättigte Fettsäuren 9 g • Natrium 221 mg • Kalorien 385

1 Die Gurke längs halbieren, die Kerne mit einem Löffel herausschaben, in Scheiben schneiden.

2 Die Butter in einem Topf schmelzen lassen, die Gurke bei geringer Hitze 2 Minuten braten, vom Herd nehmen und mit Dill, Zitronensaft, Salz und Pfeffer abschmecken. Gut vermischen und die Gurke auf die mit Folie ausgelegte Grillpfanne legen. Den Grill 5 Minuten vorheizen.

3 Die Forellen innen und außen würzen und mit der restlichen Butter bestreichen. Etwa 10 cm vom Feuer entfernt auf jeder Seite 4–7 Minuten grillen, bis sich das Fleisch leicht löst. Mit der Gurkenmasse servieren.

HACKBRATEN

Hier ist die Menge für zwei große Hackbraten angegeben. Sie können die Mischung aber auch zu vier kleinen Braten verarbeiten. In Brötchen mit Salat servieren.

FÜR 2 PERSONEN

500 g feines Hackfleisch

1 kleine Zwiebel, geschnitten oder gerieben (nach Wahl)

Salz und Pfeffer

1–2 EL Sonnenblumenöl

gesättigte Fettsäuren 10 g • ungesättigte Fettsäuren 18 g • Natrium 166 mg • Kalorien 454

1 Das Fleisch in einer Schüssel mit der Zwiebel, dem Salz und dem Pfeffer leicht vermischen.

2 Die Mischung mit feuchten Händen (damit sie nicht klebt) zu zwei flachen Braten formen.

3 Die Grillpfanne mit Folie auslegen und den Grill etwa 5 Minuten vorheizen.

4 Die Hackbraten auf einer Seite mit Öl bestreichen. Mit der öligen Seite nach unten auf den Grill legen und die andere Seite bestreichen. Etwa 10 cm vom Feuer entfernt auf jeder Seite 6 Minuten grillen. Kürzer braten, wenn sie nicht ganz durchgebraten sein sollen.

MEERESFRÜCHTESPIESSE

350 g fester weißer Fisch (etwa Engelhai), ohne Haut
350 g Lachsfilet (dickes Ende), ohne Haut
8 rohe Riesengarnelen, ohne Haut und Vene
6 kleine Zucchini, geputzt und in 4 Stücke geschnitten
16 Cocktailtomaten
FÜR DIE MARINADE
6 EL fruchtiges Olivenöl
1 EL Balsamico
3 El gehackter frischer Estragon oder Basilikum
2 große Knoblauchzehen, geschält und zerdrückt
Salz und Pfeffer

gesättigte Fettsäuren 3 g • ungesättigte Fettsäuren 15 g • Natrium 183 mg • Kalorien 341

1 Für die Marinade alle Zutaten in eine große Schüssel geben und fest durchrühren.

2 Den weißen Fisch und den Lachs in 16 gleich große Stükke schneiden. Mit den Garnelen in der Marinade gut durchmischen. Bis zu 6 Stunden zugedeckt im Kühlschrank marinieren.

3 Die Grillpfanne mit Folie auslegen und den Grill bei starker Hitze 5 Minuten vorwärmen.

4 Fisch und Garnelen aus der Marinade nehmen (Marinade aufheben). Je 2 Stück Fisch, 1 Garnele, 3 Stück Zucchini und 2 Tomaten auf 8 Spieße stecken.

5 Die Spieße auf den Grillrost legen und mit Marinade bestreichen. Die Hitze auf die Hälfte reduzieren. Die Spieße etwa 10 cm über dem Feuer 10 Minuten lang grillen, dabei zweimal wenden und mit Marinade einstreichen. Prüfen, ob der Fisch in der Mitte gar ist.

6 Die Spieße auf einer großen Platte servieren, oder die Zutaten von den Spießen nehmen und auf Tellern servieren.

Eintöpfe

Diese Gerichte werden in einem Topf zubereitet. Sobald sie köcheln, kann man sie unbeaufsichtigt lassen. Die Eintöpfe können bereits am Vortag zubereitet werden, müssen aber ordentlich aufgewärmt werden.

Huhn Cacciatore

Cacciatore ist die italienische Bezeichnung für „nach Jägerart". Meist sind die Gerichte mit diesem Namen rustikal und bodenständig. Oft enthalten sie Pilze. Sie können anstatt der 4 Hühnerkeulen auch 8 Hühnerschenkel verwenden.

2 EL Olivenöl

4 ganze Hühnerkeulen ohne Haut

1 große Zwiebel, geschält und grob gehackt

2 grüne Paprika, entkernt und in Streifen geschnitten

1 Knoblauchzehe, geschält und zerdrückt

40 g Weizenmehl

200 ml Rotwein

400 g Dosentomaten, gehackt

½ TL Kristallzucker

½ TL getrockneter Oregano

Salz und Pfeffer

140 g Champignons, geputzt und längs geviertelt

gehackte frische Petersilie zum Garnieren

gesättigte Fettsäuren 2 g • ungesättigte Fettsäuren 8 g • Natrium 98 mg • Kalorien 257

1 Den Ofen auf 160 °C (Umluft 150 °C, Gas Stufe 3) vorheizen. Das Öl in einem mittelgroßen Topf bei mittlerer Hitze erwärmen. Die Hühnerteile etwa 10 Minuten braten, dabei gelegentlich mit einer Zange wenden, damit sie überall braun werden. Herausnehmen und auf einen Teller legen.

2 Zwiebel, Paprika und Knoblauch etwa 10 Minuten in dem Topf weich dünsten, gelegentlich umrühren.

3 Das Gemüse mit Mehl bestäuben und kurz umrühren. Unter Rühren mit Rotwein aufgießen und zum Kochen bringen. Die Tomaten mit ihrem Saft dazugeben, mit Zucker, Oregano, Salz und Pfeffer würzen. Unter Rühren aufkochen lassen.

4 Die Hühnerstücke wieder in den Topf geben, unter Rühren aufkochen lassen, zudecken und in den Ofen schieben. Etwa 40 Minuten braten, in den letzten 5 Minuten die Pilze dazugeben. Die Pilze unterrühren, bis sie völlig mit Soße bedeckt sind.

5 Das Huhn mit einer Messerspitze anstechen und prüfen, ob der Fleischsaft klar und das Fleisch weich ist. Die Soße abschmecken. Vor dem Servieren kräftig mit der feingehackten Petersilie bestreuen.

Gemüsecurry

750 g Mischgemüse (etwa Blumenkohl, Kartoffeln, Karotten, Lauch, grüne Bohnen)

3 EL Sonnenblumenöl

2 mittelgroße Zwiebeln, geschält und gehackt

1 große Knoblauchzehe, geschält und zerdrückt

2,5 cm großes Stück frischer Ingwer, geschält und gehackt

1 EL Garam masala

400 g Dosentomaten, gehackt

175 ml Ananassaft

Salz

gesättigte Fettsäuren 2 g • ungesättigte Fettsäuren 11 g • Natrium 64 mg • Kalorien 247

1 Das Gemüse in etwa gleich große Teile schneiden, damit es gleichmäßig gar wird.

2 Das Öl in einem mittelgroßen Topf erhitzen. Die Zwiebeln bei mittlerer Hitze unter Rühren 10 Minuten braun rösten.

3 Knoblauch, Ingwer, Garam masala, Tomaten, Ananassaft, Salz und Pfeffer dazugeben und unter Rühren aufkochen lassen. Das restliche Gemüse hinzufügen und bei niedriger Hitze 15 Minuten weich kochen. Abschmecken.

Marokkanisches Lamm

Für diese Gericht verwendet man Lammschulter. Dieses Fleisch ist mit Fett durchwachsen und schmeckt sehr gut. Sie können den Eintopf auch bereits am Vortag zubereiten und über Nacht in den Kühlschrank stellen. Schöpfen Sie das Fett von der Oberfläche ab und lassen Sie den Eintopf vor dem Servieren wallend aufkochen.

2 EL Sonnenblumenöl

1 große Zwiebel, geschält und fein gehackt

Rund 800 g Lammschulter ohne Knochen, geputzt und in 4 cm große Würfel geschnitten

½ TL gemahlene Gewürzmischung

½ TL gemahlener Ingwer

25 g Weizenmehl

Salz und Pfeffer

500 g (400 ml) Tomatenpassata

175 g getrocknete Aprikosen, halbiert

7,5 cm große Zimtstange, in die Hälfte gebrochen

Safranreis (siehe S. 132), als Beilage

1 EL Sesamsamen

gesättigte Fettsäuren 21 g • ungesättigte Fettsäuren 28 g • Natrium 291 mg • Kalorien 760

1 Das Öl in einer mittelgroßen Pfanne erhitzen. Die Zwiebel bei mittlerer Hitze 10 Minuten goldgelb rösten, dabei gelegentlich umrühren.

2 Die Lammstücke in den Topf geben, mit Gewürzen, Mehl, Salz und Pfeffer bestäuben. Das Lamm unter Rühren 5 Minuten anbraten, bis es seine Fleischfarbe verloren hat.

3 Die Passata in einen Meßbecher leeren und mit kaltem Wasser auf 600 ml aufgießen. Unter Rühren über das Lamm gießen, die Aprikosen und den Zimt dazugeben. Wallend aufkochen, dann zugedeckt bei niedriger Hitze 45 Minuten kochen.

4 Zwischendurch nachprüfen, ob die Flüssigkeit nur schwach köchelt und nicht wallt.

5 Nicht zugedeckt weitere 15 Minuten kochen lassen, bis das Fleisch so weich ist, daß man es mit einer Gabel zerpflükken kann. Die Soße sollte so dick sein, daß sie das Fleisch gerade bedeckt. Abschmecken.

6 Den Eintopf auf ein Bett aus Safranreis löffeln, dabei die Zimtstücke entfernen. Vor dem Servieren mit Sesamsamen bestreuen.

BRATEN

Ein Braten eignet sich hervorragend für besondere Gelegenheiten, zu denen Sie mehr Zeit für Vorbereitung und Kochen aufwenden. Auf der folgenden Seite finden Sie die Beilagen zu den verschiedenen Braten.

TRUTHAHN MIT KASTANIENFÜLLUNG

Statt gefrorener Kastanien 120 g getrocknete Kastanien über Nacht in kaltem Wasser quellen lassen.

FÜR 8–10 PERSONEN

4–5 kg Truthahn, aufgetaut

40 g weiche Butter

FÜR DIE KASTANIENFÜLLUNG

100 g durchwachsener Speck, ohne Rinde, gewürfelt

225 g gefrorene Kastanien, aufgetaut und grob gehackt

50 g frische Brösel

1 mittelgroßes Ei, geschlagen

½ Bund Brunnenkresse, geputzt und fein gehackt

Salz und Pfeffer

gesättigte Fettsäuren 8 g • ungesättigte Fettsäuren 10 g • Natrium 446 mg • Kalorien 460

1 Für die Füllung den Speck in einer beschichteten Bratpfanne bei niedriger Hitze anbraten, bis das Fett ausläuft. Mit den Kastanien bei mittlerer Hitze 10 Minuten braten, bis der Speck knusprig ist, dann die Brösel hinzufügen.

2 In einer Schüssel abkühlen lassen. Ei, Brunnenkresse, Salz und Pfeffer untermischen.

3 Den Ofen auf 180 °C (Umluft 170 °C, Gas Stufe 4) vorheizen. Vom Halsende aus den Truthahn mit der Füllung stopfen und mit einer Geflügelnadel sichern. Die Flügelspitzen aufbiegen, Flügel und Schenkel jeweils mit einer Schnur zusammenbinden.

4 Den Truthahn mit Butter bestreichen, salzen und pfeffern und mit der Brust nach oben auf den Rost der Grillpfanne legen. Das Bratenthermometer (falls vorhanden) in den dicksten Teil des Schenkels stecken.

5 3–3½ Stunden braten, bis der Fleischsaft klar ist. Am Thermometer sollte die Temperatur 90 °C zeigen. Falls der Truthahn zu früh braun wird, mit einer Folie abdecken und weiter braten. In Folie gewickelt ruhen lassen und die Soße zubereiten (siehe S. 103).

FILET WELLINGTON

750 g dickes Rinderfilet

25 g weiche Butter

Pfeffer

350 g gefrorener Blätterteig, aufgetaut

1 großes Ei, geschlagen

gesättigte Fettsäuren 17 g • ungesättigte Fettsäuren 24 g • Natrium 416 mg • Kalorien 681

1 Den Ofen auf 220 °C (Umluft 200 °C, Gas Stufe 7) vorheizen. Fett und Sehnen entfernen und das Fleisch in eine kleine Bratpfanne geben. Mit Butter bestreichen und mit Pfeffer bestreuen. Das Fleisch in 20 Minuten englisch oder in 30 Minuten medium braten und abkühlen lassen.

2 Den Teig auf einer leicht bemehlten Fläche zu einem Rechteck auswalken, das dreimal breiter und etwa 20 cm länger als das Fleisch ist.

3 Das Fleisch in die Mitte des Teigs legen. Die beiden Seiten über dem Fleisch zusammenschlagen, so daß sie in der Mitte 2,5 cm überlappen. Die Ränder unten mit Ei bestreichen und aufeinanderpressen. Das Paket mit dem Saum nach unten auf ein Backblech legen, die Teigenden abschneiden und die Kanten darunterklappen.

4 Mit geschlagenem Ei bestreichen. Den weggeschnittenen Teig in lange, dünne Streifen schneiden und verschlungen auf das Teigpaket legen. Das Filet kann nun, gebacken oder in Folie gewickelt, 12 Stunden im Kühlschrank aufbewahrt werden.

5 Den Ofen wie zuvor vorheizen. Den Teig mit geschlagenem Ei bestreichen und 30 Minuten backen. Bräunt er zu schnell, in Folie einwickeln. Portioniert servieren.

Lammrippen mit Kräuterkruste

Für 4–6 Personen

1 großes Ei, geschlagen

2 Lammrippen (Halsstück), vom Fleischer vorbereitet und ohne überschüssiges Fett

40 g frische Brösel

je 2 EL fein gehackte frische Petersilie und Minze

2 Frühlingszwiebeln, gehackt

1 Knoblauchzehe, zerdrückt

geriebene Schale von 1 Zitrone

Salz und Pfeffer

gesättigte Fettsäuren 11 g
ungesättigte Fettsäuren 11 g
Natrium 197 mg
Kalorien 385

1 Den Ofen auf 200 °C (Umluft 190 °C, Gas Stufe 6) vorheizen. Das geschlagene Ei über das Fett an den Rippenseiten streichen.

2 Brösel, Kräuter, Frühlingszwiebeln, Knoblauch und Zitronenschale in einer Schüssel mischen. Mit Salz, Pfeffer und 1 EL geschlagenem Ei zu einer feuchten Paste anrühren.

3 Die Paste teilen und eine Portion über die fette Seite jeder Rippe streichen.

4 Die Rippen mit der Kräuterkruste nach oben auf eine Grillpfanne legen, so daß die Knochen zur Mitte zeigen. In 40–50 Minuten englisch (rosa), in 1 Stunde ganz durchbraten.

5 Aus dem Ofen nehmen, mit Folie abdecken, warm stellen und 10 Minuten ruhen lassen, dann portionieren. Nach Wunsch mit Zwiebelsoße servieren (siehe S. 86–87).

BEILAGEN

Servieren Sie bei speziellen Anlässen eine oder zwei Beilagen zu gebratenem Fleisch. Gekochte oder geröstete Kartoffeln und Kartoffelpüree finden Sie auf S. 60–61, gekochtes Gemüse auf S. 161.

GEBRATENER WIRSING

Sie können statt der Sojasoße auch einen gehäuften Eßlöffel grobkörnigen Senf verwenden.

2 EL Olivenöl

1 große Zwiebel, geschält und in dünne Ringe geschnitten

2 Knoblauchzehen, geschält und zerdrückt

1 kleiner Wirsing, ohne Strunk und fein gehackt

2 EL helle Sojasoße

gesättigte Fettsäuren 1 g • ungesättigte Fettsäuren 7 g • Natrium 542 mg • Kalorien 123

1 Den Wok oder eine große Bratpfanne 1–2 Minuten stark erhitzen. 1 EL Öl zum Rauchen bringen, die Hitze reduzieren und Zwiebel und Knoblauch unter ständigem Rühren etwa 2 Minuten braten.

2 Das restliche Öl in den Wok geben und den Wirsing hinzufügen. 2 Minuten unter ständigem Rühren braten, mit der Sojasoße beträufeln und gut durchmischen.

YORKSHIRE PUDDING

FÜR 4–6 PERSONEN

125 g Weizenmehl

2 große Eier

1 großes Eigelb

250 ml Voll- oder Leichtmilch

helles pflanzliches Fett

gesättigte Fettsäuren 6 g • ungesättigte Fettsäuren 8 g • Natrium 80 mg • Kalorien 270

1 Das Mehl in eine Schüssel geben, in der Mitte eine Grube machen, Eier und Eigelb beigeben. Zu einem Teig verrühren, dabei von der Seite das Mehl einarbeiten.

2 Weiter schlagen, Milch nach und nach einrühren und langsam das gesamte Mehl einarbeiten. Den Teig glatt rühren und nach Möglichkeit zugedeckt etwa 30 Minuten ruhen lassen.

3 Den Ofen auf 220 °C (Umluft 210 °C, Gas Stufe 7) vorheizen. Jedes Förmchen der Yorkshire-Pudding-Form mit etwas pflanzlichem Fett ausstreichen und 10 Minuten bei starker Hitze vorwärmen.

4 Die Form aus dem Ofen nehmen, den Teig durchrühren und in die Förmchen gießen. Im Ofen 15 Minuten backen, bis der Yorkshire Pudding gut aufgegangen, goldgelb und knusprig ist.

GEBACKENER FENCHEL

6 kleine Fenchelknollen

Salz und Pfeffer

1 EL Olivenöl

40 g Parmesan, gerieben

gesättigte Fettsäuren 3 g • ungesättigte Fettsäuren 4 g • Natrium 126 mg • Kalorien 97

1 Den Ofen auf 220 °C (Umluft 210 °C, Gas Stufe 7) vorheizen. Die Enden der Fenchelknollen so abschneiden, daß die Schichten unten noch zusammenhalten. Jede Knolle längs halbieren.

2 In einem mittelgroßen Topf Wasser zum Kochen bringen. Salzen und den Fenchel 10–15 Minuten kochen, bis er fast weich ist. In einem Sieb abtropfen.

3 Den Fenchel in eine Auflaufform geben und auf jeder Seite mit Öl beträufeln, salzen und pfeffern. Dann die Fenchelhälften mit der Schnittfläche nach unten in der Form auflegen.

4 Mit Parmesan bestreuen und etwa 20 Minuten backen, bis der Fenchel weich (mit einem Spieß testen) und der Parmesan goldbraun geworden ist.

Kartoffeln mit Knoblauchcreme

Statt Crème double kann man auch Crème fraîche verwenden.

Für 4–6 Personen

900 g mittelgroße Kartoffeln

Salz und Pfeffer

300 ml Crème double

2 große Knoblauchzehen, geschält und zerdrückt

gesättigte Fettsäuren 27 g • ungesättigte Fettsäuren 15 g • Natrium 100 mg • Kalorien 561

1 Den Ofen auf 200 °C (Umluft 190 °C, Gas Stufe 6) vorheizen. Eine Auflaufform (25 x 20 cm, 5 cm tief) reichlich mit Butter einfetten.

2 Die geschälten Kartoffeln in 3 mm dicke Scheiben schneiden. Die Hälfte der Kartoffeln in die Form geben, mit Salz und Pfeffer würzen. Die Crème mit dem zerdrückten Knoblauch mischen und über die Kartoffeln in der Form gießen.

3 Die restlichen Kartoffelscheiben gleichmäßig in die Form schichten, salzen und pfeffern sowie die restliche Knoblauchcrème darübergießen.

4 Die Form mit gebutterter Folie abdecken und 30 Minuten backen. Ohne Folie nochmals 50 Minuten backen, bis die Kartoffeln weich sind und die Oberfläche gebräunt ist.

Ratatouille

Mögen Sie knackiges Gemüse, dann reduzieren Sie die Kochzeit um die Hälfte und geben die Zucchini erst in den letzten 10 Minuten dazu, damit sie ihre frische grüne Farbe und ihre Form behalten.

4 EL fruchtiges Olivenöl

1 große milde Zwiebel, geschält und in Ringe geschnitten

1 große Aubergine, in etwa 1 cm dicke Scheiben geschnitten

4 kleine Zucchini (etwa 300g), in Scheiben geschnitten

6 Tomaten, ohne Haut und Kerne, halbiert

1 großer roter Paprika, entkernt und in Scheiben geschnitten

1 große Knoblauchzehe, geschält und zerdrückt

1 TL Kristallzucker

Salz und Pfeffer

1 EL gehacktes frisches Basilikum

gesättigte Fettsäuren 2 g • ungesättigte Fettsäuren 14 g • Natrium 13 mg • Kalorien 213

1 Das Öl in einer großen beschichteten Pfanne erhitzen. Die Zwiebel bei mittlerer Hitze etwa 10 Minuten unter Rühren weich dünsten.

2 Das restliche Gemüse, Knoblauch, Zucker, Salz und Pfeffer dazugeben, gut durchmischen. Das Gemüse zugedeckt bei geringer Hitze etwa 45 Minuten weich dünsten, gelegentlich umrühren. Am Ende der Kochzeit abschmekken und mit Basilikum garnieren.

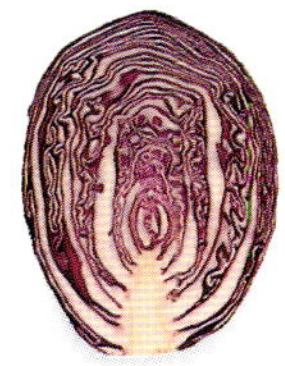

Rotkohl süss-sauer

Kocht man Rotkohl auf diese Weise, verliert er seine leuchtende Farbe und wird rotbraun. Er läßt sich sehr gut aufwärmen und kann bis zu 2 Tage im voraus zubereitet werden.

900 g harter Rotkohl, ohne Strunk, grob gehackt

450 g Speiseäpfel, entkernt, geschält und in Scheiben geschnitten

250 g Zwiebeln, geschält und fein gehackt

3 EL Weinessig

3 EL brauner Zucker

¼ TL gemahlener Zimt

1 große Knoblauchzehe, geschält und zerdrückt

Salz und Pfeffer

gesättigte Fettsäuren 0 g • ungesättigte Fettsäuren 1 g • Natrium 25 mg • Kalorien 153

1 Den Ofen auf 150 °C (Umluft 140 °C, Gas Stufe 2) vorheizen. Alle Zutaten in einen großen Topf geben und unter Rühren zum Kochen bringen.

2 In den Ofen geben und den Kohl 2–2½ Stunden sehr weich dünsten. Gelegentlich umrühren. Den gekochten Kohl sofort servieren oder den Ofen abschalten und die Form darin lassen. So hält der Kohl bis zu 20 Minuten seine Temperatur.

SALATE

Fertige Salate aus dem Supermarkt sind zwar praktisch für eilige Köche, können aber langweilig werden. Die folgenden Rezepte machen Ihr Salatrepertoire vielfältiger und interessanter.

GEMISCHTER SALAT

FÜR 4–6 PERSONEN

4–6 Frühlingszwiebeln, geputzt und in Scheiben geschnitten

6 Selleriestangen, geputzt und in 3 mm dicke Scheiben geschnitten

1 kleine Fenchelknolle, geputzt und dünn geschnitten

4–6 EL French Dressing (siehe S. 69)

½ Gurke

200 g gemischter Blattsalat

1 Kopfsalat

etwa 20 Blätter Senfkohl, junger Spinat oder Feldsalat

Salz und Pfeffer

gesättigte Fettsäuren 2 g • ungesättigte Fettsäuren 11 g • Natrium 109 mg • Kalorien 148

1 Zwiebeln, Sellerie und Fenchel in einer großen Salatschüssel mit Dressing abschmecken.

2 Die Gurke längs halbieren und in dicke Scheiben schneiden. Die Salatblätter vorsichtig in kleine Stücke zerreißen.

3 Die Hälfte der Zutaten in die Schüssel geben, salzen, pfeffern und die restlichen Zutaten hinzufügen. Nochmals würzen. Zugedeckt 4 Stunden einkühlen. Vor dem Servieren durchrühren.

WEISSKRAUTSALAT

½ weißer Kohl (etwa 325 g)

4–6 EL French Dressing (siehe S. 69)

½ kleine Zwiebel, geschält und fein gehackt

1 TL Dijonsenf

Salz und Pfeffer

3 Selleriestangen

2 Karotten

75–90 ml Mayonnaise

gesättigte Fettsäuren 4 g • ungesättigte Fettsäuren 26 g • Natrium 125 mg • Kalorien 324

1 Den Kohl längs vierteln und die Blätter vom Strunk lösen. Mit einem Küchenmesser oder in der Küchenmaschine mit der Messerscheibe fein schneiden.

2 Den Kohl in einer großen Schüssel mit Dressing, Zwiebel, Senf, Salz und Pfeffer mischen. Fest verschlossen etwa 8 Stunden kühl stellen.

3 Den Sellerie diagonal in dünne Scheiben schneiden. Die Karotten schälen und mit einer Reibe oder in einer Küchenmaschine mit der groben Raffelscheibe grob reiben. Unter den Kohl mischen, die Mayonnaise dazugeben und gut verrühren. Fest verschlossen 1 Stunde kalt stellen. Vor dem Servieren nochmals abschmecken.

SALATSOSSEN

Selbstgemachte Salatsoßen schmecken besser als gekaufte. Mengenangaben und weitere Hinweise finden Sie auf S. 69.

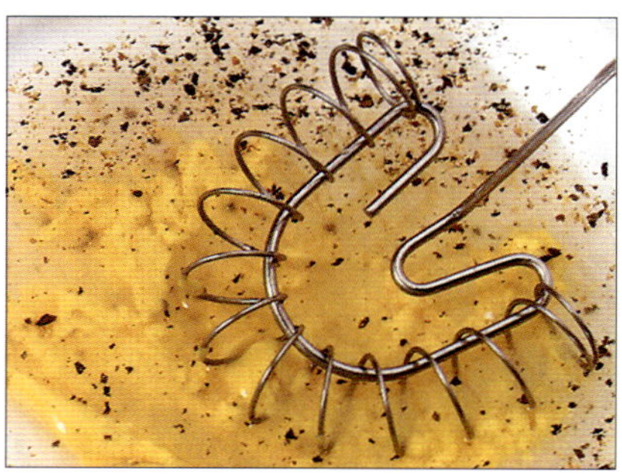

Für das French Dressing Weinessig, Olivenöl und Gewürze von Hand mischen.

Für die Mayonnaise Ei, Sonnenblumenöl und Gewürze mit dem Mixer verarbeiten.

Kartoffel-Apfel-Sellerie-Salat

750 g Kartoffeln, geschält

Salz und Pfeffer

120 ml French Dressing (siehe S. 69)

2 Speiseäpfel

Saft von 1 Zitrone

4 Selleriestangen, in 5 mm dicke Scheiben geschnitten

3 Frühlingszwiebeln, geputzt und fein gehackt

4 EL Mayonnaise

gehackte frische Petersilie

gesättigte Fettsäuren 5 g • ungesättigte Fettsäuren 30 g • Natrium 102 mg • Kalorien 480

1 Die Kartoffeln in einem Topf mit Salzwasser 15–20 Minuten weich kochen.

2 Die Kartoffeln abseihen, abkühlen lassen, bis Sie sie anfassen können, und halbieren. In einer großen Schüssel mit Dressing beträufeln. Auskühlen lassen.

3 Die ungeschälten Äpfel vierteln und das Kerngehäuse entfernen. In einer Schüssel mit Zitronensaft beträufeln, um Verfärbungen zu vermeiden.

4 Die Äpfel mit den kalten Kartoffeln, dem Sellerie, den Zwiebeln und der Mayonnaise vermischen. Abschmecken und den Salat vor dem Servieren mit Petersilie garnieren.

Vier-Bohnen-Salat

Für 6–8 Personen

400 g grüne Dosenbohnen

432 g Cannellinibohnen, Dose

420 g rote Dosenbohnen

420 g schwarze Dosenbohnen

6 EL French Dressing (siehe S. 69)

1 große Knoblauchzehe, geschält und zerdrückt

4 Selleriestangen, in 5 mm dicke Scheiben geschnitten

1 mittelgroße rote Zwiebel, geschält und gehackt

Salz und Pfeffer

gesättigte Fettsäuren 3 g • ungesättigte Fettsäuren 19 g • Natrium 1402 mg • Kalorien 458

1 Die Bohnen in einem Sieb abtropfen lassen und unter kaltem Wasser spülen. Gut abseihen. Ein Backblech mit 2 Lagen Küchenpapier auslegen. Die Bohnen auf das Blech geben und trockenschütteln.

2 Das Dressing in eine große Schüssel geben, Bohnen, Knoblauch, Zwiebel, Salz und Pfeffer daruntermischen. Zugedeckt 4 Stunden kühl stellen. Vor dem Servieren abschmecken.

Variante

Bohnensalat mit Thunfisch

200 g Thunfisch in Öl abseihen, in große Stücke zerbrechen und vor dem Einkühlen in den Bohnensalat mischen. 3 hartgekochte Eier schälen, abkühlen lassen, vierteln und den Salat garnieren.

Caesar-Salat

Zu einem klassichen Caesar-Salat gehören rohe oder weiche Eier, doch wir verwenden Mayonnaise.

4 Kopfsalate, die Blätter auseinander gezupft

30 g Senfkohlblätter

50 g Sardellen in Öl, abgeseiht (nach Wunsch)

Croûtons aus 4 Scheiben Weißbrot

50 g Parmesan, gerieben oder geschabt

Für die Soße

100 ml Mayonnaise

Saft von ½ Zitrone

2 TL Worcestersoße

1 Knoblauchzehe, zerdrückt

1 EL Olivenöl

Salz und Pfeffer

gesättigte Fettsäuren 8 g • ungesättigte Fettsäuren 32 g • Natrium 825 mg • Kalorien 510

1 Für die Soße alle Zutaten in einer kleinen Schüssel gut verrühren und abschmecken.

2 Den Kopfsalat und den Senfkohl zerreißen und in eine große Schüssel geben. Die Sardellen mit einer Schere in kleine Stücke schneiden. Croûtons und Parmesan hinzufügen.

3 Die Soße über den Salat gießen, alles gut vermischen und anschließend sofort servieren.

Salade Niçoise

250 g kleine Kartoffeln der Saison, geschält

Salz und Pfeffer

250 g grüne Bohnen, geputzt und quer halbiert

1 Knoblauchzehe, zerdrückt

1 EL frische Petersilie, gehackt

1 EL frisches Basilikum, gehackt

4 EL French Dressing (siehe S. 69), ohne Senf gemacht

1 knackiger Kopfsalat

100 g Cockailtomaten, halbiert

4 harte Eier, geschält, gekühlt und in Keile geschnitten

400 g Thunfisch in Öl, abgeseiht und zerpflückt

50–75 g schwarze Oliven in Öl, abgetropft

50 g Sardellen in Öl, abgetropft

2–3 Frühlingszwiebeln, geputzt und dünn geschnitten

gesättigte Fettsäuren 5 g • ungesättigte Fettsäuren 21 g • Natrium 989 mg • Kalorien 440

1 Die Kartoffeln in einem Topf 15–20 Minuten in Salzwasser weich kochen.

2 Inzwischen in einem anderen Topf die grünen Bohnen etwa 3 Minuten lang in Salzwasser kochen. In ein Sieb umfüllen und abtropfen lassen, mit kaltem Wasser gut abspülen.

3 Die Kartoffeln abseihen und abkühlen lassen, bis sie sich anfassen lassen, dann in Scheiben schneiden. Ganz auskühlen.

4 Knoblauch und Kräuter zum French Dressing dazumischen und abschmecken.

5 Die Salatblätter trennen und am Rand von 4 Tellern anordnen. Den Salat mit Kartoffeln, Tomaten und Eiern garnieren.

6 Den Thunfisch in die Mitte geben und mit Oliven und Sardellenfilets garnieren. Die Frühlingszwiebeln darüberstreuen und mit French Dressing übergießen. Den Salat locker abdecken und etwa 1 Stunde vor dem Servieren in den Kühlschrank stellen.

Variante

Lachs Niçois

Satt des Thunfischs 4 kleine Lachsfilets auf jeder Seite 2 Minuten grillen (siehe Meisterrezept auf S. 92–93). In die Mitte jedes Tellers 1 Filet legen, die Sardellen weglassen und mit French Dressing übergießen.

Warmer Hühnerlebersalat

200 g gemischte Salatblätter

450 g Hühnerleber

3 EL Sonnenblumenöl

6 durchwachsene Speckscheiben ohne Rinde, gehackt

1 EL frischer Estragon, fein gehackt

4 EL French Dressing (siehe S. 69), mit grobkörnigem Senf gemacht

Croûtons aus 4 Scheiben Weißbrot oder Vollkorntoast

gesättigte Fettsäuren 10 g • ungesättigte Fettsäuren 37 g • Natium 774 mg • Kalorien 640

1 Die Salatblätter in eßbare Stücke zerpflücken. In eine große Schüssel geben, mit Frischhaltefolie abdecken und in den Kühlschrank stellen.

2 Ist die Hühnerleber gefroren, ganz auftauen lassen, dann in einem Sieb etwa 10 Minuten abtropfen lassen.

3 Die Leber putzen, auf 2 Lagen Küchenpapier geben, um die Flüssigkeit aufzusaugen.

4 Das Öl in einer großen beschichteten Pfanne erhitzen. Den Speck bei niedriger Hitze braten, bis das Fett rinnt. Den Speck bei mittlerer Hitze braun und knusprig braten. Mit einem Schaumlöffel herausnehmen und auf Küchenpapier abtropfen.

5 Das Öl und das Fett in der Pfanne nochmals erhitzen. Die Hühnerleber darin bei geringer Hitze höchstens 3 Minuten braten, bis die Leber außen braun und innen leicht rosa ist.

6 Die Pfanne vom Herd nehmen. Estragon und French Dressing über die gebratene Leber gießen und vermischen.

7 Die heiße Leber und das Dressing über die kalten, knackigen Salatblätter geben. Den Speck und die Croûtons untermischen, sofort servieren.

Variante

Warmer Hühner-Pinien-Salat

Statt der Hühnerleber 2 Hühnerbrüste ohne Haut und Knochen in dünne Streifen schneiden. Wie die Hühnerleber im Hauptrezept in der Pfanne braten. Die Hühnerbruststreifen brauchen etwa 3 Minuten, bis sie gar sind. Mit Croûtons und etwa 40 g Pinienkernen garnieren. Die Pinienkerne erst bei geringer Hitze 1–2 Minuten in etwas Olivenöl schwenken. Gut darauf achten, daß sie beim Rösten nicht verbrennen.

OBSTDESSERTS

Frische, farbenfrohe Desserts auf Obstbasis sind besonders beliebt. Sie schmecken auch noch nach dem üppigsten Hauptgericht. Wenn Sie eine Dessertauswahl servieren, muß ein Obstdessert darunter sein.

TROPISCHER OBSTSALAT

Ist das Obst reif und süß, brauchen Sie keinen Zucker.

FÜR 4–6 PERSONEN

2 Orangen mit dünner Schale

1 Grapefruit

1 kleine, reife Melone

1 kleine, reife Ananas

200 g schwarze Trauben, halbiert

50–75 g Kristallzucker

gesättigte Fettsäuren 0 g • ungesättigte Fettsäuren 1 g • Natrium 63 mg • Kalorien 247

1 Die Orangen über einer großen Schüssel schälen, teilen und in die Schüssel geben. Die Grapefruit teilen und zu den Orangen geben.

2 Das Melonenfleisch würfeln und in die Schüssel geben. Die Ananas schälen, den Strunk entfernen, in Stücke schneiden und mit den entkernten Trauben in die Schüssel geben. Den Zucker untermischen. Vor dem Servieren 2 Stunden zugedeckt kühl stellen.

BAISERS MIT HIMBEERSOSSE

Setzt man die Baisers zu früh zusammen, werden sie weich und zäh. Sie können bis zu 5 Stunden im voraus vorbereitet werden.

300 ml Sahne, gekühlt

8 Baisers (siehe S. 36)

200 g Himbeeren

4 Minzezweige zum Dekorieren

FÜR DIE SOSSE

200 g Himbeeren

Saft von ½ Zitrone

Puderzucker, nach Geschmack

gesättigte Fettsäuren 19 g • ungesättigte Fettsäuren 10 g • Natrium 55 mg • Kalorien 400

1 Für die Soße die Himbeeren in einer Küchenmaschine mit der Metallscheibe pürieren. Das Püree durch ein Sieb drücken, um die Kerne zu entfernen.

2 Den Zitronensaft unter das Himbeerpüree mischen und nach Geschmack zuckern. Zugedeckt bis zum Servieren kühl stellen.

3 Die Sahne steif schlagen. Je zwei Baisers mit der Sahne in der Mitte zusammensetzen.

4 Die Himbeersoße auf den vier Tellern verteilen. Je zwei Baisers auf die Soße legen und mit Puderzucker bestreuen. Die Himbeeren auf den Tellern verteilen und mit frischen Minzezweigen garnieren.

ORANGEN TEILEN

Orangen mit dünner Schale sind besonders saftig und eignen sich daher für einen Obstsalat. Genauere Hinweise finden Sie auf S. 64.

Die Orange aufstellen und die Schale wegschneiden. Dabei den Konturen folgen.

Jede Spalte auf beiden Seiten einschneiden, um sie aus der Orange zu lösen.

Orangenpassion

Dieses Dessert kann bis zum Ende des zweiten Schritts vorbereitet und bis zu 10 Stunden im Kühlschrank aufbewahrt werden. Zu besonderen Anlässen beträufeln Sie die Orangen mit Brandy oder Grand Marnier.

3 Orangen mit dünner Schale

90 g brauner Zucker

150 g Crème fraîche, fettarm

150 g griechischer Naturjoghurt

gesättigte Fettsäuren 5 g • ungesättigte Fettsäuren 3 g • Natrium 59 mg • Kalorien 254

1 Die Orangen schälen und in Scheiben schneiden. Die Scheiben gleichmäßig in vier Stielgläsern oder Souffléförmchen verteilen. Mit Orangensaft beträufeln und jede Portion mit 1 TL Zucker bestäuben.

2 Crème fraîche und Joghurt in einer Schüssel mischen und über die Orangen geben.

3 Den restlichen Zucker gleichmäßig über die Cremehäubchen streuen. Vor dem Servieren 2 Stunden einkühlen.

Variante

Mangopassion

Anstatt der Orangen 1 große Mango verwenden. Die Mango entlang des Kerns in drei Stücke längsschneiden. Das Fleisch an allen Seiten vom Kern abschneiden. Schälen, das Fruchtfleisch in Stücke schneiden und in die Gläser oder Dessertschälchen geben. Nach dem Hauptrezept weiterarbeiten.

Zitronen-Limetten-Käsekuchen

Für 4–6 Personen

Für die Kruste

10 Butterkekse, zerbröselt

50 g Butter, geschmolzen

25 g Rohzucker

Für die Füllung

150 ml Crème double

397 g Kondensmilch

175 g warmer Magerquark

abgeriebene Schale und Saft von 2 großen Zitronen und 1½ Limetten

Zum Dekorieren

150 ml Sahne, gekühlt

½ Limette, dünn geschnitten

gesättigte Fettsäuren 25 g • ungesättigte Fettsäuren 16 g • Natrium 471 mg • Kalorien 668

1 Für den Teigboden die Zutaten in einer Schüssel gut mixen. In eine Quicheform mit 20 cm Durchmesser und losem Boden geben und mit einem Metalllöffel gleichmäßig am Boden und an den Seiten andrücken. 30 Minuten kühlen, damit sich die Masse setzt.

2 Für die Füllung Crème double, Kondensmilch und Quark mit der Zitronen- und Limettenschale gut durchmischen. Mit einem Ballonbesen nach und nach den Zitronen- und den Limettensaft einrühren. So lange kräftig rühren, bis die Mischung dick wird.

3 Die Zitronen-Limetten-Füllung gleichmäßig auf den Teigboden verteilen. Zugedeckt über Nacht kühl stellen.

4 Die Sahne bis zu 6 Stunden vor dem Servieren steifschlagen. Den Käsekuchen mit Schlagsahne und Limettenscheiben dekorieren und wieder in den Kühlschrank stellen.

Bratäpfel

4 große Kochäpfel

50 g brauner Zucker

50 g Butter

2 EL Wasser

gesättigte Fettsäuren 7 g • ungesättigte Fettsäuren 4 g • Natrium 98 mg • Kalorien 219

1 Den Ofen auf 180 °C (Umluft 170 °C, Gas Stufe 4) vorheizen. Das Kerngehäuse aus den ganzen Äpfeln entfernen und die Schale um die Öffnung jedes Apfels einschneiden, damit sie nicht platzt. Die Äpfel in eine Auflaufform geben.

2 Die Höhlungen jedes Apfels mit Zucker füllen und eine Butterflocke daraufgeben. Das Wasser in die Form gießen. 35–40 Minuten backen, bis die Äpfel weich sind. Aus Zucker, Butter und Wasser entsteht ein Sirup, den man über die Äpfel löffelt. Heiß mit Sahne oder Vanilleeis servieren.

Variante

Würzige Bratäpfel

Die Äpfel mit 100 g Rosinen, 75 g braunem Zucker und ¼ TL gemahlenem Zimt füllen und wie im Hauptrezept braten.

Pflaumenstreusel mit Haselnüssen

750 g halbierte Pflaumen, entkernt

40 g Kristallzucker

2 EL Wasser

Für den Streusel

225 g Weizenmehl

100 g Butter, zerkleinert

40 g Kristallzucker

100 g geröstete Haselnüsse

gesättigte Fettsäuren 15 g • ungesättigte Fettsäuren 21 g • Natrium 194 mg • Kalorien 680

1 Den Ofen auf 180 °C (Umluft 170 °C, Gas Stufe 4) vorheizen. Die Pflaumen in eine Auflaufform (25 x 20 cm, 5 cm tief) geben und den Zucker mit Wasser darübergeben.

2 Für den Streusel Mehl und Butter in einer Schüssel verrühren, bis die Mischung bröselig ist. Zucker und gehackte Haselnüsse unterrühren.

3 Den Streusel gleichmäßig über die Pflaumen streuen. 45 Minuten backen, bis der Streusel goldbraun ist und die Fruchtsäfte kochen. Mit einem Spieß prüfen, ob die Pflaumen weich sind. Sonst mit einer Folie abdecken und noch 10–15 Minuten backen. Warm mit Sahne oder Vanillesoße (siehe S. 68) servieren.

Variante

Aprikosenstreusel

Die Haselnüsse weglassen. Statt der Pflaumen Aprikosen und anstatt des weißen Zuckers braunen Zucker verwenden. Nach Geschmack Vollkornmehl mit weißem Mehl mischen.

Zitronen-Apfel-Kuchen

Backt man den Kuchen auf einem vorgewärmten Backblech, wird der Teigboden knusprig.

Für 4–6 Personen

20 cm rohen Teigboden in der Form (siehe S. 66–67)

Für die Füllung

2 große Eier

100 g Feinkristallzucker

abgeriebene Schale und Saft von 1 Zitrone

50 g Butter, geschmolzen

1 großer Kochapfel (etwa 300 g)

gesättigte Fettsäuren 16 g • ungesättigte Fettsäuren 15 g • Natrium 314 mg • Kalorien 568

1 Den Ofen mit dem Backblech auf 200 °C (Umluft 190 °C, Gas Stufe 6) vorheizen.

2 Für die Füllung Eier, Zucker, Zitronensaft und -schale in einer Schüssel glattrühren. Die geschmolzene Butter einrühren.

3 Den Apfel schälen, entkernen und grob reiben. In die Schüssel mit der Füllung geben und gut durchmischen, dann die Füllung gleichmäßig auf dem Teig verteilen.

4 Den Kuchen auf das warme Backblech stellen und 40 Minuten backen, bis der Teig goldgelb und die Füllung leicht aufgegangen und gebräunt ist. Bräunt der Kuchen zu schnell, mit Folie abdecken und weiterbacken. Warm servieren.

Ananas-Ingwer-Pawlowa

3 große Eiweiß

175 g Feinkristallzucker

1 TL Essig

1 TL Maismehl

300 ml geschlagene Sahne

200 g Ananasstücke in ihrem Saft, abgetropft

50 g Ingwer in Sirup, abgeseiht und fein gehackt

gesättigte Fettsäuren 19 g • ungesättigte Fettsäuren 10 g • Natrium 116 mg • Kalorien 513

1 Den Ofen auf 160 °C (Umluft 150 °C, Gas Stufe 3) vorheizen. Das Backblech mit Backpapier auslegen und einen 20 cm großen Kreis einzeichnen.

2 Das Eiweiß in einer reinen, trockenen Schüssel mit dem Handmixer auf höchster Stufe steif schlagen.

3 Weiterschlagen und nach und nach den Zucker einrühren, bis der Eischnee glasig wird. Essig und Maismehl vermischen und mit dem letzten Löffel Zucker unter den Eischnee heben.

4 Die Baisermischung auf den kleinen Kreis auf dem Backpapier löffeln und so verteilen, daß die Masse am Rand etwas höher ist als in der Mitte. In den Ofen schieben, Temperatur auf 150 °C (Umluft 140 °C, Gas Stufe 2) reduzieren. 1 Stunde backen.

5 Die Pawlowa im Ofen auskühlen lassen. Auf einen Teller legen, die Sahne in die Mitte geben, mit Ananas und Ingwer garnieren.

Ananaskuchen

60 g Butter

60 g brauner Zucker

5 Ananasringe in ihrem Saft

15 Cocktailkirschen

Für den Teig

125 g weiche Backmargarine

125 g Feinkristallzucker

175 g Weizenmehl

1 TL Backpulver

2 große Eier

gesättigte Fettsäuren 17 g • ungesättigte Fettsäuren 23 g • Natrium 655 mg • Kalorien 765

1 Den Ofen auf 180 °C (Umluft 170 °C, Gas Stufe 4) vorheizen. Eine 20 cm große Springform einfetten und den Boden mit Backpapier auslegen. Die Butter schmelzen lassen, in die Form gießen und mit Zucker bestreuen.

2 Die Ananas abseihen und den Saft aufheben. Die Ringe, wie unten gezeigt, in die Form legen und zerschneiden, die Cocktailkirschen in die Mitte jedes Rings und zwischen die Ananas geben.

3 Für den Teig Margarine, Zukker, Mehl, Backpulver, Eier und 2 EL Ananassaft in einer großen Schüssel mit einem Mixer 2 Minuten oder mit einem Kochlöffel 3–4 Minuen schlagen.

4 Ist der Teig so weich, daß er vom Quirl oder Kochlöffel tropft, ist er fertig. Wenn nötig etwas mehr vom Ananassaft dazugeben.

5 Den Teig über die Obstmischung in der Form geben und gleichmäßig verstreichen. Dabei aber nicht das Obst verrücken. Etwa 45 Minuten backen, bis der Teig aufgegangen und elastisch ist. Bräunt der Teig zu rasch, leicht mit einer Folie abdecken und weiterbacken.

6 Einen vorgewärmten Teller verkehrt herum auf die Backform legen und gemeinsam mit Gefühl umdrehen, so daß der Kuchen sicher auf den Teller kippt.

Kuchen & Kekse

Für gewöhnlich backt man nur bei besonderen Anlässen und steht daher immer unter Erfolgszwang. Hier ist eine kleine Auswahl von erprobten Rezepten, auf die Sie immer zurückgreifen können.

Einfacher Früchtekuchen

Dieses Früchtebrot ist ideal für Picknicks, Kinderpartys und Kaffeekränzchen. In Backpapier verpackt, hält es in einem luftdicht verschlossenen Behälter bis zu zwei Wochen.

Für 12 Stücke

225 g weiche Backmargarine

225 g Feinkristallzucker

4 große Eier

225 g Weizenmehl

100 g gemahlene Mandeln

½ TL Mandelextrakt

450 g kandierte Früchte

25 g Mandelsplitter

gesättigte Fettsäuren 6 g • ungesättigte Fettsäuren 16 g • Natrium 268 mg • Kalorien 458

1 Den Ofen auf 160 °C (Umluft 140 °C, Gas Stufe 3) vorheizen. Eine 20 cm große Springform einfetten, den Boden mit Backpapier auslegen und einfetten.

2 Alle Zutaten außer den kandierten Früchten und den Mandeln in einer großen Schüssel mit dem Handmixer 2–3 Minuten oder dem Kochlöffel etwas länger verrühren. Die kandierten Früchte mit einem Kochlöffel unterheben.

3 Die Mischung in die Form geben und glattstreichen. Nach Wunsch mit den Mandelsplittern bestreuen und 1½–2 Stunden backen. Einen Spieß in die Mitte des Kuchens stechen, um zu prüfen, ob er fertig ist. Bleibt nichts haften, ist er fertig. Den Kuchen in der Form auskühlen lassen.

Schokoladen-Brownies

Aus diesem einfachen Rezept entstehen weiche, flaumige Schokobrownies.

Für 12 Stück

225 g Backmargarine

350 g brauner Zucker

4 große Eier

50 g Kakaopulver, gesiebt

250 g Weizenmehl

½ TL Backpulver

85 g Walnußstücke

Für die Glasur

3 EL Kakaopulver, gesiebt

25 g Butter, in Würfel zerkleinert

4 EL kochendes Wasser

225 g Puderzucker, gesiebt

gesättigte Fettsäuren 8 g • ungesättigte Fettsäuren 13 g • Natrium 369 mg • Kalorien 469

1 Den Ofen auf 180 °C (Umluft 160 °C, Gas Stufe 4) vorheizen. Ein tiefes Backblech (30 x 23 cm) mit Papier auslegen und einfetten.

2 Margarine, Zucker, Eier, Kakaopulver, Mehl und Backpulver in eine große Schüssel geben und etwa 3 Minuten mit dem Mixer oder etwas länger mit einem Kochlöffel glattrühren. Nach Wunsch die Walnüsse unterheben.

3 Die Mischung in die Form geben, glattstreichen und 40–45 Minuten backen. Die letzten 10 Minuten mit Folie abdecken. Den Kuchen anstechen (siehe links Einfacher Früchtekuchen), in der Form etwas abkühlen lassen, auf einen Rost heben und völlig auskühlen lassen.

4 Für die Glasur Kakaopulver und Butter in eine Schüssel geben und langsam das kochende Wasser einrühren, bis eine glatte Masse entsteht. Den Puderzucker einrühren und abkühlen lassen.

5 Die Glasur mit einem Spachtel gleichmäßig aufstreichen. Trocknen lassen, in 12 x 7,5 cm große Stücke schneiden.

Blaubeermuffins

Für 12 Muffins

2 große Eier

85 g Kristallzucker

225 ml Milch

100 g Butter, geschmolzen und etwas abgekühlt

1 TL Vanilleextrakt

abgeriebene Schale von 1 Zitrone

280 g Weizenmehl

1 TL Backpulver

225 g Blaubeeren

gesättigte Fettsäuren 5 g • ungesättigte Fettsäuren 2 g • Natrium 21 mg • Kalorien 200

1 Den Ofen auf 200 °C (Umluft 190 °C, Gas Stufe 6) vorheizen und alle 12 Muffinförmchen mit Backpapier auslegen.

2 Eier, Zucker, Milch, geschmolzene Butter, Vanilleextrakt und Zitronenschale in einer Schüssel verrühren. Mehl und Backpulver über die Masse sieben und mit höchstens 20 Schlägen behutsam unterheben. Die Mischung sollte nicht glatt sein. Die Blaubeeren vorsichtig einrühren.

3 Die Mischung gleichmäßig mit einem Löffel auf die 12 Förmchen verteilen. 25–30 Minuten backen, bis die Muffins gut aufgegangen sind und an der Oberfläche leicht aufbrechen. Auf ein Abkühlgitter legen und etwas auskühlen lassen. Noch warm in kleinen Muffinhäubchen servieren.

Schokoladen-Cookies

Für 24 Cookies

85 g weiche Backmargarine

100 g Feinkristallzucker

1 großes Ei

175 g Weizenmehl

½ TL Vanilleextrakt

50 g Schokoladenstückchen

50 g gehackte Nüsse

gesättigte Fettsäuren 2 g • ungesättigte Fettsäuren 3 g • Natrium 65 mg • Kalorien 94

1 Den Ofen auf 180 °C (Umluft 170 °C, Gas Stufe 4) vorheizen. Das Backblech einfetten.

2 Margarine, Zucker, Ei, Mehl und Vanilleextrakt in einer großen Schüssel mit dem Handmixer 2 Minuten, mit einem Kochlöffel etwas länger glattrühren. Schokoladestückchen und Nüsse unterheben.

3 Die Masse dritteln (jedes Drittel sollte 8 Cookies ergeben). Mit zwei Teelöffeln aus der Masse Bällchen formen und mit etwa 7,5 cm Abstand auf das Backblech setzen. Auf ein Blech passen ungefähr 8 Cookies. Die Bällchen mit der Rückseite eines Löffels auf etwa 5 cm Größe flachdrücken.

4 15–20 Minuten goldbraun backen, bis die Ränder etwas dunkler sind. Die Cookies sollten noch weich sein. Vorsichtig mit einem Spachtelmesser vom Backblech heben und auf ein Abkühlgitter legen. Dort auskühlen lassen. Das Backblech abwischen, abkühlen lassen und neu einfetten. Dann die nächste Lage backen.

Zitronenschnitten

Für 16 Stück

225 g weiche Backmargarine

225 g Feinkristallzucker

275 g Weizenmehl

2 TL Backpulver

4 große Eier

4 EL Milch

geriebene Schale von 2 Zitronen

Für die Glasur

225 g Puderzucker, gesiebt

3 EL Zitronensaft

gesättigte Fettsäuren 4 g • ungesättigte Fettsäuren 8 g • Natrium 242 mg • Kalorien 297

1 Den Ofen auf 180 °C (Umluft 160 °C, Gas Stufe 4) vorheizen. Ein tiefes Backblech (30 x 23 cm) einfetten, mit Backpapier auslegen und das Papier nochmals einfetten.

2 Alle Zutaten in eine große Schüssel geben und mit dem Handmixer 1–2 Minuten oder einem Kochlöffel etwas länger glattrühren. Auf das Blech geben und gleichmäßig verteilen.

3 35–40 Minuten backen, bis der Teig aufgegangen und elastisch ist. Mit einem Messer die Ränder vom Backblech lösen, die Masse auf ein Abkühlgitter geben und auskühlen lassen.

4 Für die Glasur Zucker und Zitronensaft glattrühren. Über den Teig gießen, trocknen lassen und in Schnitten schneiden.

Brot & Pizza

Brot oder Pizza zu backen ist eine schöne Arbeit. Nehmen Sie sich jedoch für diese Arbeit Zeit, weil Sie den Teig beim Aufgehen beobachten sollten. Ansonsten ist der Arbeitsaufwand gering.

Bauernbrot

500 g Roggenmehl

2 TL Salz

6 g Trockenhefe

300 ml lauwarmes Wasser

1 EL und 1 TL Sonnenblumenöl

gesättigte Fettsäuren 3 g • ungesättigte Fettsäuren 22 g • Natrium 3126 mg • Kalorien 1895

1 Mehl, Salz und Hefe in eine große Schüssel geben und mit dem Wasser und 1 EL Öl zu einem weichen Teig verrühren. Bei Bedarf noch 2–3 TL lauwarmes Wasser hinzufügen.

2 Den Teig auf eine leicht bemehlte Arbeitsfläche geben und 10 Minuten kneten.

3 Eine große Schüssel mit 1 TL Öl einfetten. Den Teig in die Schüssel geben, einölen und mit Folie abdecken. Etwa 1 1/2 Stunden warmstellen und auf die doppelte Größe aufgehen lassen.

4 Wandelform (20 x 10,5 cm) einfetten. Den Teig auf der Arbeitsfläche auf ein 20 x 18 cm großes Rechteck ausrollen.

5 Den Teig auf einer Seite aufrollen und in die Form geben. Locker mit Folie abdecken, warm stellen und 30 Minuten aufgehen lassen, bis er 2,5–3 cm über dem Rand der Form steht.

6 Den Ofen auf 230 °C (Umluft 220 °C, Gas Stufe 8) vorheizen. Das Brot 10 Minuten backen, dann die Temperatur auf 200 °C (Umluft 190 °C, Gas Stufe 6) zurückdrehen. Weitere 30–40 Minuten goldbraun backen. Auf die Unterseite der Form klopfen. Klingt sie noch nicht hohl, einige Minuten länger backen. Auf einem Gitter kühlen.

Varianten

Olivenbrot

Den Teig wie in Schritt 1–3 des Hauptrezepts herstellen, aber das Sonnenblumenöl durch fruchtiges Olivenöl ersetzen. Im vierten Schritt 100 g schwarze und grüne entkernte und gehackte Oliven gleichmäßig in den Teig einkneten. Dann nach dem Hauptrezept weiterarbeiten.

Tomatenbrot

100 g sonnengetrocknete Tomaten in Olivenöl abtropfen lassen, das Öl aufheben. Die Tomaten grob hacken. Den Teig wie in Schritt 1–3 des Hauptrezepts zubereiten, doch anstatt des Sonnenblumenöls das Öl von den Tomaten verwenden. Im vierten Schritt die gehackten Tomaten in den Teig einkneten, bis sie gleichmäßig verteilt sind. Dann nach dem Hauptrezept weiterarbeiten.

Sardellenpizza

Für 2 Pizzen

250 g Weizenmehl

1 TL Salz

3 g Trockenhefe

150 ml lauwarmes Wasser

1 EL und 1 TL fruchtiges Olivenöl

Für den Belag

150 g Mozzarella

50 g Sardellen in Öl

6 EL Tomatenpaste

6 schwarze Oliven, entkernt und halbiert

2 EL fruchtiges Olivenöl

½ TL getrockneter Oregano

gesättigte Fettsäuren 14 g • ungesättigte Fettsäuren 35 g • Natrium 2039 mg • Kalorien 1007

1 Mehl, Salz und Hefe mit dem Wasser und 1 EL Öl zu einem weichen Teig verrühren. Bei Bedarf noch 2–3 TL lauwarmes Wasser unterrühren.

2 Den Teig auf eine leicht bemehlte Arbeitsfläche geben und 10 Minuten kneten.

3 Die Schüssel mit dem Öl einfetten, den Teig hineingeben und mit Folie abdecken. Warm stellen und 1½ Stunden auf die doppelte Größe aufgehen lassen.

4 Zwei Backbleche einfetten. Den Teig einige Minuten kneten und in zwei Hälften teilen. Jeden Teil in einem 23–25 cm großen Kreis auf die Bleche drücken, dabei die Ränder zu einem Wulst aufstellen.

5 Den Mozzarella abtropfen und in dünne Scheiben schneiden. Die Sardellen abtropfen. Die Tomatenpaste auf die Pizza streichen; mit Mozzarella, Sardellen und Oliven belegen. Mit Öl und Oregano bestreuen und ruhen lassen.

6 Den Ofen auf 230 °C (Umluft 220 °C, Gas Stufe 8) vorheizen. Etwa 10 Minuten backen, bis die Ränder goldbraun und knusprig sind, die Bleche nach der halben Backzeit tauschen.

VARIANTEN

PEPERONIPIZZA

Pizzateig wie in Schritt 1–4 des Hauptrezepts machen. Wie im fünften Schritt mit Tomatenpaste bestreichen und mit Mozzarella belegen. 50 g dünn geschnittene Peperoni über den Mozzarella legen und mit 25 g geriebenem Parmesan und 2 EL milden Chilischoten bestreuen. Nach dem Hauptrezept fortfahren.

THUNFISCHPIZZA

Pizzateig wie in Schritt 1–4 des Hauptrezepts machen. Wie im fünften Schritt mit Tomatenpaste bestreichen. 200 g in Öl eingelegten Thunfisch abtropfen, zerzupfen und auf die Tomatenpaste streuen. Mit 1 EL abgetropften, gehackten Kapern, 50 g dünn geschnittenem Mozzarella, 1/2 TL getrocknetem Oregano, Salz und Pfeffer bestreuen. Nach dem Rezept fortfahren.

ANMERKUNGEN

Auf diesen Tabellen finden Sie alle Kochzeiten und -temperaturen auf einen Blick. Zudem bieten die folgenden Seiten Sicherheitshinweise zu Nahrungsmitteln sowie Umrechnungstabellen.

DAS THERMOMETER

Beim Braten von Fleisch oder Geflügel zeigt Ihnen ein Thermometer die Temperatur im Fleisch an. So können Sie bestimmen, wie weit das Fleisch schon gebraten ist. Stecken Sie das Thermometer zu Beginn der Bratzeit, möglichst weit weg vom Knochen, in das dickste Fleischstück. Lesen Sie gegen Ende der Bratzeit die Temperatur ab. Vergleichen Sie sie mit den unten angegebenen Richtwerten.

FLEISCH	TEMPERATUR
LAMM	
medium	70–75 °C
durchgebraten	80 °C
RIND	
englisch	60–65 °C
medium	70 °C
durchgebraten	75 °C
SCHWEIN	
durchgebraten	90 °C
GEFLÜGEL	
durchgebraten	90 °C

GEFLÜGEL AUFTAUEN

Gefrorenes Geflügel muß vor Verarbeitung aufgetaut werden, da es sonst nicht gar wird. Geflügel bis zu 1,8 kg über Nacht an einem kühlen Ort oder im Kühlschrank 36 Stunden auftauen. Geflügel über 1,8 kg braucht kühlgestellt 15 Stunden, 48 Stunden im Kühlschrank. Ist es aufgetaut, dürfen keine Eiskristalle im Inneren sein.

UMLUFTÖFEN

Reduzieren Sie die angegebenen Temperaturen je nach Bedienungsanleitung um 10–20 °C.

FLEISCH BRATEN

ART	GRÖSSE	OFEN	ZEIT
RIND			
Kotelett/Lende	2,25–2,5 kg	200 °C/Gas Stufe 6	1½–1¾ Stunden (englisch) 2–2¼ Stunden (medium) 2½–2¾ Stunden (durch)
Oberschale	1–2 kg	180 °C/Gas Stufe 4	1–1½ Stunden (englisch) 1¾–2 Stunden (medium) 2¼–2½ Stunden (durch)
Filet (dick)	1 kg	220 °C/Gas Stufe 7	30 Minuten (medium)
	2 kg		40 Minuten (medium)
LAMM			
ganze Keule/ ganze Schulter	1,5–2,5 kg	180 °C/Gas Stufe 4	1½–2¼ Stunden (medium) 1¾–2½ Stunden (durch)
halbe Keule/ halbe Schulter	1–1,6 kg	180 °C/Gas Stufe 4	1–1¼ Stunden (medium) 1½–2 Stunden (durch)
SCHWEIN			
Lende oder Schulter (ohne Knochen und gerollt)	1–1,5 kg	180 °C/Gas Stufe 4, dann 220 °C/Stufe 7	1¾–2¼ Stunden (220 °C/ Gas Stufe 7 gegen Ende)
	2–2,5 kg	180 °C/Gas Stufe 4, dann 220 °C/Stufe 7	2½–3 Stunden (220 °C/ Gas Stufe 7 gegen Ende)

GEFLÜGEL BRATEN

GEFLÜGEL	GRÖSSE	OFEN	ZEIT
HUHN	1,5–1,8 kg	200 °C/Gas Stufe 6	1¼–1½ Stunden
	2,5–3 kg	200 °C/Gas Stufe 6	2–2¼ Stunden
ENTE	1,8 kg	200 °C/Gas Stufe 6, dann 180 °C/Stufe 4	45 Minuten, dann 1½ Stunden
	2,5 kg	200 °C/Gas Stufe 6, dann 180 °C/Stufe 4	45 Minuten, dann 2 Stunden
TRUTHAHN	4–5 kg	180 °C/Gas Stufe 4	3–3½ Stunden
	6–8 kg	180 °C/Gas Stufe 4	4–4¼ Stunden

Grünes Gemüse

■ Soll grünes Gemüse die Farbe behalten, knackig bleiben und die Nährstoffe nicht verlieren, kochen Sie es ohne Deckel möglichst kurz in möglichst wenig Wasser.

■ Das Wasser in einem Topf zum Kochen bringen, salzen und das Gemüse hineingeben. Sobald das Wasser wieder aufkocht, die Zeit stoppen. Nach Ablauf der Kochzeit das Gemüse abseihen. Die folgenden Zeiten sind Richtwerte, die nach Größe und Alter des Gemüses variieren.

Grünes Gemüse kochen

Art	Ungefähre Kochzeit
Saubohnen, geschält	6 Minuten
grüne Bohnen, ganz	6 Minuten
Stangenbohnen, aufgeschlitzt	5 Minuten
Broccoli , Röschen	6 Minuten
Rosenkohl, Röschen	6 Minuten
Kohl, gehackt	3 Minuten
Blumenkohl, Röschen	6 Minuten
Schotenerbsen	2 Minuten
Erbsen, ohne Schote	3 Minuten
Zuckererbsen	2 Minuten

Wurzelgemüse & Kürbis

■ Wurzelgemüse sollte immer zugedeckt gekocht werden: Da es im Dunkeln wächst, braucht es auch zum Kochen Dunkelheit. Auch Kürbis wird nach derselben Methode gekocht.

■ Das Gemüse in einen Topf geben, mit kaltem Wasser bedecken und salzen. Den Topf zudecken, zum Kochen bringen und die Zeit stoppen. Nach Ende der Kochzeit das Gemüse in einem Sieb abtropfen lassen.

Wurzelgemüse & Kürbis kochen

Art	Zeit
Karotten, in Scheiben oder Stifte geschnitten	2–3 Minuten
junge Karotten, ganz	6 Minuten
Pastinaken, Stücke	15–20 Minuten
Babykürbis, ganz	6 Minuten
Kartoffeln, Stücke	15–20 Minuten
Kartoffeln, ganz	15–20 Minuten
Kürbis, Stücke	15–20 Minuten
gelbe Kohlrübe, Stücke	15–20 Minuten
weiße Rübe, Stücke	10 Minuten

Nudeln & Reis

■ Die Kochzeiten für Nudeln und Reis sind je nach Sorte und Marke verschieden – halten Sie sich deshalb immer an die Anweisungen auf der Packung. Prüfen Sie Nudeln und Reis immer vor Ende der Kochzeit, um sie nicht zu zerkochen. Genaue Informationen über die Kochmethoden finden Sie auf S. 38–39.

Reis & Nudeln kochen

Art	Zeit
Reis Basmati	10–15 Minuten
brauner Langkornreis	20–30 Minuten
weißer Langkornreis	12–15 Minuten
Nudeln getrocknet	10–15 Minuten
chinesische Eiernudeln	6 Minuten (einweichen)
frisch	2–3 Minuten

Hülsenfrüchte

■ Alle Hülsenfrüchte außer Linsen müssen vor der Zubereitung über Nacht eingeweicht werden.

■ Kochen Sie Bohnen und Erbsen immer erst 10 Minuten stark wallend, um etwaige Toxine zu zerstören. Genaue Informationen über Kochmethoden finden Sie auf S. 41.

Hülsenfrüchte kochen

Art	Zeit
Adukibohnen	45 Minuten
schwarze Bohnen	1–1½ Stunden
Borlottibohnen	1–1½ Stunden
Cannellinibohnen	1–1½ Stunden
Kichererbsen	2 Stunden
Linsen	20–30 Minuten
rote Bohnen	1¼ Stunden
halbe Erbsen	2 Stunden

SICHERHEITSHINWEISE

VERDERBLICHE Nahrungsmittel müssen sorgfältig behandelt und gelagert werden, damit sie frisch bleiben und nicht die Gefahr einer Lebensmittelvergiftung entsteht. Kaufen Sie bei einem guten Händler ein, beachten Sie die Verkaufs- und Ablaufdaten. Lagern Sie frische Lebensmittel im Kühlschrank oder tiefgekühlt. Halten Sie Arbeitsflächen, Utensilien und Hände sauber. Verwenden Sie verschiedene Bretter zum Schneiden von rohen und gekochten Zutaten, waschen Sie die Bretter nach jeder Verwendung sorgfältig. Diese Richtlinien gelten für alle frischen Zutaten, doch sind einige Besonderheiten zu beachten.

KÄSE

- Schwangere, Babys, Kleinkinder, kranke und alte Menschen sollten keinen Käse aus nicht pasteurisierter Milch essen. Das gilt insbesondere für Weichkäse, reifen Weichkäse (pasteurisiert und nicht pasteurisiert) und Schimmelkäse. Die eventuell enthaltenen Listeria-Bakterien können diesen Personengruppen gefährlich werden.

EIER

- Kaufen Sie immer frische Eier von einem guten Händler, und überprüfen Sie, ob die Schalen sauber und nicht gesprungen sind. Achten Sie darauf, daß die Eier mit einem Ablaufdatum versehen sind.
- Lagern Sie Eier mit der Spitze nach unten im Kühlschrank abseits von stark riechenden Lebensmitteln.
- Waschen Sie sich immer sorgfältig die Hände, wenn Sie mit rohen Eiern hantieren.
- Eventuelle Salmonellen in Eiern werden leichter bei rohen oder bei weichen Eiern übertragen. Servieren Sie Eier in dieser Form deshalb keinen Schwangeren, Babys, Kleinkindern, alten und kranken Menschen. Salmonellen werden bei einer Temperatur von 71 °C, also in harten Eiern, zerstört: Bei dieser Temperatur wird das Eigelb fest.

GETROCKNETE BOHNEN & ERBSEN

- Diese Hülsenfrüchte, vor allem rote Bohnen, können gefährliche Toxine enthalten, die eine Lebensmittelvergiftung hervorrufen.
- Kochen Sie getrocknete Bohnen und Erbsen vor der normalen Kochzeit 10 Minuten lang stark wallend, um die Toxine zu zerstören.

FLEISCH

- Kaufen Sie immer frisches Fleisch von einem guten Händler, und legen Sie es möglichst bald in den Kühlschrank. Entfernen Sie die Plastikverpackung. Legen Sie das Fleisch auf einen Teller oder in eine Schüssel. Lagern Sie es zugedeckt unten im Kühlschrank.
- Lagern und bearbeiten Sie rohes und gekochtes Fleisch nie zusammen. Waschen Sie Arbeitsflächen, Utensilien und Hände vor, zwischen und nach der Arbeit an Fleisch.
- Gefrorenes Fleisch sollte vor der Zubereitung vollständig aufgetaut sein. Frieren Sie aufgetautes Fleisch nie nochmals ein.
- Wärmen Sie Fleischgerichte nur einmal auf. Lassen Sie sie wallend aufkochen (über 75 °C).

MIESMUSCHELN & VENUSMUSCHELN

- Kaufen Sie lebende Muscheln bei einem guten Händler und kochen Sie sie am selben Tag.
- Werfen Sie alle rohen Muscheln weg, deren Schalen sich nicht schließen, wenn man hart darauf klopft. Entfernen Sie alle gekochten Muscheln, die sich nicht geöffnet haben. Sie sind ungenießbar.

KARTOFFELN

- Kartoffeln, die zu hell gelagert werden, bekommen grüne Flecken. Lagern Sie Kartoffeln deshalb immer im Dunkeln.
- Kleine, grüne Flecken auf der Kartoffelschale können mit einem Schäler oder einem Messer weggeschnitten werden. Sind bereits große Bereiche grün, sollten Sie die Kartoffel wegwerfen, da sie Magenreizungen auslösen kann.

GEFLÜGEL

- Legen Sie Geflügel möglichst bald in den Kühlschrank. Entfernen Sie die Verpackung und die Innereien bei ganzem Geflügel und legen Sie es auf einen Teller. Lagern Sie es locker zugedeckt unten im Kühlschrank abseits von gekochtem Geflügel oder Fleisch. Kühlen Sie die Innereien separat in einer gut abgedeckten Schüssel.
- Geflügel ist für Salmonellen besonders empfänglich. Waschen Sie Arbeitsflächen, Utensilien und Hände, bevor und nachdem Sie Geflügel bearbeitet haben und vermeiden Sie den Kontakt von rohem mit gekochtem Geflügel oder Fleisch.
- Tauen Sie Geflügel vor Zubereitung gut auf (Zeiten finden Sie auf S. 160). Nicht nochmals einfrieren!
- Stopfen Sie Geflügel erst knapp vor dem Kochen: Die Füllung muß kalt sein und darf nur locker in die Halsöffnung – nicht in die Bauchhöhle – gestopft werden.
- Kochen Sie Geflügel immer gar, um Bakterien abzutöten. Stecken Sie gegen Ende der Kochzeit einen Spieß in den Schenkel: ist das Fleisch gar, ist der austretende Saft klar, nicht rosa. Prüfen Sie großes Geflügel mit dem Fleischthermometer: Die Temperatur sollte 90 °C betragen.

REIS (GEKOCHT)

- Bewahren Sie gekochten Reis immer zugedeckt im Kühlschrank auf. Wird er bei Raumtemperatur offen gelagert, können sich Bakterien bilden, die zu Magenreizungen führen. Er sollte deshalb immer bei Temperaturen unter 4 °C aufbewahrt werden (die Temperatur im Kühlschrank sollte zwischen 0 und 4 °C betragen). Gekochten Reis gut aufwärmen.

Nährwert

Bei allen Rezepten in den Kapiteln *Meisterrezepte* und *Rezeptsammlung* sind Fett- und Natriumgehalt sowie Kalorienwerte angegeben. Diese Zahlen sind Richtwerte, die auf den üblichen Nahrungsmitteltabellen aufbauen. Sie sind keinesfalls als absolute Werte anzusehen. Alle Rezepte wurden ohne Salz analysiert, außer es war Salz zur Zubereitung eines Gerichtes erforderlich. Durch Salz verändert sich der Natriumgehalt der Speisen stark. Garnierungen und Zutaten, die mit dem Zusatz „zum Servieren" oder „nach Wunsch" versehen sind, wurden nicht in die Nährwertanalyse aufgenommen.

Umrechnungstabelle

Ofentemperaturen

- Heizen Sie den Ofen immer vor, da sonst keine Erfolgsgarantie für ein Gelingen abgegeben werden kann. Alle vorgestellten Rezepte wurden im vorgeheizten Ofen getestet.
- In dem Buch sind die Temperaturen in Celsius sowie die Gasstufen angegeben. Da jeder Ofen anders reagiert, müssen Sie die Temperaturen bzw. Backzeiten Ihrem Ofen anpassen. Reduzieren Sie die Temperatur bei Umluft jeweils um etwa 10–20 °C.

Celsius	Gas	Temperatur
110°	¼	sehr kühl
120°	½	sehr kühl
140°	1	kühl
150°	2	kühl
160°	3	mittel
180°	4	mittel
190°	5	mäßig heiß
200°	6	mäßig heiß
220°	7	heiß
230°	8	sehr heiß

Gewichte & Masse

- In diesem Buch sind nur metrische Gewichte, Volumina und Maße angegeben.
- Mengenangaben in Eß- und Teelöffel sind mit EL und TL abgekürzt. Die Rezepte wurden mit eigenen Meßlöffeln getestet (siehe S. 26). Der Löffel sollte immer gestrichen voll sein, wenn nicht anders angegeben.

Gewicht – Metrisch	Volumen – Metrisch	Masse – Metrisch
15 g	125 ml	5 mm
25 g	150 ml	1 cm
50 g	175 ml	2,5 cm
75 g	250 ml	5 cm
100 g	275 ml	7 cm
175 g	300 ml	10 cm
200 g	350 ml	12 cm
250 g	400 ml	15 cm
275 g	450 ml	18 cm
300 g	475 ml	20 cm
350 g	600 ml	23 cm
500 g	750 ml	25 cm
750 g	900 ml	28 cm
1 kg	1 Liter	30 cm

Löffel	Metrisch
1 EL	15 ml
1 TL	5 ml
½ TL	2,5 ml
¼ TL	1,25 ml

REGISTER

Fett geschriebene Seitenzahlen stehen für Techniken oder Meisterrezepte, kursiv geschriebene für Gerichte aus der Rezeptsammlung und für Varianten. Ein Stern (*) bezeichnet vegetarische Gerichte (notfalls die Hühnerbrühe durch Gemüsebrühe ersetzen).

A

B

C

D

E

F

G

H

I J

K

L

M

N

O

P

Q R

S

DANKSAGUNGEN

ZUBEREITUNG DER SPEISEN UND TESTEN DER REZEPTE
Caroline Liddell

Dorling Kindersley möchte folgenden Personen und Organisationen danken: Fay Franklin, Herausgeberin; Virginia Walter, Design; Mari Roberts, Assistentin der Herausgeberin; Robert Ford und Laura Jackson, Designassistenz; Susan Bosanko, Register; Jasmine Challis, Nährwerte. Weiters dem Chicken Information Service sowie der Meat and Livestock Commission für ihre Unterstützung und die wertvollen Informationen.
Zusätzliche Fotos von David Murray und Jules Selmes, Jerry Young, Amanda Heywood, Clive Streeter, Philip Dowell, Stephen Oliver und Steve Gorton.

Besonderer Dank gebührt den folgenden Firmen für ihre großzügigen Spenden: Schwartz Herbs and Spices für die Gewürze und Kräuter auf S. 14–16; Lakeland Plastics Ltd. of Windermere, Cumbria für die Vielzahl an Küchenutensilien (Postversand 015394 88100); ICTC of Norwich für Töpfe, Pfannen und Utensilien (Informationen über Händler unter Tel.: 01603 488019); Jim Wilkinson Promotions Ltd. für den Kartoffelstampfer Good Grips. Weiter stellten uns folgende Firmen Geräte zur Verfügung: Magimix UK Ltd. für die Mixer und die Küchenmaschine; Kenwood Appliances plc für den Mixer (Anfragen: 01705 476000); Braun (UK) Ltd für den Handmixer; David Mellor für verschiedene Utensilien (Postversand: 0171 730 4259) und Divertimenti für Verschiedenes (Postversand 0171 386 9911).